# 居住用財産
# に係る税務の
# 徹底解説

## 取得・保有・賃貸・譲渡・
## 相続及び贈与について

〈編著〉平川　忠　雄
〈共著〉中島　孝　一
　　　　西野　道之助
　　　　若山　寿　裕

週刊「税務通信」「経営財務」発行所
税務研究会出版局

# は　し　が　き

　多くの方にとって、生涯でもっとも大きな買い物となるのが「自宅＝居住用財産」と思われます。

　熟考を重ねて取得する場合もあれば、ふと近所のモデルルームに寄り道し、衝動的に購入を決めた、といった大胆なケースもありますが、それでも大事な「買い物」であることに変わりはありません。

　もちろん、国としても、居住用財産を購入等することは生活の安定につながること、また、住居に関連した消費を促すことができることから、積極的に促進する施策を執っており、特に税務上では様々な特例が講じられています。

　ただし、これらの特例は時の経済情勢等にあわせ、毎年のように変わっており、申告しなければ適用できないものが多く、ケアレスミスがうっかりで済ませられないほど税額に大きな差が生じることもあります。

　顧客に多大な損害を与える結果となりかねないため、税務担当者としては、居住用財産における各種特例は完全に把握しておかなければならない項目です。

　そこで、本書籍においては、前述の「居住用財産」に着目し、取得から保有、賃貸、譲渡、相続・贈与に至るまで、各種特例を中心に、その税制を詳細に解説しています。

　主なところでは、第2章において、居住用財産の取得及び保有に関する税務について述べています。ここでは、取得時に生じる印紙税・不動産取

得税、保有時においては、固定資産税を主とし、昨今のタワーマンションに係る節税問題に一つの規制を講じた点などを解説しています。

　第3章においては、居住用財産の賃貸に焦点を充て、不動産所得における事業的規模の判定基準や、よく問題となる不動産管理会社の管理料等について、裁決判決を多数用いて、詳説しています。

　第4章では、居住用財産の譲渡に係る税務として、譲渡益が生じた場合の3000万円控除等、譲渡損が生じた際の損益通算・繰越控除等、そして昨年、新たに創設された空き家の3000万円控除特例などを解説しています。

　第5・6章においては、居住用財産の相続、贈与のうち、小規模宅地等特例、住宅資金贈与特例等を取り上げています。

　また、それぞれの章において、必要に応じ、「制度の留意点」として計算例等を掲げ、より具体的な事例を用いることにより、理解を深められるよう構成しています。


　居住用財産における各種特例を取り上げている書籍はかなり出版されていますが、本書のように1冊に構成されているものはそれほどありません。

　それだけに、税務関係の担当者の方にとって、少しでもお役に立てられれば望外の喜びです。

　　平成29年11月

　　　　　　　　　　　　　　　　　　　　　　著　　者

# 目　　次

## 第1章　居住用財産に係る税務のあらまし

**1**　居住用財産とは ································································· 2

**2**　居住用財産の取得及び保有に係る税務 ···················· 3

　1　取得に係る税務 ························································· 3

　2　保有に係る税務 ························································· 4

**3**　居住用財産の賃貸に係る税務 ·································· 5

　1　居住用財産の賃貸による不動産所得のあらまし ············ 5

　2　賃貸用の居住用財産を法人へ譲渡した場合 ············ 5

**4**　居住用財産の譲渡に係る税務 ·································· 6

　1　譲渡益に係る税務 ····················································· 6

　2　譲渡損に係る税務 ····················································· 7

**5**　居住用財産の相続に係る税務 ·································· 8

　1　特定居住用財産の減額特例 ······································ 8

　2　貸付事業用宅地等の減額特例 ··································· 8

*3*

目　次

**6　居住用財産の贈与に係る税務** ································· 9

　1　贈与税の配偶者控除（2,000万円）················· 9

　2　直系尊属からの住宅取得等資金の贈与············· 9

　3　離婚に伴う財産の分与····························· 9


# 第2章　居住用財産の取得及び保有に係る税務

**1　取得の税務** ···························· 12

　1　印紙税 ······························ 12

　2　登録免許税 ·························· 23

　3　不動産取得税 ······················ 27

**2　保有の税務** ···························· 37

　1　土地及び家屋に係る固定資産税・都市計画税 ······· 37

　2　償却資産税 ·························· 53

　3　居住用財産の取得とローン型の所得税の税額控除

　　　（住宅借入金等特別控除）····················· 64

　4　居住用財産の取得と投資型の所得税の税額控除

　　　（認定住宅新築等特別税額控除）················· 81

　5　ローン型のリフォーム税制（所得税の税額控除）········· 87

　6　投資型のリフォーム税制（所得税の税額控除）········· 109

　7　所得税の税額控除のポイント ················· 126

4

# 第3章　居住用財産の賃貸に係る税務

## 1　個人が居住用不動産を賃貸の用に供している場合 …………………… 134

1　不動産所得の範囲 ……………………………………………………… 134

2　不動産貸付けが事業として行われているか否かの判定 …………… 135

3　不動産所得の金額の計算方法 ………………………………………… 139

4　不動産所得に係る総収入金額 ………………………………………… 140

5　不動産所得に係る必要経費 …………………………………………… 143

6　不動産所得の留意点 …………………………………………………… 179

## 2　個人所有の居住用不動産を法人へ譲渡した場合 ……………………… 194

1　賃貸不動産を法人へ譲渡した場合の税負担比較 …………………… 194

2　建物のみを法人へ譲渡した場合の借地権課税の取扱い …………… 195

3　相続財産の比較 ………………………………………………………… 200

4　その他の留意事項 ……………………………………………………… 205

# 第4章　居住用財産の譲渡に係る税務

## 1　譲渡所得に係る税務 ……………………………………………………… 214

1　譲渡所得とは …………………………………………………………… 214

2　譲渡所得金額の計算方法（土地や建物を譲渡したとき） ………… 214

3　税額の計算方法（土地や建物を譲渡したとき） …………………… 220

4　本制度の留意点 ………………………………………………………… 221

目　次

**2　居住用財産の譲渡益に係る税務** 225

1　居住用財産を譲渡した場合における譲渡所得の課税の特例 225

2　居住用財産（自己の居住用）を譲渡した場合の3,000万円特別控除 227

3　居住用財産を譲渡した場合の軽減税率の特例 234

4　居住用財産（空き家）を譲渡した場合の3,000万円特別控除 239

5　特定の居住用財産の買換え特例 247

6　特定の居住用財産の交換の特例 260

7　立体買換えの特例 263

**3　居住用財産の譲渡損に係る税務** 272

1　居住用財産を譲渡して譲渡損失が生じた場合 272

2　居住用財産の買換え等の場合の譲渡損失の損益通算及び繰越控除 272

3　特定居住用財産の譲渡損失の損益通算及び繰越控除 283

# 第5章　居住用財産の相続に係る税務

**1　相続税の課税方式** 290

1　相続税の仕組み 290

2　基礎控除額と正味の遺産額 290

3　相続税の納税義務者と課税財産 291

4　相続税の申告及び納税 293

目　次

　　5　相続税の申告期限 ……………………………………………… 293

　　6　相続税の納税 …………………………………………………… 294

**2　特定居住用宅地等（小規模宅地等）の減額特例** ……………… 295

　　1　本特例の概要 …………………………………………………… 295

　　2　特定居住用宅地等に係る小規模宅地等の減額特例 ………… 299

　　3　特例の適用を受けるための手続 ……………………………… 320

**3　貸家建付地と貸付事業用宅地等における空室の取扱い** ……… 327

　　1　貸家建付地（財産評価）の評価における空室の取扱い …… 327

　　2　貸付事業用宅地等（小規模宅地等）における空室の取扱い ……… 331

# 第6章　居住用財産の贈与に係る課税実務

**1　贈与税の課税方式** ……………………………………………… 336

　　1　暦年課税 ………………………………………………………… 336

　　2　相続時精算課税 ………………………………………………… 339

　　3　申告と納税 ……………………………………………………… 339

　　4　暦年課税及び相続時精算課税の留意点 ……………………… 339

**2　贈与税の配偶者控除（2,000万円）の特例** …………………… 342

　　1　本特例の概要 …………………………………………………… 342

　　2　適用要件 ………………………………………………………… 342

　　3　本特例の留意点 ………………………………………………… 352

7

目　次

## 3 直系尊属から住宅取得等資金の贈与を受けた場合の非課税 … 355

1 本特例の概要 …………………………………………………… 355

2 非課税限度額 …………………………………………………… 355

3 受贈者の要件 …………………………………………………… 357

4 居住用家屋の新築・取得又は増改築等の要件 ……………… 359

5 相続時精算課税の選択 ………………………………………… 361

6 本特例の適用を受けるための手続 ………………………… 363

7 本特例の留意点 ………………………………………………… 364

## 4 離婚に伴う財産の分与 ………………………………………… 368

1 財産分与 ………………………………………………………… 368

2 贈与により取得したものとみなされる場合 ……………… 368

3 離婚等による財産の取得があった場合 …………………… 368

4 本制度の留意点 ………………………………………………… 369

---

**主な凡例**

| | | | |
|---|---|---|---|
| 所法 | 所得税法 | 消基通 | 消費税法基本通達 |
| 所令 | 所得税法施行令 | 措法 | 租税特別措置法 |
| 所基通 | 所得税基本通達 | 措通 | 租税特別措置法関係通達 |
| 法法 | 法人税法 | | |
| 法基通 | 法人税基本通達 | 措令 | 租税特別措置法施行令 |
| 相法 | 相続税法 | 印法 | 印紙税法 |
| 消法 | 消費税法 | 印基通 | 印紙税法基本通達 |

※本書の内容は平成29年9月30日現在の法令等に基づいています。

# 第1章

# 居住用財産に係る
# 税務のあらまし

第1章　居住用財産に係る税務のあらまし

# 1 居住用財産とは

　居住用財産とは、一般的には、所有者（所有者の親族などを含みます。）が自ら居住するための家屋及びその敷地をいいます。

　居住用財産に該当するか否かの判定は、家屋の利用状況により行うことから、その家屋がその者の生活の本拠として利用されていたものであれば、家屋だけでなくその家屋の敷地を含め居住用財産に該当することになります。

　そのため、居住用財産に係る各種特例は、原則として、居住用の家屋と併せてその家屋の敷地についても適用されます。

　したがって、居住用の家屋を所有せず、その敷地のみを所有している場合には、居住用財産に係る各種特例が適用されない場合もあります（詳細は第2章から第6章を参照）。

　居住用財産の取得・保有・賃貸及び譲渡を行うと、税制上の各種優遇措置の適用を受けることができる場合がありますが、適用を受けるためには、優遇措置ごとに定められた要件を満たす必要があります。

　また、居住用財産を相続及び贈与により取得したときにも、税制上の各種優遇措置の適用を受けることができる場合がありますが、上記と同様に優遇措置ごとに定められた要件を満たす必要があります。

　そのため、本書では、第2章から第6章において、居住用財産の取得・保有・賃貸及び譲渡だけでなく相続・贈与についても、税制上の各種優遇措置について詳解していますが、次の **2** から **6** において、そのあらましを記します。

## 2 居住用財産の取得及び保有に係る税務

### 1 取得に係る税務

居住用財産を取得した場合における次の税制について、軽減措置を詳解しています。

#### (1) 印紙税の軽減措置

居住用財産を取得するために契約書を作成すると、その契約書に記載された取引金額に応じて印紙税が課税されますが、平成30年3月31日までの間に作成するものの税額については、軽減措置が設けられています。

#### (2) 登録免許税の軽減措置

居住用財産である家屋や土地を取得し、その所有権を第三者に主張するためには、所有権保存登記や所有権移転登記が必要になりますが、その登記を行う際に登録免許税が課税されます。

なお、平成30年3月31日までに、長期優良住宅の認定を受けた住宅の新築又は取得であれば、登録免許税の軽減措置の適用を受けることができます。

#### (3) 不動産取得税の軽減措置

居住用財産である家屋や土地を取得すると、登記に有無にかかわらず、取得した者に1度だけ、不動産取得税が課税されます（相続により取得した場合には課税されません。）。

第1章　居住用財産に係る税務のあらまし

　なお、住宅用の土地を取得した場合には、一定の要件を満たせば、一定
額が減額されます。

## 2　保有に係る税務

　居住用財産を保有している場合における次の税制について、特例措置を
詳解しています。

### (1)　固定資産税の特例措置

　毎年1月1日（賦課期日）現在、家屋や土地の固定資産課税台帳に所有
者として登録されている者に、固定資産税が課税されます（同様に、都市
計画税も課税されます。）。

　なお、毎年1月1日現在、その土地が住宅用地に該当する場合には、税
負担を軽減するための特例措置の適用を受けることができます。

### (2)　住宅借入金等特別控除

　住宅借入金等を利用して、住宅を新築・取得又は増改築した場合におい
て、一定の要件を満たせば、入居した年分以後の一定期間における各年分
の所得税から一定額が控除されます。

　住宅税制は、大きくローン型と投資型に区分されますので、その区分に
従って、各種優遇措置について詳解しています。

# 3 居住用財産の賃貸に係る税務

## 1 居住用財産の賃貸による不動産所得のあらまし

### (1) 不動産所得における事業的規模の判定

不動産所得は、不動産等の貸付けが事業的な規模で行われているか否かにより取扱いが異なるため、その判断基準（形式基準と実質基準）を示しています。

また、不動産等の貸付けが事業的な規模で行われている場合には、各種の優遇措置が設けられています。

### (2) 同族会社に支払う不動産の管理料の適正額

不動産所得の計算上、総収入金額から控除する必要経費のうち、実務上の課題が多い「同族会社に支払う不動産の管理料」について、裁決例・裁判例を基に、管理料の適正額を詳解しています。

## 2 賃貸用の居住用財産を法人へ譲渡した場合

個人の所得税等の税負担率と法人の税負担率を比較すると、個人の所得金額が一定金額以上（例えば4,000万円以上）の場合には、法人の税負担率の方が低く設定されています。

そのため、個人の不動産所得の税負担率が最高税率に近いときは、個人所有の賃貸用不動産を同族会社である法人に譲渡することにより、税負担の軽減を図ることができますが、そのような手法を実行した場合における相続税等への影響及び留意点について検討しています。

第1章 居住用財産に係る税務のあらまし

## **4** 居住用財産の譲渡に係る税務

居住用財産を譲渡した場合には、譲渡益が発生しているか否かにより、次のように適用できる優遇措置が異なります。

### 1 譲渡益に係る税務

居住用財産を譲渡して譲渡益が発生した場合には、次の優遇措置のうち重複適用が認められる制度と、選択適用しなければないない制度が混在しているため、各種の優遇制度の適用要件等について詳解しています。

#### (1) 自己の居住用財産を譲渡した場合の特別控除

本特例は、居住用財産を譲渡した場合において、一定の要件を満たせば、所有期間の長短に関係なく、その譲渡益から最高3,000万円まで控除できる制度です。

#### (2) 軽減税率の特例

譲渡した年の1月1日において、所有期間が10年を超えている等の一定の要件を満たせば、通常よりも低い税率で譲渡税を計算する軽減税率の特例の適用を受けることができます。

なお、本特例は、上記(1)の特別控除と重複して適用を受けることができますが、次の(4)の買換え特例との重複適用は認められていません。

#### (3) 空き家を譲渡した場合の特別控除

相続又は遺贈により被相続人の居住用財産を取得した者が、その居住用

6

財産を平成31年12月31日までの間に譲渡して、一定の要件を満たせば、その譲渡益から最高3,000万円まで控除することができます。

## (4) 買換え特例

平成29年12年31日までに、一定の要件を満たす自己の居住用財産を譲渡して、代わりに買換資産を取得した場合には、譲渡資産の譲渡対価から代わりに取得した買換資産の取得価額を控除した差額についてだけ譲渡税が課税される、買換え特例の適用を受けることができます。

## 2 譲渡損に係る税務

居住用財産を譲渡して譲渡損が発生した場合には、次のような優遇措置が設けられています。

## (1) 買換え等の場合の譲渡損失の損益通算及び繰越控除

土地又は家屋を譲渡し譲渡損失が生じた場合には、その損失の金額を他の土地又は家屋の譲渡所得の金額から控除することはできますが、控除しきれない損失の金額は、事業所得や給与所得など他の所得と損益通算及び繰越控除することはできません。

ただし、本特例の要件を満たす居住用財産の買換えで譲渡損失が発生した場合には、他の所得との損益通算及び繰越控除が認められます。

## (2) 譲渡損失の損益通算及び繰越控除

本特例の要件を満たす居住用財産の譲渡により譲渡損失が発生した場合には、上記(1)と同様に、他の所得との損益通算及び繰越控除が認められます。

第1章　居住用財産に係る税務のあらまし

## 5　居住用財産の相続に係る税務

### 1　特定居住用財産の減額特例

　本特例は、個人が、相続又は遺贈により取得した財産のうち、その相続開始の直前において被相続人等の居住の用に供されていた宅地等のうち、一定の選択をしたもので限度面積までの部分（330㎡）について、相続税の課税価格に算入すべき価額の計算上、一定割合（80％）が減額される制度です。

### 2　貸付事業用宅地等の減額特例

　本特例は、個人が、相続又は遺贈により取得した財産のうち、その相続開始の直前において被相続人等の貸付事業の用に供されていた宅地等のうち、一定の選択をしたもので限度面積までの部分（200㎡）について、相続税の課税価格に算入すべき価額の計算上、一定割合（50％）が減額される制度です。

　なお、貸付事業用宅地等の判定において、貸家建付地の評価における「空室の期間が課税時期の前後の例えば1か月程度であるなど一時的な期間であったかどうか」という空室期間の制約はなく、一定の事実関係から「一時的に賃貸されていなかったと認められる部分」は貸付事業用宅地等の範囲に含まれます。

## 6 居住用財産の贈与に係る税務

### 1 贈与税の配偶者控除（2,000万円）

　婚姻期間20年以上である配偶者から、居住用不動産又は居住用不動産を取得するための金銭を贈与により取得した場合において、一定の要件を満たすときは、その財産に係る贈与税の課税価格から基礎控除（110万円）の他に、2,000万円を控除（配偶者控除額）することができます。

### 2 直系尊属からの住宅取得等資金の贈与

　平成33年12月31日までの間に、父母や祖父母など直系尊属からの贈与により、自己の居住の用に供する住宅用の家屋の新築・取得又は増改築等の対価に充てるための金銭を取得した場合において、一定の要件を満たすときは、非課税限度額までの金額について、贈与税が課税されません。

### 3 離婚に伴う財産の分与

　婚姻の取消し又は離婚による財産の分与によって取得した財産（居住用財産も含まれます。）は、贈与税が課税されません。

　ただし、その分与に係る財産の額が婚姻中の夫婦の協力によって得た財産の額その他一切の事情を考慮してもなお過当であると認められる場合におけるその過当である部分等は、贈与によって取得した財産になり贈与税が課税されます。

# 第 2 章
# 居住用財産の取得及び保有に係る税務

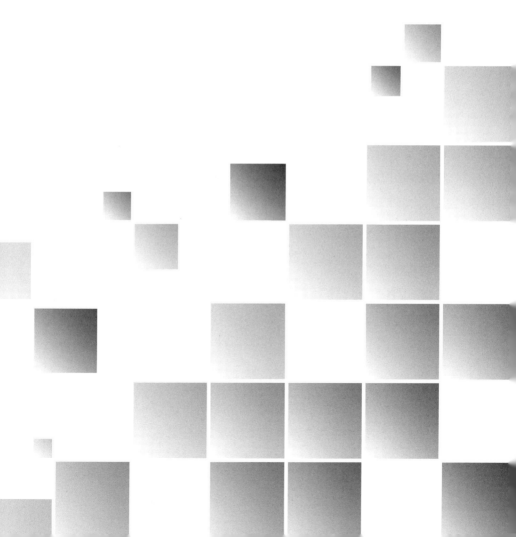

第 2 章　居住用財産の取得及び保有に係る税務

# 1　取得の税務

## 1　印紙税

### (1)　制度の概要

　印紙税は、各種の経済取引に伴い作成される文書の背後にある経済的利益に担税力を見出し、負担を求める税であり、印紙税の概要は次のようになります（印法 1 ～ 5）。

| 項　　目 | 概　　　　要 |
|---|---|
| 課税対象 | 印紙税法別表第一に掲げる文書（課税文書の具体例　⇒　不動産譲渡契約書・請負契約書・消費貸借契約書・手形・受取書・預貯金通帳等） |
| 税　　率 | 課税文書ごとに法定（階級定額税率と定額税率のものがあります。） |
| 納税義務者 | 課税文書の作成者 |
| 納付方法 | 原則として、課税文書の作成の時までに、課税文書に印紙を貼り付け、その印紙を消印する方法で納付します。 |

### (2)　課税対象

### ①　課税文書の判断

　印紙税が課税されるのは、印紙税法で定められた課税文書に限られていますが、課税文書とは、次の三つのすべてに当てはまる文書をいいます。

> イ　印紙税法別表第一（課税物件表）に掲げられている20種類の文書
> により証明されるべき事項（課税事項）が記載されていること

ロ 当事者の間において課税事項を証明する目的で作成された文書であること

ハ 印紙税法第5条（非課税文書）の規定により印紙税を課税しないこととされている非課税文書でないこと

　課税文書に該当するか否かは、その文書に記載されている内容に基づいて判断することとなりますが、当事者の約束や慣習により文書の名称や文言は種々の意味に用いられています。そのため、その文書の内容判断に当たっては、その名称・呼称や記載されている文言により形式的に行うのではなく、その文書に記載されている文言・符号等の実質的な意味を汲み取って行う必要があります。

　例えば、文書に取引金額そのものの記載がなくても、文書に記載されている単価・数量・記号等により、当事者間において取引金額が計算できる場合は、それを記載金額とし、また、売掛金の請求書に「済」や「了」と表示してあり、その「済」や「了」の表示が売掛金を領収したことの当事者間の了解事項であれば、その文書は、売上代金の受領書（第17号の1文書）に該当することになります（印法2・4・5）。

② 契約書の意義

　課税物件表には、第1号の不動産の譲渡に関する契約書・消費貸借に関する契約書、第2号の請負に関する契約書、第14号の金銭又は有価証券の寄託に関する契約書などのように「○○に関する契約書」という名称で掲げられているものが多くありますが、ここにいう契約書は、一般的にいわれるものよりかなり範囲が広いため、印紙税法通則（別表第一課税物件表の適用に関する通則）5にその定義規定を置いています。

　つまり、課税物件表に掲げられているこれらの契約書とは、契約証

第2章　居住用財産の取得及び保有に係る税務

書・協定書・約定書その他名称のいかんを問わず、契約（その予約を含みます。）の成立若しくは更改又は契約の内容の変更若しくは補充の事実（以下「契約の成立等」といいます。）を証すべき文書をいい、念書・請書その他契約の当事者の一方のみが作成する文書又は契約の当事者の全部若しくは一部の署名を欠く文書で、当事者間の了解又は商慣習に基づき契約の成立等を証することになっているものも含まれます（印法通則5）。

　したがって、通常、契約の申込みの事実を証明する目的で作成される申込書・注文書・依頼書などと表示された文書であっても、実質的にみて、その文書によって契約の成立等が証明されるものは、契約書に該当することになります。

　なお、解約合意書など、契約の消滅の事実のみを証明する目的で作成される文書は、課税対象とはなりません（印基通12）。

　契約とは、互いに対立する2個以上の意思表示の合致、すなわち一方の申込みと他方の承諾によって成立する法律行為ですから、契約書とは、その2個以上の意思表示の合致の事実を証明する目的で作成される文書をいうことになります。

③　文書の記載金額

　印紙税の課税文書には、記載金額により税額が異なるもの又は課税されないものがあり、この記載金額とは次の金額をいいます。

イ　不動産などの譲渡に関する契約書及び債権の譲渡契約書（印基通23(1)）

　(イ)　譲渡　→　譲渡金額

　　例えば、時価600万円の土地を500万円で譲渡すると記載した場合の記載金額は、500万円になります。

㈡ 交換 → 交換金額

　双方の金額が記載してある場合には、高い方（等価交換のときは、いずれか一方）の金額が、交換差金のみが記載してある場合にはその交換差金がそれぞれ記載金額になります。

　例えば、価額1,000万円の土地と価額1,100万円の土地を交換し、交換差金100万円を支払うと記載した場合の記載金額は1,100万円になります。

㈢ 代物弁済 → 代物弁済により消滅する債務の金額

　代物弁済の目的物の価額が消滅する債務の金額を上回ることにより、債権者がその差額を債務者に支払うこととしている場合には、その差額を加えた金額となります。

　例えば、債務者が借用金1,000万円の支払いに代えて1,500万円相当の土地を引き渡し、債権者は債務者に500万円を支払うと記載した場合の記載金額は1,500万円になります。

ロ　土地の賃借権の設定又は譲渡に関する契約書 → 設定又は譲渡の対価たる金額

　設定又は譲渡の対価たる金額とは、権利金その他名称を問わず後日返還されないものをいいます。なお、賃貸料は記載金額に入りません（印基通23⑵）。

ハ　消費税及び地方消費税の金額が区分記載されている契約書や領収書

　消費税及び地方消費税（以下「消費税額等」といいます。）が区分記載されている場合又は税込価格と税抜価格の両方が記載されていること等により、その取引における消費税額等の金額が明らかな場合には、次の文書についてはその消費税額等の金額は記載金額に含めないこととされています（消費税法の改正等に伴う印紙税の取扱いについて

第2章　居住用財産の取得及び保有に係る税務

（平元.3.10付間消3-2））。

(イ)　第1号文書（譲渡契約書など）

(ロ)　第2号文書（工事請負契約書など）

(ハ)　第17号文書（領収書）

## (3)　税額

### ①　不動産の譲渡等に関する契約書の種類

　　不動産の譲渡契約書・消費貸借契約書等は、印紙税額一覧表の第1号文書に該当し、第1号文書に該当する文書としては、次の4種類のものがあります。

---

イ　不動産・鉱業権・無体財産権・船舶・航空機及び営業の譲渡に関する契約書

　　具体的には、不動産譲渡契約書・土地建物譲渡契約書、不動産交換契約書、不動産売渡証書などです。

ロ　地上権又は土地の賃借権の設定又は譲渡に関する契約書

　　具体的には、土地賃貸借契約書・土地賃料変更契約書などです。

ハ　消費貸借に関する契約書

　　（具体例は省略）

ニ　運送に関する契約書

　　（具体例は省略）

---

### ②　第1号文書の税額

　　第1号文書の税額は、いずれも契約書に記載された契約金額により、次のようになります（印紙税額一覧表の第1号文書）。

1 取得の税務

| 記載された契約金額 | | 税　額 |
|---|---|---|
| 1万円未満のもの | | 非課税 |
| 1万円以上 | 10万円以下のもの | 200円 |
| 10万円を超え | 50万円以下のもの | 400円 |
| 50万円を超え | 100万円以下のもの | 1,000円 |
| 100万円を超え | 500万円以下のもの | 2,000円 |
| 500万円を超え | 1,000万円以下のもの | 1万円 |
| 1,000万円を超え | 5,000万円以下のもの | 2万円 |
| 5,000万円を超え | 1億円以下のもの | 6万円 |
| 1億円を超え | 5億円以下のもの | 10万円 |
| 5億円を超え | 10億円以下のもの | 20万円 |
| 10億円を超え | 50億円以下のもの | 40万円 |
| 50億円を超えるもの | | 60万円 |
| 契約金額の記載のないもの | | 200円 |

③　不動産の譲渡・建設工事の請負に関する契約書に係る印紙税の軽減措置

　　平成26年4月1日から平成30年3月31日までの間に作成される、次の2種類の契約書について印紙税の税額が軽減されます。

　イ　土地建物譲渡契約書などの不動産の譲渡に関する契約書のうち、契約書に記載された契約金額が10万円を超えるもの

　　　不動産の譲渡に関する契約と第1号に掲げる他の契約が併記された契約書も軽減措置の対象となります。

　(例)　建物の譲渡（4,000万円）と定期借地権の譲渡（2,000万円）に関する事項が記載されている契約書の場合、その契約金額は6,000万円（建物4,000万円＋定期借地権2,000万円）になるため、印紙税額は3万円になります。

　　　軽減後の税額は、いずれも契約書に記載された契約金額により次のとおりとなります（措法91②）。

*17*

第2章 居住用財産の取得及び保有に係る税務

| 記載された契約金額 | | 税　額 |
|---|---|---|
| 1万円以上 | 50万円以下のもの | 200円 |
| 50万円を超え | 100万円以下のもの | 500円 |
| 100万円を超え | 500万円以下のもの | 1千円 |
| 500万円を超え | 1,000万円以下のもの | 5千円 |
| 1,000万円を超え | 5,000万円以下のもの | 1万円 |
| 5,000万円を超え | 1億円以下のもの | 3万円 |
| 1億円を超え | 5億円以下のもの | 6万円 |
| 5億円を超え | 10億円以下のもの | 16万円 |
| 10億円を超え | 50億円以下のもの | 32万円 |
| 50億円を超えるもの | | 48万円 |

ロ　建物建築工事請負契約書などの建設工事の請負に関する契約書のう
ち、契約書に記載された契約金額が100万円を超えるもの

建設工事の請負に関する契約に基づき作成される契約書であれば、
その契約書に建設工事以外の請負に関する事項が併記されていても、
全体が軽減措置の対象となります。

**(例)**　建物建設工事の請負（5,000万円）と建物設計の請負（500万円）に関
する事項が記載されている契約書の場合、その契約金額は5,500万円（建
物建設工事5,000万円＋設計500万円）ですから、印紙税額は3万円にな
ります。

軽減後の税額は、いずれも契約書に記載された契約金額により次のと
おりとなります（措法91②）。

| 記載された契約金額 | | 税　額 |
|---|---|---|
| 1万円以上 | 200万円以下のもの | 200円 |
| 200万円を超え | 300万円以下のもの | 500円 |
| 300万円を超え | 500万円以下のもの | 1千円 |
| 500万円を超え | 1,000万円以下のもの | 5千円 |
| 1,000万円を超え | 5,000万円以下のもの | 1万円 |
| 5,000万円を超え | 1億円以下のもの | 3万円 |
| 1億円を超え | 5億円以下のもの | 6万円 |
| 5億円を超え | 10億円以下のもの | 16万円 |
| 10億円を超え | 50億円以下のもの | 32万円 |
| 50億円を超えるもの | | 48万円 |

## (4)　納税義務者

### ①　納税義務の成立及び納税義務者

　　印紙税の納税義務は、課税文書を作成した時に成立し、課税文書の作成者が、その作成した課税文書について印紙税を納める義務があります（印法3①）。

### ②　共同作成者の連帯納付義務

　　一の課税文書を2以上の者が共同して作成した場合には、その2以上の者は、その作成した課税文書について、連帯して印紙税を納める義務があります（印法3②）。

　　この場合において、そのうちの1人が課税文書に係る印紙税を納めたときは、他の者の納税義務は消滅します（印基通47）。

## (5)　納付方法

　　印紙税の納付方法は、次のようになります。

第2章　居住用財産の取得及び保有に係る税務

① 収入印紙による納付（原則）

　課税文書の作成者は、原則として、課税文書に課されるべき印紙税相当額の収入印紙（以下「印紙」といいます。）を課税文書に貼り付ける方法により印紙税を納付しますが、この場合には、自己又はその代理人・使用人その他の従事者の印章又は署名で、その課税文書と印紙の彩紋とにかけて、判明に印紙を消す必要があります（印法8、印令5）。

　単に「印」と表示したり斜線を引いたりしても、それは印章や署名に当たらないため、印紙を消したことになりません。

　また、鉛筆で署名したもののように簡単に消し去ることができるものも、印紙を消したことにはなりません。

② 税印押なつによる納付（特例）

　課税文書の作成者は、課税文書に課されるべき印紙税相当額をあらかじめ金銭で国に納付した上で、税印押なつ機を設置している税務署（全国で118署）の税務署長に対し、課税文書に印紙を貼り付けることに代えて、税印を押すことを請求することができます（印法9、印令6、印規2、規則別表第二・別表第三）。

## (6) 制度の留意点

① 土地贈与契約書における土地の評価額の記載

　土地の贈与契約書に贈与する土地の評価額を記載した場合には、その評価額は記載金額になるのか疑問が生じます。

　対価を受けるかどうかを問わず、不動産をその同一性を保持させつつ他人に移転させることを内容とするものは、第1号の1文書（不動産の譲渡に関する契約書）に該当します。

　しかし、贈与は無償契約ですから、贈与契約書に土地の評価額が記載

1　取得の税務

されていても、その評価額は不動産譲渡の対価としての金額ではありま
せんので、記載金額には該当しないことになります。

② 　**消費税及び地方消費税が区分記載された契約書**

　　課税物件表に掲名されている文書のうち、第１号文書（不動産の譲渡
等に関する契約書）及び第２号文書（請負に関する契約書）に契約金額と
その消費税及び地方消費税が記載されている場合には、記載方法により
その契約書の契約金額は、次のように取り扱われます（消費税法の改正
等に伴う印紙税の取扱いについて（平成元年３月10日付間消３－２））。

イ　契約金額と消費税及び地方消費税とが区分記載されている場合
　　契約金額に応じて税率を適用します。

| （例１）　請負契約書 | （例２）　請負契約書 |
|---|---|
| 請負金額　　5,000,000円 | 請負金額　　5,400,000円 |
| 消費税等　　 400,000円 | （消費税等　400,000円を含みま |
| 合 計 額　　5,400,000円 | す。） |

　　　例１及び例２は、いずれも消費税及び地方消費税が区分記載されて
　いますから、記載金額は500万円（第２号文書）になります。

ロ　契約金額と消費税及び地方消費税とが区分記載されていない場合
　　契約金額と消費税及び地方消費税の合計額に応じて税率を適用しま
す。

| （例３）　請負契約書 |
|---|
| 請負金額　　5,400,000円 |
| （消費税等込み） |

　　　例３は、消費税及び地方消費税が区分記載されていませんから、記

第2章　居住用財産の取得及び保有に係る税務

載金額は消費税及び地方消費税を含んだ540万円（第2号文書）になります。

③　印紙税を納めなかったとき

印紙税の納付は、通常、作成した課税文書に所定の額面の収入印紙を貼り付け、印章又は署名で消印することによって行います。

この印紙を貼り付ける方法によって印紙税を納付することとなる課税文書の作成者が、その納付すべき印紙税を課税文書の作成の時までに納付しなかった場合には、その納付しなかった印紙税の額とその2倍に相当する金額との合計額、すなわち当初に納付すべき印紙税の額の3倍に相当する過怠税が徴収されることになります（印法20①）。

ただし、調査を受ける前に、自主的に不納付を申し出たときは1.1倍に軽減されます（印法20②）。

また、「貼り付けた」印紙を所定の方法によって消印しなかった場合には、消印されていない印紙の額面に相当する金額の過怠税が徴収されることになり、過怠税は、その全額が法人税の損金や所得税の必要経費には算入されません。

④　誤って納付した印紙税の還付

契約書や領収証などの印紙税の課税文書に誤って過大に収入印紙を貼り付けてしまったような場合には、印紙税の過誤納金として還付の対象となる場合があります（印法14、印令14、印基通115）。

〈還付の対象となるもの〉

イ　請負契約書や領収書などの印紙税の課税文書に貼り付けた収入印紙が過大となっているもの

ロ　委任契約書などの印紙税の課税文書に該当しない文書を印紙税の

課税文書と誤認して収入印紙を貼り付けてしまったもの

ハ　印紙税の課税文書の用紙に収入印紙を貼り付けたものの、使用する見込みのなくなったもの

　印紙税法による還付を受ける場合には、税務署に用意してある「印紙税過誤納確認申請書」に必要事項を記入のうえ、納税地の税務署長に提出する必要があります。

## 2　登録免許税

### (1)　制度の概要

　登録免許税は、登録免許税法に掲げる登記・登録・特許等について課される税であり、その概要は次のようになります。

| 項　目 | 概　　要 |
|---|---|
| 課税対象 | 国による登記等（登記・登録・特許・免許・許可・認定・指定及び技能証明をいいます。） |
| 納税義務者 | 登記等を受ける者（登記等を受ける者が2人以上であるときは、連帯して納付する義務を負います。） |
| 課税標準 | 登記等の種類ごとに法定<br>（例）　売買による土地の所有権の移転登記：不動産の価額<br>＝固定資産税評価額 |
| 税　　率 | 登記等の種類ごとに法定（定率税率によるものと定額税率によるものとがあります。） |
| 納　　付 | 原則：現金納付<br>例外：税額が3万円以下等の場合は印紙納付可 |

### (2)　課税対象

　登録免許税は不動産・船舶・会社・人の資格などについての登記や登

第2章　居住用財産の取得及び保有に係る税務

録・特許・免許・許可・認可・認定・指定及び技能証明について課税されます（登法2）。

## (3)　納税義務者

　登記等を受ける者は、登録免許税を納める義務があります（登法3）。

## (4)　課税標準・税率

　不動産の所有権の移転登記や航空機の登録のように不動産の価額や航空機の重量に一定の税率を乗じることになっているもの、商業登記の役員登記のように1件当たりの定額になっているものなどがあります（登法9）。

　不動産の登記のうち、主なものの課税標準・税率は次のようになります。

### ①　土地の所有権の移転登記

| 内　容 | 課税標準 | 税　率 | 軽減税率（措法72） |
|---|---|---|---|
| 売買 | 不動産の価額 | 1,000分の20 | 平成31年3月31日までの間に登記を受ける場合1,000分の15 |
| 相続、法人の合併又は共有物の分割 | 不動産の価額 | 1,000分の4 | － |
| その他（贈与・交換・収用・競売等） | 不動産の価額 | 1,000分の20 | － |

*24*

## ② 家屋の登記

| 内　容 | 課税標準 | 税　率 | 軽減税率（措法72の2〜措法75） |
|---|---|---|---|
| 所有権の保存 | 不動産の価額 | 1,000分の4 | 個人が、住宅用家屋を新築又は取得し自己の居住の用に供した場合については「③住宅用家屋の軽減税率」を参照してください。 |
| 売買又は競売による所有権の移転 | 不動産の価額 | 1,000分の20 | 同上 |
| 相続又は法人の合併による所有権の移転 | 不動産の価額 | 1,000分の4 | － |
| その他の所有権の移転（贈与・交換・収用等） | 不動産の価額 | 1,000分の20 | － |

**（注）** 課税標準となる「不動産の価額」は、市町村役場で管理している固定資産課税台帳の価格がある場合は、その価格であり、市町村役場で証明書を発行しています。

## ③ 住宅用家屋の軽減税率

| 項　目 | 内　容 | 軽減税率 | 備　考 |
|---|---|---|---|
| ①住宅用家屋の所有権の保存登記（措法72の2） | 個人が、平成32年3月31日までの間に住宅用家屋を新築又は建築後使用されたことのない住宅用家屋の取得をし、自己の居住の用に供した場合の保存登記 | 1,000分の1.5 | 登記申請に当たって、その住宅の所在する市町村等の証明書を添付する必要があります。なお、登記した後で証明書を提出しても軽減税率の適用を受けられません。 |

*25*

第2章　居住用財産の取得及び保有に係る税務

| | | | |
|---|---|---|---|
| ②住宅用家屋の所有権の移転登記（措法73） | 個人が、平成32年3月31日までの間に住宅用家屋の取得（売買及び競落に限ります。）をし、自己の居住の用に供した場合の移転登記 | 1,000分の3 | 同上 |
| ③特定認定長期優良住宅の所有権の保存登記等（措法74） | 個人が、平成30年3月31日までの間に認定長期優良住宅で住宅用家屋に該当するもの（以下「特定認定長期優良住宅」といいます。）を新築又は建築後使用されたことのない特定認定長期優良住宅の取得をし、自己の居住の用に供した場合の保存又は移転登記<br>（一戸建ての特定認定長期優良住宅の移転登記にあっては、1,000分の2となります。） | 1,000分の1 | 同上 |
| ④認定低炭素住宅の所有権の保存登記等（措法74の2） | 個人が、平成30年3月31日までの間に、低炭素建築物で住宅用家屋に該当するもの（以下「認定低炭素住宅」といいます。）を新築又は建築後使用されたことのない認定低炭素住宅の取得をし、自己の居住の用に供した場合の保存又は移転登記 | 1,000分の1 | 同上 |
| ⑤特定の増改築等がされた住宅用家屋の所有権の移転登記（措法74 | 個人が、平成30年3月31日までの間に、宅地建物取引業者により一定の増改築等が行われた一定の住宅用家屋を取得する場合における当該住宅用家屋に係る所有 | 1,000分の1 | 同上 |

| の3） | 権の移転登記 | | |
|---|---|---|---|
| ⑥住宅取得資金の貸付け等に係る抵当権の設定登記（措法75） | 個人が、平成32年３月31日までの間に住宅用家屋の新築（増築を含みます。）又は住宅用家屋の取得をし、自己の居住の用に供した場合において、これらの住宅用家屋の新築若しくは取得をするための資金の貸付け等に係る抵当権の設定登記 | 1,000分の１ | 同上 |

（注） 上記の軽減税率の適用を受けるためには、床面積が50㎡以上であることや、新築又は取得後１年以内の登記であること等一定の要件を満たす必要があります。

### (5) 納税地

　納税地は、納税義務者が受ける登記等の事務をつかさどる登記官署の所在地になります（登法８）。

### (6) 納付

① 原則

　　登記等を受ける者は、登録免許税の額に相当する現金を国に納付し、その領収証書を登記等の申請書に貼り付けて提出します（登法21）。

② 印紙納付

　　税額が３万円以下の場合には、印紙納付をすることができます（登法22）。

## 3　不動産取得税

### (1) 制度の概要

　不動産取得税とは、家屋の建築（新築・増築・改築）、土地や家屋の購

入、贈与、交換などで不動産を取得したときに、登記の有無にかかわらず課税される税をいいます。

## (2) 課税対象

### ① 土地

田・畑・宅地・塩田・鉱泉地・池沼・山林・原野その他の土地が課税対象となります（地法73二）。

なお、立木、石垣などの土地の定着物は土地に含まれないこととされています。

### ② 家屋

住宅、店舗、工場、その他の建物が課税対象となります（地法73三）。

## (3) 非課税

不動産取得税では、例えば、次のような理由による不動産の取得について非課税措置が設けられています。

・ 土地改良事業の施行に伴う換地の取得など（地法73の6）

・ 相続や一定の要件に該当する共有物の分割など、形式的な所有権の移転（地法73の7）

## (4) 納税義務者

個人・法人を問わず不動産の取得者とされています（地法73の2）。

## (5) 課税標準

原則として、固定資産税の課税台帳に登録されている価格となります（地法73の21①）。

ただし、平成30年３月31日までに宅地（宅地評価された土地を含みます。）を取得した場合は、その価格の２分の１とする特例があります（地法附則11の５）。


## (6)　税率

　不動産取得税の標準税率は本則では４％とされていますが（地法73の15）、次のとおり特例が設けられています（地法附則11の２①）。

　なお、各都道府県はこの標準税率をもとに、条例により税率を決定します。

| | | 取得日 |
|---|---|---|
| | | 平成30年３月31日まで |
| 土地 | | ３％ |
| 家屋 | 住宅 | ３％ |
| | 住宅以外 | ４％ |

## (7)　免税点

　課税標準となるべき額が次の金額未満の場合には、不動産取得税は課税されません（地法73の15の２①）。

| 土　　地 | | 10万円 |
|---|---|---|
| 家　屋<br>（１戸につき※） | 新築、増築、改築 | 23万円 |
| | その他（売買など） | 12万円 |

※　共同住宅等にあっては、居住の用に供するために独立的に区画された１部分をいいます。

第2章　居住用財産の取得及び保有に係る税務

## (8)　軽減措置

### ①　新築住宅の取得に対する軽減

イ　概要

　　一定の要件を満たす住宅の建築又は新築された住宅で、まだ人の居住の用に供されたことのないものの購入をした場合は、その住宅の取得に対して課する不動産取得税の課税標準の算定については、一戸につき（共同住宅等は、居住の用に供するために独立した区画ごと）1,200万円が価格から控除されます（地法73の14①）。

ロ　要件

　　床面積が次の要件に該当する場合に住宅の価格から一定額が控除されます。

|  | 下限 |  | 上限 |
|---|---|---|---|
|  | 一戸建の住宅 | 一戸建以外の住宅 | |
| 貸家以外 | 50㎡以上 | 50㎡以上 | 240㎡以下 |
| 貸家 | 50㎡以上 | 40㎡以上 | 240㎡以下 |

ハ　控除される額

　　1,200万円（価格が1,200万円未満である場合はその額）

　　なお、一戸建以外の住宅については、独立した区画ごとに控除されます。

　　また、長期優良住宅の普及の促進に関する法律に規定する認定長期優良住宅を、平成30年3月31日までに新築した場合の控除額は1,300万円となります（地法附則11⑨）。

ニ　税額の計算方法

$$\boxed{住宅の価格－控除額} \times \boxed{税率（3\%）} = \boxed{不動産取得税額}$$

1　取得の税務

② 　個人の耐震基準適合既存住宅の取得に対する軽減（中古住宅の場合）

　イ　概要

　　　個人が一定の要件を満たす耐震基準適合既存住宅を取得した場合には、その住宅の取得に対して課する不動産取得税の課税標準の算定については、一戸につき一定の金額が価格から控除されます（地法73の14③）。

　ロ　要件

　　　次の(イ)から(ハ)のすべての要件に該当する場合に住宅の価格から一定額が控除されます。

| 要件 | 取得年月日 | |
|---|---|---|
| (イ)　居住要件（取得時において家屋の現況が住宅であることが必要） | 個人が自己の居住用に取得した住宅であること※1 | |
| (ロ)　床面積要件 | 50㎡以上240㎡以下 | |
| (ハ)　築後要件 | 昭和57年1月1日以後に新築されたもの | 左記の条件に該当しない住宅で建築士等が行う耐震診断によって新耐震基準に適合しているとの証明がされたもの※2 |

※1　取得前に住宅以外であった家屋を住宅にリフォームする場合は、取得前に住宅とするリフォームが完了していることが必要です。
※2　証明に係る調査が住宅の取得日前2年以内に終了していることが必要です。

*31*

第2章　居住用財産の取得及び保有に係る税務

ハ　控除される額

| 新築時期 | 控除額 |
|---|---|
| 昭和48年1月1日から昭和50年12月31日 | 230万円 |
| 昭和51年1月1日から昭和56年6月30日 | 350万円 |
| 昭和56年1月1日から昭和60年6月30日 | 420万円 |
| 昭和60年7月1日から平成元年3月31日 | 450万円 |
| 平成元年4月1日～平成9年3月31日 | 1,000万円 |
| 平成9年4月1日以後 | 1,200万円 |

ニ　税額の計算方法

$$\boxed{住宅の価格－控除額} \times \boxed{税率（3\%）} = \boxed{不動産取得税額}$$

ホ　留意点（個人が取得した耐震基準不適合既存住宅に耐震改修を行った場合）

前頁ロの表(ハ)の築後要件を満たさない中古住宅（平成26年4月1日以後の取得に限ります。）であっても、取得後6か月以内に耐震改修を行い、新耐震基準に適合することにつき証明を受けて自己の居住の用に供し、かつ、耐震改修が自己の居住の用に供する前に完了している場合は、住宅の税額から一定額が控除されます（地法73の27の2）。

| 新築時期 | 控除額 |
|---|---|
| 昭和48年1月1日から昭和50年12月31日 | 230万円 |
| 昭和51年1月1日から昭和56年6月30日 | 350万円 |
| 昭和56年1月1日から昭和60年6月30日 | 420万円 |
| 昭和60年7月1日から平成元年3月31日 | 450万円 |
| 平成元年4月1日～平成9年3月31日 | 1,000万円 |
| 平成9年4月1日以後 | 1,200万円 |

1　取得の税務

　　ただし、この場合は下記③の住宅用土地の取得に対する軽減の適用
を受けることはできません。

### ③　住宅用土地の取得に対する軽減

#### イ　概要

　　一定の要件を満たす住宅用の土地を取得したときは、土地の税額か
ら一定額が軽減されます（地法73の24）。

　　ただし、この軽減を受けるためには、土地の上にある住宅がいずれ
も前記①、②の住宅の取得に対する軽減の適用の対象となるものであ
ることが必要です。

#### ロ　要件

#### ㈠　新築住宅の敷地の場合

| 区分 | 要件 |
|---|---|
| 住宅の新築より先に土地を取得した場合 | 土地を取得後3年以内（※）にその土地の上に住宅が新築されていること（ただし、土地の取得者が住宅の新築までその土地を引き続き所有している場合、又は土地の取得者からその土地を取得した者が住宅を新築した場合に限ります。） |
| | 土地を取得した者が、土地を取得した日から3年以内（※）にその土地の上に住宅を新築していること（ただし、土地の取得者が住宅の新築までその土地を引き続き所有している場合に限ります。） |
| 住宅を新築した後に土地を取得した場合 | 借地して住宅を新築した者が、新築後1年以内にその敷地を取得していること |
| | 新築未使用の住宅とその敷地を、新築後1年以内（同時取得を含みます。）に同じ者が取得していること |

※　平成30年3月31日までに土地を取得した場合で、土地の取得から3年以内に住宅が新築
　されることが困難な場合（1棟につき100戸以上の住宅を有する共同住宅等で新築までの期
　間が3年を超えることについてやむを得ない事情があると認められる場合）には4年以内。

*33*

第2章　居住用財産の取得及び保有に係る税務

(ロ)　耐震基準適合既存住宅（中古住宅）の敷地の場合

| 区分 | 要件 |
|---|---|
| 住宅より先に土地を取得した場合 | 土地を取得した者が、土地を取得した日から1年以内（同時取得を含みます。）にその土地の上にある住宅を取得していること |
| 住宅より後に土地を取得した場合 | 借地して住宅を取得した者が、住宅の取得後後1年以内にその敷地を取得していること |

ハ　軽減される額

　　次の(イ)、(ロ)のいずれか高い方の金額が税額から減額されます。

(イ)　45,000円（税額が45,000円未満の場合はその額）

(ロ)　土地1㎡当たりの価格（※）× （住宅の床面積の2倍（1戸につき200㎡が限度）） × 3%

　　※　平成30年3月31日までに宅地等（宅地及び宅地評価された土地）を取得した場合は、価格を1/2にした後の額から1㎡当たりの価格を計算します。

④　軽減の適用を受けるための手続

　　前記①～③の軽減の特例は、その住宅や住宅用土地の取得者から、各都道府県の条例で定めるところにより、その取得について軽減の特例の適用があることの申告がされた場合にのみ適用されます（地法73の14④、73の24④）。

【参考】

●軽減を受けるための申告は

　住宅や住宅用土地を取得した日から原則として60日以内に、下表の書類（すべて写しで可）を添えて、土地、家屋の所在地を所管する都

税事務所・都税支所・支庁に申告してください。

| | 必 要 な 書 類 |
|---|---|
| 新築住宅 | 建築工事請負契約書、検査済証、登記事項証明書（建物）など |
| 中古住宅 | 売買契約書及び最終代金の領収証、登記事項証明書（建物）、住民票（マイナンバーの記載のないもの）など |
| 住宅用土地 | 土地売買契約書及び最終代金の領収証、登記事項証明書（土地）、上記新築住宅又は中古住宅の軽減に必要な書類など |

（出所：東京都主税局資料）

### (9) 計算例

〔設例〕平成29年10月に土地付新築住宅を購入

① 土地

　敷地面積120㎡、価格30,000,000円

② 家屋

　床面積100㎡、価格15,000,000円


〔計算〕

① 家屋

　イ　課税標準額

　　15,000,000円（価格）－ 12,000,000円（軽減額）＝ 3,000,000円

　ロ　納付税額

　　3,000,000円（課税標準額）× 3％（税率）＝ 90,000円

② 土地

　イ　課税標準額

　　30,000,000円（価格）× 1／2 ＝ 15,000,000円

第2章　居住用財産の取得及び保有に係る税務

ロ　税額

15,000,000円（課税標準額）× 3 ％（税率）＝ 450,000円

ハ　1 ㎡当たりの価格

15,000,000円（課税標準額）÷ 120㎡（敷地面積）＝ 125,000円

ニ　住宅用土地の軽減額

125,000円（1 ㎡当たりの価格）× 100㎡ × 2 （床面積、200㎡限度）

× 3 ％（税率）＝ 750,000円 ＞ 45,000円

∴　750,000円

ホ　納付税額

450,000円（税額）－ 750,000円（軽減額）＜ 0 円

∴　 0 円（納付税額なし）

③　納付税額合計

90,000円（家屋）＋ 0 円（土地）＝ 90,000円

2 保有の税務

# 2 保有の税務

## 1 土地及び家屋に係る固定資産税・都市計画税

### ⑴ 土地及び家屋に係る固定資産税

#### ① 制度の概要

　土地及び家屋に係る固定資産税とは、毎年1月1日（賦課期日）において、固定資産課税台帳に所有者として登録されている者に対して、その資産の所在する市町村（東京都特別区の場合は東京都）が課税する税をいいます。

#### ② 課税対象

イ　土地

　田、畑、宅地、塩田、鉱泉地、池沼、山林、牧場、原野その他の土地が課税対象となります（地法341二）。

ロ　家屋

　住家、店舗、工場（発電所及び変電所を含みます。）、倉庫その他の建物が課税対象となります（地法341三）。

#### ③ 納税義務者

　土地及び家屋については、毎年1月1日（賦課期日）において、登記簿又は固定資産課税台帳に所有者として登録されている者とされています（地法343②）。

　したがって、その年の1月2日以降に家屋を取り壊した場合や、売買などにより土地又は家屋の所有権が移転したような場合であっても、納税義務者の変更はありません。

37

第2章　居住用財産の取得及び保有に係る税務

　土地又は家屋の売買の際に、売主と買主の間で未経過固定資産税の精算が行われることがありますが、これは前頁のように売主が賦課期日における納税義務者として、その年度分の固定資産税を納付する必要があるためです。

④　固定資産の評価

　イ　宅地の評価

　　　宅地の評価については、売買実例価額に基づき標準宅地の価格を決定し、これに比準して各筆の宅地の評価を行う方式（標準値比重方式）がとられています。

　　　この標準宅地の価格は、地価公示価格及び不動産鑑定士等による鑑定評価による価格を活用し、これらの価格の70％を目途として決定することとされています。

　　　なお、固定資産評価基準では、具体的な評価方法として「市街地宅地評価法」と「その他の宅地評価法」が定められています。

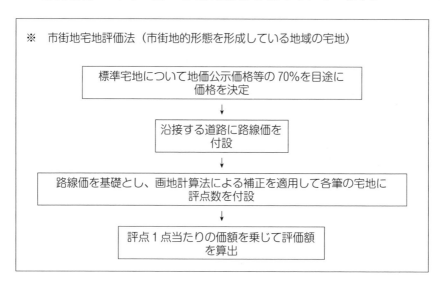

ロ　家屋の評価

　　家屋の評価については、再建築価格を基準として評価する方法がとられています。

　　再建築価格とは、評価の対象となった家屋と同一のもの（構造、規模、形態、機能等が同一であり、その家屋を構成している資材とその量がほぼ同様であるもの）を、評価の時点においてその場所に新築した場合に必要とされる建築費をいいます。

　　具体的には、評価時における再建築価格を算定し、その家屋の現状により、経過年数、損耗の規模等に応じた減価を行って評価することになります。

ハ　価格の決定及び路線価の閲覧

　　市町村長は、固定資産の価格等を毎年3月31日までに決定し、その後遅滞なく地域ごとの宅地の標準的な価格を記載した書面（路線価図等）を公開することとされています（地法410）。

⑤　課税標準

　　土地及び家屋の基準年度に係る賦課期日における価格（基準年度の価格）で、固定資産課税台帳に登録されたものとされています。

　　この場合の固定資産課税台帳に登録される価格は、総務大臣が定める固定資産評価基準に基づいて、原則として市町村長が決定しなければならないとされています（地法403①）。

　　なお、課税標準となる価格は、原則として3年間据え置くという制度がとられており（地法349）、基準年度（直近の場合は平成27年度）の翌年度（第2年度、平成28年度）及び翌々年度（第3年度、平成29年度）においては、新たに評価を行わないこととされています。

　　ただし、分筆や合筆のあった土地や新築、増改築のあった家屋などに

第 2 章　居住用財産の取得及び保有に係る税務

ついては、新たに評価を行い価格を決定することになります。

　また、平成28年度と平成29年度において価格の下落傾向がみられる場合は、市町村長の判断により、その価格を修正する措置がとられています（地法附則17の 2 ）。

⑥　住宅用地に対する課税標準の特例

　イ　住宅用地

　　　住宅の敷地となっている土地は、専用住宅の敷地と併用住宅の敷地に区分されます。

　　　専用住宅とは専ら人の居住の用に供する家屋をいい、併用住宅とは一部を人の居住の用に供する家屋をいいます。

　　　これらの住宅の敷地となっている土地のうち、それぞれ次に掲げる部分を住宅用地といい（地令52の11）、課税標準の特例が設けられています。

　　㈠　専用住宅（専ら人の居住の用に供する家屋）の敷地の用に供されている土地

　　　　その土地の全部（ただし家屋の床面積の10倍までが限度となります。）

　　㈡　併用住宅（一部を人の居住の用に供する家屋）の敷地の用に供されている土地

　　　　その土地の面積（ただし家屋の床面積の10倍までが限度となります。）に次の表に掲げる率を乗じて得た面積に相当する土地

| 家屋 | | 居住用部分の割合 | 住宅用地の率 |
|---|---|---|---|
| a | 次のb以外の併用住宅 | 4 分の 1 以上 2 分の 1 未満 | 0.5 |
| | | 2 分の 1 以上 | 1.0 |

40

| | | 4分の1以上2分の1未満 | 0.5 |
|---|---|---|---|
| b | 地上5階以上の耐火建築物<br>である併用住宅 | 2分の1以上4分の3未満 | 0.75 |
| | | 4分の3以上 | 1.0 |

【計算例1】

・　土地　地積300㎡

・　3階建併用住宅　床面積　300㎡（うち居住部分の床面積120㎡）

⇒　居住部分の割合　120㎡ ÷ 300㎡ ＝ 0.4 ∴住宅用地の率 0.5

　　住宅用地の面積　300㎡ × 0.5 ＝ 150㎡


【計算例2】

・　土地　地積500㎡

・　5階建併用住宅（耐火建築物）　床面積　400㎡（うち居住部分の床面積240㎡）

⇒　居住部分の割合　240㎡ ÷ 400㎡ ＝ 0.6 ∴住宅用地の率 0.75

　　住宅用地の面積　500㎡ × 0.75 ＝ 375㎡


ロ　課税標準の特例

　　住宅用地については、小規模住宅用地と一般住宅用地に区分して、それぞれ課税標準を次のように算出する特例措置が設けられています（地法349の3の2）。

| 区　　　　　分 | | 課税標準の計算 |
|---|---|---|
| 小規模住宅用地 | 一戸につき200㎡まで部分の住宅用地 | 価格×1／6 |
| 一般住宅用地 | 小規模住宅用地以外の住宅用地 | 価格×1／3 |

　　なお、賦課期日において住宅が存在しない場合は、たとえ建築中の

土地や建築予定地であっても住宅用地には該当しません。

ただし、住宅を建替え中の土地で一定の要件を満たす場合は住宅用地に該当します。

ハ　空き家の除却等を促進するための措置

空き家等対策の促進に関する特別措置法の規定に基づき、市町村長等が、周辺の生活環境の保全を図るために放置することが不適切な状態にある空き家等（特定空家等）として必要な措置をとることを勧告した場合には、その特定空家等の敷地については、住宅用地特例の対象から除外されます（地法349の3の2①）。

なお、特定空家等とは次のいずれかに該当する空き家と定義されています（空家対策特別措置法第2条2項）。

・　そのまま放置すれば倒壊等著しく保安上危険となる恐れのある状態

・　そのまま放置すれば著しく衛生上有害となるおそれのある状態

・　適切な管理が行われていないことにより著しく景観を損なっている状態

・　その他周辺の生活環境の保全を図るために放置することが不適切である状態

ニ　宅地の負担調整措置

(イ)　負担調整措置

固定資産税は原則として、価格（住宅用地の場合は、特例措置を適用した額）をもとに税額が算出されます。

しかし、土地については、評価替え等によって税額が急激に上昇することを抑えるために、負担調整措置を適用した課税標準額により算出することとされています。

$$負担水準（\%）＝\frac{平成28年度課税標準額等}{平成29年度価格等※}×100$$

※　住宅用地に対する課税標準の特例を適用した額（本則課税標準額）

(ロ)　住宅用地の負担水準と課税標準額

| 負担水準 | 課税標準額 |
|---|---|
| 100％以上 | 本則課税標準額（価格×1／6又は1／3） |
| 100％未満 | 前年度課税標準額＋（本則課税標準額×5％※） |

※　本則課税標準額を上回る場合は本則課税標準額
　　本則課税標準額×20％を下回る場合には20％相当額

⑦　税率

　固定資産税の標準税率は1.4％とされており（地法350①）、各市町村はこの標準税率をもとに税率を決定します。

⑧　免税点

　同一の市区町村内に所有する土地又は家屋の課税標準額の合計額が、次の金額に満たない場合には、固定資産税は課税されません（地法351）。

土地　30万円　　　家屋　20万円

　ただし、財政上その他特別の必要がある場合においては、その市町村の条例の定めるところによって、その額がそれぞれ30万円、20万円に満たないときであっても、固定資産税を課税することができるとされています。

⑨　新築住宅に対する課税の特例

イ　制度の概要

　住宅政策に資する見地から、平成30年3月31日までに新築された住

宅で、次のロに掲げる床面積要件を満たす新築住宅については固定資産税の減額措置が設けられています（地法附則15の6、15の7、地令附則12）。

ロ　床面積要件

| 住宅の区分 | 対象となる床面積 | 床面積要件 |
|---|---|---|
| 一戸建住宅 | 床面積 | 50㎡以上280㎡以下 |
| 店舗等併用住宅 | 居住部分の床面積（居住部分の床面積が全体の1/2以上であること） | 50㎡以上280㎡以下 |
| 共同住宅 | 独立的に区画された居住部分ごとの床面積に廊下や階段などの共用部分の面積を按分し、加えた床面積 | 50㎡以上280㎡以下<br>（貸家の場合<br>40㎡以上280㎡以下） |
| 区分所有住宅 | 専有部分のうち居住部分の床面積に、廊下や階段などの共用部分の床面積を按分し、加えた床面積<br>（専有部分のうち居住部分が、その専有部分の1/2以上であること） | 50㎡以上280㎡以下<br>（貸家の場合<br>40㎡以上280㎡以下） |

ハ　減額される固定資産税の額

（イ）　一般住宅

| 減額される税額 | 居住部分で1戸当たり120㎡以下の部分に対応する税額の1/2 |
|---|---|
| 減額される期間 | 新たに課税される年度から3年度分<br>（ただし、3階建以上の耐火・準耐火建築物は5年度分） |

（ロ）　認定長期優良住宅

| 減額される税額 | 居住部分で1戸当たり120㎡以下の部分に対応する税額の1/2 |
|---|---|
| 減額される期間 | 新たに課税される年度から5年度分<br>（ただし、3階建以上の耐火・準耐火建築物は7年度分） |

なお、認定長期優良住宅の減額は、住宅が新築された年の翌年の1月31日までに認定長期優良住宅であることを証する書類（長期優良住

宅建築等計画の認定書等）を添付して、市町村に申告した場合に限り適用されます（地法附則15の7③）。

⑩　耐震改修された既存住宅に対する課税の特例

イ　制度の概要

　昭和57年1月1日以前からある住宅について、平成30年3月31日までに建築基準法に基づく現行の耐震基準に適合させるよう一定の耐震改修を行った場合、工事完了日の翌年度1年度分、その住宅に係る固定資産税額（居住部分で1戸当たり120㎡相当分までを限度）が2分の1（改修後の住宅が認定長期優良住宅に該当することとなった場合は3分の2）減額されます（地法附則15の9①、15の9の2①）。

　減額を受けるためには、関係機関が発行したその住宅が耐震基準適合住宅に該当すること称する書類を添付のうえ、改修が完了した日から3か月以内に申告が必要です。

　また、認定長期優良住宅に該当することとなった場合は、その申告の際に関係機関が発行した、その住宅が認定長期優良住宅に該当することとなった旨を証明する書類等を提出することとされています。

ロ　減額要件
　・　耐震改修後の家屋の居住部分の割合が当該家屋の2分の1以上であること
　・　耐震改修に要した費用の額が1戸当たり50万円を超えていること
　・　耐震基準に適合した工事であることの証明を受けていること

第2章　居住用財産の取得及び保有に係る税務

## ⑪　その他の主な課税の特例

| 主な減額措置 | 要件 | 減額される税額 | 減額期間 |
|---|---|---|---|
| 要安全確認計画記載建築物の耐震改修に伴う課税の特例（地法附則15の10）<br>※改修工事が終了した日から3か月以内に関係機関が発行した耐震基準適合証明書を添付した申告書を提出する必要がある | 建築物の耐震改修の促進に関する法律に規定する要安全確認計画記載建築物又は緊急安全確認大規模建築物について、政府の援助を受けて、平成26年4月1日から平成32年3月31日までの間に建築基準法の耐震基準に適合させるよう改修工事を行った場合 | その家屋の固定資産税額（その額が補助対象改修工事に係る工事費の5％に相当する金額を超える場合には、5％に相当する金額）の2分の1相当額 | 改修工事が完了した年の翌年度から2年度分 |
| バリアフリー改修に伴う課税の特例（地法附則15の9④⑤）<br>※改修工事が終了した日から3か月以内に工事明細書等の一定の書類を添付した申告書を提出する必要がある | 新築された日から10年以上経過した住宅（賃貸部分を除く）のうち、65歳以上の者、要介護又は要支援の認定を受けている者又は障害者である者が居住するもので、平成28年4月1日から平成30年3月31日までの間にバリアフリー改修工事をした場合 | バリアフリー改修工事を行った住宅の固定資産税（居住部分で、1戸当たり100㎡相当分までを限度）の3分の1相当額 | バリアフリー改修工事の完了した年の翌年1年度分 |
| 住宅の省エネ改修を行った場合の課税の特例（地法附則15の9⑨⑩）<br>※改修工事が終了した日から3か月以内に改修後のそれぞれの部位が省エネ基準に適合することを証す | 平成20年1月1日以前からある住宅（賃貸部分を除く）について平成20年4月1日から平成30年3月31日までの間に、窓の断熱改修工事等の一定の省エネ改修工事を行った場合 | 省エネ改修工事を行った住宅の固定資産税（居住部分で、1戸当たり100㎡相当分までを限度）の3分の1相当額（改修後の住宅が認定長期 | 省エネ改修工事の完了した年の翌年1年度分 |

| | | 優良住宅に該当することとなった場合は3分の2） | |
|---|---|---|---|
| る書類等の一定の書類を添付した申告書を提出する必要がある | | | |
| サービス付高齢者向け賃貸住宅に対する課税の特例（地法附則15の8④） | 平成27年4月1日から平成31年3月31日までに一定のサービス付高齢者向け住宅である貸家住宅を新築した場合 | その貸家住宅に係る固定資産税額の原則として3分の2に相当する税額 | 新たに課税されることとなった年度から5年度分 |

⑫　居住用超高層建築物に係る固定資産税などの課税の見直し（平成29年度税制改正）

居住用超高層建築物に対して課する固定資産税について、以下の見直しが行われました（都市計画税・不動産取得税についても同様です。）。

この見直しは、平成30年度から新たに課税されることとなる居住用超高層建築物（平成29年4月1日前に売買契約が締結された住戸を含むものを除きます。）について適用されます。

イ　固定資産税の各区分所有者への按分方法の見直し

高さが60mを超える建築物（建築基準法令上の「超高層建築物」）のうち、複数の階に住戸が所在しているもの（居住用超高層建築物）については、居住用超高層建築物全体に係る固定資産税額を各区分所有者に按分する際に用いる各区分所有者の専有部分の床面積を、住戸の所在する階層の差違による床面積当たりの取引単価の変化の傾向を反映するための補正率（階層別専有床面積補正率）により補正するよう見直しが行われます（地法352②）。

ロ　階層別専有床面積補正率の数値

階層別専有床面積補正率は、最近の取引価格の傾向を踏まえ、居住

用超高層建築物の１階を100とし、階が一を増すごとに、これに10を39で除した数を加えた数値とされます。

ハ　居住用以外の専有部分を含む居住用超高層建築物の場合

　　居住用以外の専有部分を含む居住用超高層建築物の場合には、まず居住用超高層建築物全体に係る固定資産税額を、床面積により居住用部分と非居住用部分に按分の上、居住用部分の税額を各区分所有者に按分する場合についてのみ階層別専有床面積補正率が適用されます。

ニ　著しい差違がある場合の補正

　　上記イからハまでに加え、天井の高さ・附帯設備の程度などについて著しい差違がある場合には、その差違に応じた補正が行われます。

ホ　区分所有者全員により「按分割合」を申出た場合

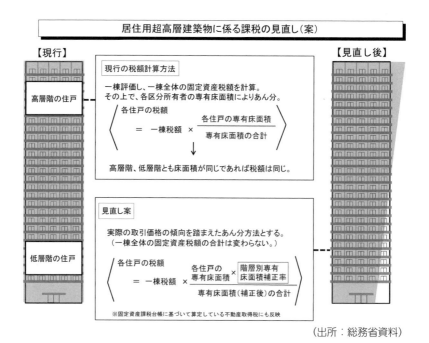

（出所：総務省資料）

2 保有の税務

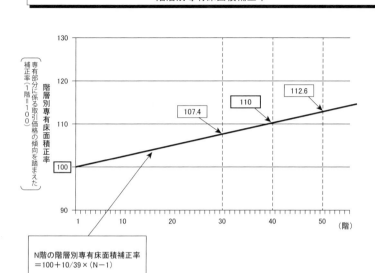

(出所：総務省資料)

上記イからニまでにかかわらず、居住用超高層建築物の区分所有者全員による申出があった場合には、申し出た割合により居住用超高層建築物に係る固定資産税額を按分することも認められています。

(2) **都市計画税**

① 制度の概要

都市計画事業又は土地区画整理事業に要する費用にあてるために課税される税をいい、都市計画法による都市計画区域のうち、原則として市街化区域内に所在する土地及び家屋に対し、その所在する市町村（東京都特別区の場合は東京都）が課税します。

都市計画税の課税の可否、税率の水準については、地域における都市

第2章　居住用財産の取得及び保有に係る税務

計画事業等の実態に応じ、市町村の自主的判断（条例）の判断とされています。

② **課税対象**

都市計画法第5条の規定により都市計画区域として指定された区域のうち、原則として同法第7条第1項に規定する市街化区域内に所在する土地及び家屋となります（地法702）。

③ **納税義務者**

課税対象となる土地及び家屋の所有者となります（地法702）。

④ **課税標準**

課税対象である土地及び家屋の価格とされています。

なお、この場合の価格とは、土地又は家屋に係る固定資産税の課税標準となるべき価格をいいます（地法702②）。

⑤ **住宅用地に対する課税標準の特例**

住宅用地については、小規模住宅用地と一般住宅用地に区分して、それぞれ課税標準を次のように算出する特例措置が設けられています（地法349の3の2）。

| 区　　　分 | | 課税標準の計算 |
|---|---|---|
| 小規模住宅用地 | 一戸につき200㎡まで部分の住宅用地 | 価格×1/3 |
| 一般住宅用地 | 小規模住宅用地以外の住宅用地 | 価格×2/3 |

⑥ **税率**

都市計画税の税率は課税する市町村の条例で定めることになりますが、0.3%を超えることはできないとされています（地法702の4）。

⑦ **免税点**

固定資産税について免税点未満のものは、都市計画税はかかりませ

50

2 保有の税務

ん。

⑧ 土地に対する負担調整措置

　　土地に係る平成27年度から平成29年度までの各年度については、固定
資産税と同様の負担調整措置が設けられています（地法附則25）。

### (3) 計算例（平成29年度の固定資産税及び都市計画税）

【設例】

① 土地（地積165㎡）

| | |
|---|---|
| 平成29年度価格 | 54,000,000円 |
| 平成28年度固定資産税課税標準額 | 8,100,000円 |
| 平成28年度都市計画税課税標準額 | 16,200,000円 |

② 家屋（平成27年築　木造1戸建　床面積120㎡）

| | |
|---|---|
| 平成29年度価格 | 10,000,000円 |

【計算】

① 土地

　イ　固定資産税

　　(イ) 本則課税標準額　54,000,000円（平成29年度価格）×

　　　　　　　　　　　　1/6（小規模住宅用地）＝ 9,000,000円

　　(ロ) 前年度課税標準額　8,100,000円

　　(ハ) 負担水準　8,100,000円(ロ) ÷ 9,000,000円(イ) × 100

　　　　　　　　　　　　　　　　　　　　　　　＝ 90%

　　(ニ) 負担調整措置　8,100,000円(ロ) ＋（9,000,000円(イ) × 5%）

　　　　　　　　　　　　　　　　　　　　　　　＝ 8,550,000円

51

第2章　居住用財産の取得及び保有に係る税務

　　(ホ)　平成29年度課税標準額　8,550,000円(ニ) ＜ 9,000,000円(イ)

　　　　　　　　　　　　　　　　　　　　　　　　∴　8,550,000円

　　(ヘ)　相当税額　　　　　　8,550,000円 × 1.4% ＝ 119,700円


　ロ　都市計画税

　　(イ)　本則課税標準額　　　54,000,000円（平成29年度価格）×

　　　　　　　　　　　　　　　1／3（小規模住宅用地）＝ 18,000,000円

　　(ロ)　前年度課税標準額　　16,200,000円

　　(ハ)　負担水準　　　　　　16,200,000円(ロ) ÷ 18,000,000円(イ) ×

　　　　　　　　　　　　　　　　　　　　　　　100 ＝ 90%

　　(ニ)　負担調整措置　　　　16,200,000円(ロ) ＋（18,000,000円(イ) × 5%）

　　　　　　　　　　　　　　　　　　　　　　　＝ 17,100,000円

　　(ホ)　平成29年度課税標準額　17,100,000円(ニ) ＜ 18,000,000円(イ)

　　　　　　　　　　　　　　　　　　　　　　　∴　17,100,000円

　　(ヘ)　相当税額　　　　　　17,100,000円 × 0.3% ＝ 51,300円


　ハ　土地合計

　　119,700円（イ(ヘ)）＋ 51,300円（ロ(ヘ)）＝ 171,000円


② 家屋

　イ　固定資産税

　　(イ)　平成29年度課税標準額　　10,000,000円（＝平成29年度価格）

　　(ロ)　当初税額　　　　　　10,000,000円(イ) × 1.4% ＝ 140,000円

　　(ハ)　新築住宅の軽減　　　140,000円(ロ) × 1／2 ＝ 70,000円

　　(ニ)　相当税額　　　　　　140,000円(ロ) － 70,000円(ハ) ＝ 70,000円

ロ　都市計画税

(イ)　平成29年度課税標準額　　10,000,000円（＝平成29年度価格）

(ロ)　相当税額　　　　10,000,000円(イ) × 0.3％ ＝ 30,000円

ハ　家屋合計

70,000円（イ(ニ)） ＋ 30,000円（ロ(ロ)） ＝ 100,000円

③　土地及び家屋合計

171,000円（①ハ） ＋ 100,000円（②ハ） ＝ 271,000円

## 2　償却資産税

### (1)　制度の概要

償却資産税とは、毎年1月1日（賦課期日）において、土地及び家屋以外の固定資産（償却資産）で事業の用に供することができる資産を所有している者に対して、その資産の所在する市町村（東京都特別区の場合は東京都）が課税する税をいいます。

### (2)　課税対象となる償却資産

次の要件に該当する資産をいいます（地法341四）。

①　土地及び家屋以外の事業の用に供することができる資産であること

②　その減価償却額又は減価償却費が法人税法又は所得税法の規定による所得の計算上、損金又は必要経費に算入されるもののうちその取得価額が少額である一定の資産以外のもの（これに類する資産で法人税又は所得税を課されない者が所有するものを含みます。）であること

③　鉱業権、漁業権、特許権その他の無形減価償却資産以外の資産であ

第 2 章　居住用財産の取得及び保有に係る税務

ること

④　自動車税の課税客体である自動車並びに軽自動車税の課税客体である原動機付自転車、軽自動車、小型特殊自動車及び二輪の小型自動車以外の資産であること

## (3)　課税対象とならない一定の少額資産

次に該当する資産は、課税対象から除外することとされています（地令49）。

ただし、これらの資産であっても、資産計上を行って個別に減価償却を行っている場合には課税対象となります。

①　減価償却資産で使用可能期間が 1 年未満であるもの又は取得価額が10万円未満であるもので、その資産の取得価額相当額を、法人税法又は所得税法の規定による所得の計算上、一時に損金又は必要経費に算入しているもの

②　減価償却資産でその取得価額が20万円未満であるものを、法人税法又は所得税法の規定による一括償却資産として 3 年均等償却を行っているもの

## (4)　納税義務者

毎年 1 月 1 日（賦課期日）において、事業の用に供することができる償却資産を所有している者で、償却資産課税台帳に所有者として登録されている者とされています（地法343③）。

## (5)　償却資産の評価

償却資産については、土地及び家屋のように評価額の据置制度がとられ

ていませんので、毎年その資産に係る賦課期日における価格によって評価が行われることになります（地法409③）。

　具体的には、前年中に取得された資産はその資産の取得価額を、前年以前に取得された資産はその資産の前年度の評価額を基準として、その資産の耐用年数に応ずる減価を考慮してその価額を求める方法がとられています。

① 前年中に取得されたもの

　　評価額＝取得価額×〔１－減価残存率／２〕（半年分の減価残存率）

② 前年前に取得されたもの

　　評価額＝前年度の評価額×〔１－減価残存率〕（１年分の減価残存率）

第2章　居住用財産の取得及び保有に係る税務

## 減価残存率表

| 耐用年数 | 耐用年数に応ずる減価率 r | 減価残存率 前年中取得のもの A | 減価残存率 前年前取得のもの B | 耐用年数 | 耐用年数に応ずる減価率 r | 減価残存率 前年中取得のもの A | 減価残存率 前年前取得のもの B | 耐用年数 | 耐用年数に応ずる減価率 r | 減価残存率 前年中取得のもの A | 減価残存率 前年前取得のもの B |
|---|---|---|---|---|---|---|---|---|---|---|---|
| 2 | 0.684 | 0.658 | 0.316 | 33 | 0.067 | 0.966 | 0.933 | 64 | 0.035 | 0.982 | 0.965 |
| 3 | 0.536 | 0.732 | 0.464 | 34 | 0.066 | 0.967 | 0.934 | 65 | 0.035 | 0.982 | 0.965 |
| 4 | 0.438 | 0.781 | 0.562 | 35 | 0.064 | 0.968 | 0.936 | 66 | 0.034 | 0.983 | 0.966 |
| 5 | 0.369 | 0.815 | 0.631 | 36 | 0.062 | 0.969 | 0.938 | 67 | 0.034 | 0.983 | 0.966 |
| 6 | 0.319 | 0.840 | 0.681 | 37 | 0.060 | 0.970 | 0.940 | 68 | 0.033 | 0.983 | 0.967 |
| 7 | 0.280 | 0.860 | 0.720 | 38 | 0.059 | 0.970 | 0.941 | 69 | 0.033 | 0.983 | 0.967 |
| 8 | 0.250 | 0.875 | 0.750 | 39 | 0.057 | 0.971 | 0.943 | 70 | 0.032 | 0.984 | 0.968 |
| 9 | 0.226 | 0.887 | 0.774 | 40 | 0.056 | 0.972 | 0.944 | 71 | 0.032 | 0.984 | 0.968 |
| 10 | 0.206 | 0.897 | 0.794 | 41 | 0.055 | 0.972 | 0.945 | 72 | 0.032 | 0.984 | 0.968 |
| 11 | 0.189 | 0.905 | 0.811 | 42 | 0.053 | 0.973 | 0.947 | 73 | 0.031 | 0.984 | 0.969 |
| 12 | 0.175 | 0.912 | 0.825 | 43 | 0.052 | 0.974 | 0.948 | 74 | 0.031 | 0.984 | 0.969 |
| 13 | 0.162 | 0.919 | 0.838 | 44 | 0.051 | 0.974 | 0.949 | 75 | 0.030 | 0.985 | 0.970 |
| 14 | 0.152 | 0.924 | 0.848 | 45 | 0.050 | 0.975 | 0.950 | 76 | 0.030 | 0.985 | 0.970 |
| 15 | 0.142 | 0.929 | 0.858 | 46 | 0.049 | 0.975 | 0.951 | 77 | 0.030 | 0.985 | 0.970 |
| 16 | 0.134 | 0.933 | 0.866 | 47 | 0.048 | 0.976 | 0.952 | 78 | 0.029 | 0.985 | 0.971 |
| 17 | 0.127 | 0.936 | 0.873 | 48 | 0.047 | 0.976 | 0.953 | 79 | 0.029 | 0.985 | 0.971 |
| 18 | 0.120 | 0.940 | 0.880 | 49 | 0.046 | 0.977 | 0.954 | 80 | 0.028 | 0.986 | 0.972 |
| 19 | 0.114 | 0.943 | 0.886 | 50 | 0.045 | 0.977 | 0.955 | 81 | 0.028 | 0.986 | 0.972 |
| 20 | 0.109 | 0.945 | 0.891 | 51 | 0.044 | 0.978 | 0.956 | 82 | 0.028 | 0.986 | 0.972 |
| 21 | 0.104 | 0.948 | 0.896 | 52 | 0.043 | 0.978 | 0.957 | 83 | 0.027 | 0.986 | 0.973 |
| 22 | 0.099 | 0.950 | 0.901 | 53 | 0.043 | 0.978 | 0.957 | 84 | 0.027 | 0.986 | 0.973 |
| 23 | 0.095 | 0.952 | 0.905 | 54 | 0.042 | 0.979 | 0.958 | 85 | 0.026 | 0.987 | 0.974 |
| 24 | 0.092 | 0.954 | 0.908 | 55 | 0.041 | 0.979 | 0.959 | 86 | 0.026 | 0.987 | 0.974 |
| 25 | 0.088 | 0.956 | 0.912 | 56 | 0.040 | 0.980 | 0.960 | 87 | 0.026 | 0.987 | 0.974 |
| 26 | 0.085 | 0.957 | 0.915 | 57 | 0.040 | 0.980 | 0.960 | 88 | 0.026 | 0.987 | 0.974 |
| 27 | 0.082 | 0.959 | 0.918 | 58 | 0.039 | 0.980 | 0.961 | 89 | 0.026 | 0.987 | 0.974 |
| 28 | 0.079 | 0.960 | 0.921 | 59 | 0.038 | 0.981 | 0.962 | 90 | 0.025 | 0.987 | 0.975 |
| 29 | 0.076 | 0.962 | 0.924 | 60 | 0.038 | 0.981 | 0.962 | 91 | 0.025 | 0.987 | 0.975 |
| 30 | 0.074 | 0.963 | 0.926 | 61 | 0.037 | 0.981 | 0.963 | 92 | 0.025 | 0.987 | 0.975 |
| 31 | 0.072 | 0.964 | 0.928 | 62 | 0.036 | 0.982 | 0.964 | 93 | 0.025 | 0.987 | 0.975 |
| 32 | 0.069 | 0.965 | 0.931 | 63 | 0.036 | 0.982 | 0.964 | 94 | 0.024 | 0.988 | 0.976 |

A ＝ 1 － r/2　『固定資産評価基準』別表第15「耐用年数に応ずる減価率表」より作成
B ＝ 1 － r

（出所：東京都主税局資料）

## (6) 課税標準

賦課期日におけるその償却資産の価格で、償却資産課税台帳に所有者として登録されたものとされています（地法349の2）。

## (7) 税率

固定資産税の標準税率は1.4％とされており（地法350①）、各市町村は原則として、この標準税率をもとに税率を決定します。

## (8) 免税点

同一の市区町村内に所有する償却資産の課税標準額の合計額が、次の金額に満たない場合には、固定資産税は課税されません（地法351）。

> 償却資産　150万円

ただし、財政上その他特別の必要がある場合においては、その市町村の条例の定めるところによって、その額が150万円に満たないときであっても、固定資産税を課税することができるとされています。

## (9) 申告

償却資産の所有者は、毎年1月1日現在における償却資産について、その所在、種類、数量、取得時期、取得価額、耐用年数、見積価額その他償却資産課税台帳の登録及びその資産の価格の決定に必要な事項を、1月31日までにその資産の所在地の市町村（東京都特別区の場合は東京都）に申告する必要があります（地法383、394）。

第 2 章　居住用財産の取得及び保有に係る税務

## ⑽　国税の取扱いとの相違

　国税（法人税・所得税）の取扱いと償却資産税の取扱いとの主な違い
は、次のとおりとなります。

| 項　　目 | 国税の取扱い<br>（法人税・所得税） | 地方税の取扱い<br>（固定資産税（償却資産）の<br>評価額） |
|---|---|---|
| 償却計算の基準日 | 事業年度（決算期） | 賦課期日（1月1日） |
| 減価償却の方法 | 【平成19年3月31日以前取得】<br>旧定率法、旧定額法等の選択<br>制度<br>（建物については旧定額法）<br>【平成19年4月1日～平成28<br>年3月31日取得】<br>定率法、定額法等の選択制度<br>（建物については定額法）<br>【平成28年4月1日以後取得】<br>定率法、定額法等の選択制度<br>（建物及び構築物・建物附属<br>設備については定額法） | 原則として、『固定資産評価<br>基準』に定める減価率 |
| 前年中の新規取得資産 | 月割償却 | 半年償却 |
| 圧縮記帳 | 認められる | 認められない |
| 特別償却・割増償却<br>即時償却<br>（租税特別措置法） | 認められる | 認められない |
| 評価額の最低限度 | 備忘価額（1円） | 取得価額の100分の5 |
| 中小企業者等の少額資<br>産の損金算入の特例<br>（租税特別措置法） | 認められる | 金額にかかわらず認められ<br>ない |

（出所：東京都主税局資料を改訂）

## (11) 償却資産と家屋の区分

　家屋には、電気設備、給排水設備、衛生設備、空調設備、運搬設備等の建築設備（家屋と一体となって家屋の効用を高める設備）が取り付けられていますが、固定資産税においては、それらを家屋と償却資産に区分して評価しています。

　家屋に付設した設備が家屋の所有者とは別の者の所有となる場合、その設備は家屋に含まれず、それが事業の用に供することができるものであれば、その所有者に対して償却資産税が課税されることになります。

　償却資産税の申告に当たり、各市町村等は次のような家屋と償却資産の区分表を提示しています。

**家屋と償却資産の区分表（家屋と設備等の所有者が同じ場合）**

| 設備の種類 | 設備等の分類 | 償却資産とするもの | 家屋に含めるもの |
|---|---|---|---|
| 内装・造作 | 床・壁・天井仕上、店舗造作等 | | 工事一式 |
| 電気設備 | 受・変電設備 | 設備一式（配線・配管を含む） | |
| | 予備電源設備 | 自家用発電設備、蓄電池設備、無停電電源設備 | |
| | 中央監視設備 | 設備一式（制御装置、配線等を含む） | |
| | 電灯照明設備 | 屋外照明設備 | 屋内照明設備 |
| | 電力引込設備 | 引込開閉器盤及び屋外の配線 | |
| | 動力配線設備 | 特定の生産又は業務用設備 | 左記以外の設備 |
| | 電話設備 | 電話機、交換機等の装置 | 配線 |
| | インターホン設備 | 集合玄関機 | 配線 |
| | 電気時計設備 | 時計、配電盤等の装置・器具類 | 配線 |

第 2 章 居住用財産の取得及び保有に係る税務

| | | | |
|---|---|---|---|
| 電気設備 | 拡声設備 | マイクロホン、スピーカー、アンプ等の機器 | 左記以外の設備 |
| | ITV 設備 | 受像機（テレビ）、カメラ | 左記以外の設備 |
| | 火災報知設備 | | 設備一式 |
| 給排水設備 | | 屋外設備、引込工事 | 左記以外の設備 |
| 給湯設備 | | 湯沸し器等の局所式給湯設備（ユニットバス用等を除く） | 中央式給湯設備、ユニットバス等用給湯器 |
| ガス設備 | | 屋外設備、引込工事、特定の生産又は業務用設備 | 左記以外の設備 |
| 衛生設備 | | | 設備一式 |
| 換気設備 | | | 設備一式 |
| 避雷設備 | | | 設備一式 |
| 空調設備 | | ルームエアコン（右記以外の設備）、特定の生産又は業務用設備 | 天井と一体のもの |
| 消火設備 | | 消火器、避難器具、ホース及びノズル、ガスボンベ等 | 消火栓設備、スプリンクラー設備等 |
| 運搬設備 | | 工場用ベルトコンベア、生産ライン用リフト | エレベーター、エスカレーター、ダムウェーター等 |
| 厨房設備 | | 顧客の求めに応じる設備（飲食店・ホテル・百貨店等）、寮・病院・社員食堂等の厨房設備 | 左記以外の設備 |
| 洗濯設備 | | 洗濯機・脱水機・乾燥機等の機器、顧客の求めに応じるサービス設備（ホテル等）、寮・病院などの洗濯設備 | 左記以外の設備 |

|  |  | 冷凍庫における冷凍設備、ろ過装置、LAN 設備、POS システム、広告塔、ネオンサイン、文字看板、袖看板、簡易間仕切（衝立）、機械式駐車設備（ターンテーブルを含む）、株価表示板、メールボックス、カーテン・ブラインド等 |  |
| その他の設備等 |  |  |  |
| 外構設備 |  | 工事一式（舗装・植栽・門扉・簡易ごみ置場等） |  |
| 太陽光発電設備 |  | 右記以外の設備 | 屋根材としているもの |

（出所：八尾市役所資料）

## ⑿　計算例

以下の設例による、平成30年度の償却資産税の計算は次のとおりです。

### ①　課税対象

イ　舗装路面（アスファルト敷）

平成29年 9 月取得、取得価額3,000,000円、耐用年数10年

ロ　室内ルームエアコン

平成28年 6 月取得、取得価額250,000円、耐用年数 6 年

### ②　課税標準額

イ　舗装路面

3,000,000円 × （ 1 － 0.206 × 1 / 2 ） ＝ 2,691,000円

↓

（耐用年数10年の減価率）

第2章　居住用財産の取得及び保有に係る税務

ロ　室内ルームエアコン

250,000円 × （ 1 － 0.319 × 1 / 2 ） ≒ 210,000円（平成29年度評価額）

（耐用年数6年の減価率）

210,000円 × （ 1 － 0.319 ） ＝ 143,010円

（平成29年度評価額）

ハ　合計

2,691,000円(イ) ＋ 143,010円(ロ) ＝ 2,834,010円 ⇒ 2,834,000円

（千円未満切捨て）

③　税額

2,834,000円（②ハ） × 1.4％ ＝ 39,676円　⇒　39,600円（百円未満切捨て）

## ⒀　中小企業等経営強化法に基づく支援措置の特例（平成29年度改正）

### ①　制度の概要

　　中小企業者等が平成29年4月1日から平成31年3月31日までの間に、認定経営力向上計画に基づき新たに取得した測定工具及び検査工具、器具・備品並びに建物附属設備（償却資産として課税されるものに限ります。）のうち一定のものについて、最低賃金が全国平均未満の地域にあってはすべての業種、最低賃金が全国平均以上の地域にあっては労働生産性が全国平均未満の業種に限定した上で、固定資産税の特例措置（課税標準額を最初の3年間価格の2分の1）が設けられました（地法附則15⑬）。

### ②　適用対象資産

　　次のイからハまでのいずれにも該当する資産が対象となります（地令附則11⑪）。

　　イ　次に掲げる資産の区分に応じ、それぞれ次に定める販売開始時期で

62

あるもの

　(イ)　測定工具及び検査工具　⇒　5年以内

　(ロ)　器具・備品　⇒　6年以内

　(ハ)　建物附属設備　⇒　14年以内

ロ　旧モデル比で生産性（単位時間当たりの生産量、精度、エネルギー効率等）が年平均1％以上向上するもの

ハ　次に掲げる資産の区分に応じ、それぞれ次に定める取得価額であるもの

　(イ)　測定工具及び検査工具並びに器具・備品　⇒　それぞれ1台又は1基の取得価額が30万円以上のもの

　(ロ)　建物附属設備　⇒　一の取得価額が60万円以上のもの

第2章　居住用財産の取得及び保有に係る税務

## 3　居住用財産の取得とローン型の所得税の税額控除（住宅借入金等特別控除）

### ⑴　住宅借入金等特別控除の概要

　住宅借入金等特別控除の概要は下表のとおりです。

| 項目 | 制度の概要 | |
| --- | --- | --- |
| | 一般 | 【認定住宅の特例】<br>（認定長期優良住宅・認定低炭素住宅） |
| 1．控除対象借入金等の額 | 次の借入金等（償還期間10年以上）の年末残高<br>(1)　住宅の新築・取得<br>(2)　住宅の取得とともにする敷地の取得<br>(3)　一定の増改築等 | 次の借入金等（償還期間10年以上）の年末残高<br>（1）　認定住宅の新築・取得<br>（2）　認定住宅の取得とともにする敷地の取得 |
| 2．対象住宅等 | （主として居住の用に供する）<br>(1)　住宅の新築<br>　　　床面積50㎡以上<br>(2)　新築住宅の取得<br>　　　床面積50㎡以上<br>(3)　既存住宅の取得<br>　　　①　床面積50㎡以上<br>　　　②　築後20年以内（耐火建築物は25年以内）又は地震に対する安全上必要な構造方法に関する技術的基準（耐震基準）に適合すること<br>　　　（注）耐震基準に適合しない床面積50㎡以上の既存住宅の取得後入居前に一定の耐震改修を行った場合の既存住宅の取得も対象<br>(4)　増改築等<br>　　　床面積50㎡以上 | （主として居住の用に供する）<br>(1)　住宅の新築<br>　　　①　認定住宅であること<br>　　　②　床面積50㎡以上<br><br>(2)　新築住宅の取得<br>　　　①　認定住宅であること<br>　　　②　床面積50㎡以上 |
| 3．適用居住年、控除期間 | 平成25年～平成33年12月居住分、10年間 | |
| 4．控除額等（税額控除） | *表1* | *表2* |
| 5．所得要件 | 合計所得金額　3,000万円以下 | |
| 6．適用期限 | 平成33年12月31日 | |
| 7．他制度との調整 | ・居住用財産の買換え等の場合の譲渡損失の損益通算及び繰越控除制度との併用可<br>・住宅特定改修特別税額控除及び認定住宅新築等特別税額控除と選択 | |

*表1（一般）*

| 居住年 | 借入金等の年末残高の限度額 | 控除率 | 各年の控除限度額 | 最大控除額 |
| --- | --- | --- | --- | --- |
| 26年4月～33年12月 | 4,000万円 | 1.0% | 40万円 | 400万円 |
| ※ | 2,000万円 | 1.0% | 20万円 | 200万円 |

（注）住宅の対価又は費用の額に含まれる消費税等の税率が8％又は10％以外である場合は※の金額となる。

*表2（認定住宅の特例）*

| 居住年 | 借入金等の年末残高の限度額 | 控除率 | 各年の控除限度額 | 最大控除額 |
| --- | --- | --- | --- | --- |
| 26年4月～33年12月 | 5,000万円 | 1.0% | 50万円 | 500万円 |
| ※ | 3,000万円 | 1.0% | 30万円 | 300万円 |

（注）認定住宅の対価の額に含まれる消費税等の税率が8％又は10％以外である場合は※の金額となる。

（出所：財務省資料を改訂）

64

## ⑵　住宅を新築又は新築住宅を取得した場合

### ①　制度の概要

　　個人が住宅借入金等を利用して、マイホームの新築又は新築住宅を取得し、平成33年12月31日までに自己の居住の用に供した場合で一定の要件を満たす場合に、その取得等に係る住宅借入金等の年末残高の合計額等を基に計算した金額を、居住の用に供した年分以後の各年分の所得税額から控除するものです（措法41）。

　　この住宅借入金等特別控除は、「居住者」が住宅を新築又は建築後使用されたことのない住宅を取得した場合又は「非居住者」が平成28年4月1日以降に住宅を新築又は建築後使用されたことのない住宅を取得した場合に受けることができます。

### ②　適用要件

　　次のすべての要件を満たす場合とされています。

イ　生計を一にする親族や特別な関係のある者からの取得でないこと

ロ　新築又は取得の日から6か月以内に居住の用に供し、適用を受ける各年の12月31日まで引き続き居住していること（その者が死亡した日の属する年又は家屋が災害により居住の用に供することができなくなった日の属する年にあっては、これらの日まで引き続き住んでいること）

　　なお、居住の用に供する住宅を2戸以上所有する場合には、主として居住の用に供する1戸の住宅に限られます。

ハ　この適用を受ける年分の合計所得金額が3,000万円以下であること

ニ　新築又は取得をした住宅の床面積が50㎡以上であり、床面積の2分の1以上の部分が専ら自己の居住の用に供するものであること

ホ　10年以上にわたり分割して返済する方法になっている新築又は取得のための一定の借入金又は債務（住宅とともに取得するその住宅の敷地

第2章　居住用財産の取得及び保有に係る税務

の用に供される土地等の取得のための借入金等を含みます。）があること

ヘ　居住の用に供した年とその前後の2年ずつの5年間に、居住用財産の譲渡所得の特別控除などの適用を受けていないこと

③　床面積の判断基準

床面積の判断基準は、次のとおりとなります。

イ　登記簿に表示されている床面積により判断されます。

ロ　マンションの場合は、階段や通路など共同で使用している部分については床面積に含まれず、登記簿上の専有部分の床面積で判断されます。

ハ　店舗や事務所などと併用になっている住宅の場合は、店舗や事務所などの部分も含めた建物全体の床面積によって判断されます。

ニ　夫婦や親子などで共有する住宅の場合は、床面積に共有持分を乗じて判断するのではなく、ほかの人の共有持分を含めた建物全体の床面積によって判断されます。

ただし、マンションのように建物の一部を区分所有している住宅の場合は、その区分所有する部分（専有部分）の床面積によって判断されます。

④　対象となる住宅借入金等

対象となる住宅借入金等とは、10年以上にわたり分割して返済する方法になっている新築又は取得のための一定の借入金又は債務をいい、例えば銀行等の金融機関、独立行政法人住宅金融支援機構、勤務先などからの借入金や独立行政法人都市再生機構、地方住宅供給公社、建設業者などに対する債務とされています（措法41①）。

ただし、勤務先からの借入金の場合には、無利子又は1％（平成29年1月1日以後に居住の用に供する場合は0.2％）に満たない利率による借入

66

金は対象となりません。

また、親族や知人からの借入金も対象となりません。

⑤ 控除期間及び控除額の計算方法

住宅借入金等特別控除の控除額は、住宅借入金等の年末残高の合計額（住宅の取得等の対価の額又は費用の額（注1、2）が住宅借入金等の年末残高の合計額よりも少ないときは、その取得等の対価の額又は費用の額）を基に、居住の用に供した年分の計算方法により算出されます。

(注)1　平成23年6月30日以後に住宅の取得等の契約をし、その住宅の取得等に関して補助金等（国又は地方公共団体から交付される補助金又は給付金その他これらに準ずるもの）の交付を受ける場合には、その補助金等の額を控除します。

　　　2　住宅の取得等に際して住宅取得等資金の贈与を受け、「住宅取得等資金の贈与の特例」を適用した場合には、その適用を受けた住宅取得等資金の額を控除します。

| 居住の用に供した年 | 控除期間 | 各年の控除額の計算<br>（控除限度額） | |
|---|---|---|---|
| 平成19年1月1日から平成19年12月31日まで<br>（注）控除期間について10年又は15年のいずれかを選択 | 10年 | 1～6年目<br>年末残高等×1%<br>（25万円） | 7～10年目<br>年末残高等×0.5%<br>（12.5万円） |
| | 15年 | 1～10年目<br>年末残高等×0.6%<br>（15万円） | 11～15年目<br>年末残高等×0.4%<br>（10万円） |
| 平成20年1月1日から平成20年12月31日まで<br>（注）控除期間について10年又は15年のいずれかを選択 | 10年 | 1～6年目<br>年末残高等×1%<br>（20万円） | 7～10年目<br>年末残高等×0.5%<br>（10万円） |
| | 15年 | 1～10年目<br>年末残高等×0.6%<br>（12万円） | 11～15年目<br>年末残高等×0.4%<br>（8万円） |

第2章 居住用財産の取得及び保有に係る税務

| 平成21年1月1日から平成22年12月31日まで | 10年 | 1〜10年目<br>年末残高等×1%<br>(50万円) |
|---|---|---|
| 平成23年1月1日から平成23年12月31日まで | 10年 | 1〜10年目<br>年末残高等×1%<br>(40万円) |
| 平成24年1月1日から平成24年12月31日まで | 10年 | 1〜10年目<br>年末残高等×1%<br>(30万円) |
| 平成25年1月1日から平成26年3月31日まで | 10年 | 1〜10年目<br>年末残高等×1%<br>(20万円) |
| 平成26年4月1日から平成33年12月31日まで<br>(注) 消費税率10%への引上げの実施時期が平成31年10月1日に変更されることと併せて適用期限が2年6か月延長 | 10年 | 特定取得※に該当する場合<br>1〜10年目<br>年末残高等×1%<br>(40万円)<br><br>特定取得に該当しない場合<br>1〜10年目<br>年末残高等×1%<br>(20万円) |

※ 住宅の取得等の対価の額又は費用の額に含まれる消費税額等が、8％又は10%の税率により課されるべき消費税額等である場合におけるその住宅の取得等をいいます。

⑥ 申告手続と必要書類

　住宅借入金等特別控除の適用を受ける最初の年分は、必要事項を記載した確定申告書に、次の区分に応じてそれぞれに掲げる書類を添付して、納税地（原則として住所地）の所轄税務署長に提出する必要があります。

　なお、2年目以後の年分は、必要事項を記載した確定申告書に「（特定増改築等）住宅借入金等特別控除額の計算明細書」のほか、住宅取得

資金に係る借入金の年末残高等証明書を添付して提出すればよいことになっています。

　また、給与所得者が控除を受ける最初の年分については、上記のとおり確定申告書を提出する必要がありますが、2年目以後の年分は、年末調整でこの特別控除の適用を受けることができます。

　この場合、税務署から送付される「年末調整のための（特定増改築等）住宅借入金等特別控除証明書」、「給与所得者の（特定増改築等）住宅借入金等特別控除申告書」及び「住宅取得資金に係る借入金の年末残高等証明書」を勤務先に提出する必要があります。

イ　敷地の取得に係る住宅借入金等がない場合

(イ)　（特定増改築等）住宅借入金等特別控除額の計算明細書

　　　なお、補助金等の交付を受ける場合や住宅取得等資金の贈与の特例の適用を受けた場合は、「（付表1）補助金等の交付を受ける場合又は住宅取得等資金の贈与の特例を受けた場合の取得対価の額等の計算明細書」、借入金又は債務のうちに連帯債務となっているものがある場合には、「（付表2）連帯債務がある場合の住宅借入金等の年末残高の計算明細書」も必要です。

(ロ)　住民票の写し（平成28年1月1日以降に自己の居住の用に供した場合は不要）

(ハ)　住宅取得資金に係る借入金の年末残高等証明書（2か所以上から交付を受けている場合は、その全ての証明書）

(ニ)　家屋の登記事項証明書、請負契約書の写し、売買契約書の写し等で、次の事項を明らかにする書類

　　・　家屋の新築又は取得年月日

　　・　家屋の取得対価の額

第2章　居住用財産の取得及び保有に係る税務

・　家屋の床面積が50㎡以上であること

・　家屋の取得等が特定取得に該当する場合には、その該当する事実（平成26年分以後の居住分に限ります。）

　　なお、平成23年6月30日以後に住宅の取得等の契約を締結した場合で、その住宅の取得等に関し補助金等の交付を受けているときは、交付を受けている補助金等の額を証する書類、住宅取得等資金の贈与の特例の適用を受けているときは、その特例に係る住宅取得等資金の額を証する書類の写しも必要です。

ロ　敷地の取得に係る住宅借入金等がある場合

　　上記イの書類に加え、次の書類が必要となります。

㈠　敷地の登記事項証明書、売買契約書の写し等で敷地を取得したこと、取得年月日及び取得対価の額を明らかにする書類

　　なお、平成23年6月30日以後に住宅の取得等の契約を締結した場合で、その住宅の敷地の取得に関し補助金等の交付を受けているときは、交付を受けている補助金等の額を証する書類、また、住宅取得等資金の贈与の特例の適用を受けているときは、その特例に係る住宅取得等資金の額を証する書類の写しも必要です。

㈡　敷地の購入に係る住宅借入金等が次のいずれかに該当するときは、それぞれに掲げる書類

・　家屋の新築の日前2年以内に購入したその家屋の敷地の購入に係る住宅借入金等であるときは、家屋の登記事項証明書などで、家屋に一定の抵当権が設定されていることを明らかにする書類等

・　宅地建物取引業者から、家屋の新築の日前3か月以内の建築条件付きで購入したその家屋の敷地の購入に係る住宅借入金等であるときは、敷地の分譲に係る契約書の写しなどで、契約において

3か月以内の建築条件が定められていることなどを明らかにする
書類

・　　地方公共団体等から、家屋の新築の日前一定期間内の建築条件
付きで購入したその家屋の敷地の購入に係る住宅借入金等である
ときは、敷地の分譲に係る契約書の写しなどで、契約において一
定期間内の建築条件が定められていることなどを明らかにする書
類

ハ　給与所得者の場合は給与所得の源泉徴収票


## (3)　認定住宅の新築等をした場合

### ①　制度の概要

　　長期優良住宅の普及の促進に関する法律に規定する認定長期優良住宅
に該当する家屋（認定長期優良住宅）又は都市の低炭素化の普及の促進
に関する法律に規定する低炭素建築物に該当する家屋若しくは同法の規
定により低炭素建築物とみなされる特定建築物に該当する家屋（認定低
炭素住宅。認定長期優良住宅と認定低炭素住宅とを併せて「認定住宅」とい
います。）の新築又は建築後使用されたことのない認定住宅の購入をし
て、平成21年6月4日（認定低炭素住宅については平成24年12月4日（た
だし、低炭素建築物とみなされる特定建築物に該当する家屋については平成
25年6月1日））から平成33年12月31日までの間に自己の居住の用に供し
前記(2)②～④（65～67頁参照）の要件を満たしている場合、その居住の
用に供した年以後10年間の各年分の所得税の額から、住宅借入金等特別
控除の適用を受けることができます。

　　この住宅借入金等特別控除は、「居住者」が住宅を新築又は建築後使
用されたことのない住宅を取得した場合又は「非居住者」が平成28年4

第2章　居住用財産の取得及び保有に係る税務

月1日以降に住宅を新築又は建築後使用されたことのない住宅を取得した場合に受けることができます。

② **控除期間及び控除額の計算方法**

認定住宅の新築等に係る控除期間及び控除額の計算方法は次のとおりです。

なお、その他の要件は前記(2)⑤（67～68頁参照）と同様になります。

| 居住の用に供した年 | 控除期間 | 各年の控除額の計算<br>（控除限度額） |
|---|---|---|
| 平成21年6月4日から平成23年12月31日まで | 10年 | 1～10年目<br>年末残高等×1.2%<br>（60万円） |
| 平成24年1月1日から平成24年12月31日まで | 10年 | 1～10年目<br>年末残高等×1％<br>（40万円） |
| 平成25年1月1日から平成26年3月31日まで | 10年 | 1～10年目<br>年末残高等×1％<br>（30万円） |
| 平成26年4月1日から平成33年12月31日まで<br>(注) 消費税率10%への引上げの実施時期が平成31年10月1日に変更されることと併せて適用期限が2年6か月延長 | 10年 | 特定取得※に該当する場合<br>1～10年目<br>年末残高等×1％<br>（50万円）<br><br>特定取得に該当しない場合<br>1～10年目<br>年末残高等×1％<br>（30万円） |

※　住宅の取得等の対価の額又は費用の額に含まれる消費税額等が、8％又は10%の税率により課されるべき消費税額等である場合におけるその住宅の取得等をいいます。

③ 申告手続と必要書類

前記(2)⑥（68〜71頁参照）に該当する場合の書類に加え、次の区分に応じたそれぞれの書類が必要です。

イ　認定長期優良住宅について認定住宅の新築等に係る住宅借入金等特別控除の特例を受ける場合

(イ)　その家屋に係る長期優良住宅建築等計画の認定通知書の写し

なお、長期優良住宅建築等計画の変更の認定を受けた場合は変更認定通知書の写し、控除を受ける者が認定計画実施者の地位を承継した場合には認定通知書及び承継の承認通知書の写しが必要です。

(ロ)　住宅用家屋証明書若しくはその写し又は認定長期優良住宅建築証明書

ロ　認定低炭素住宅のうち低炭素建築物について認定住宅の新築等に係る住宅借入金等特別控除の特例を受ける場合

(イ)　その家屋に係る低炭素建築物新築等計画の認定通知書の写し

なお、低炭素建築物新築等計画の変更の認定を受けた場合は変更認定通知書の写しが必要です。

(ロ)　住宅用家屋証明書若しくはその写し又は認定低炭素住宅建築証明書

ハ　認定低炭素住宅のうち低炭素建築物とみなされる特定建築物について認定住宅の新築等に係る住宅借入金等特別控除の特例を受ける場合は特定建築物の住宅用家屋証明書

## (4) 中古住宅を取得した場合

① 制度の概要

個人が住宅借入金等を利用して、耐震基準又は経過年数基準に適合す

第2章　居住用財産の取得及び保有に係る税務

る一定の中古住宅を取得し、平成33年12月31日までに自己の居住の用に供した場合で一定の要件を満たす場合に、その取得等に係る住宅借入金等の年末残高の合計額等を基に計算した金額を、居住の用に供した年分以後の各年分の所得税額から控除するものです（措法41）。

　この住宅借入金等特別控除は、「居住者」が中古住宅を取得した場合又は「非居住者」が平成28年4月1日以降に中古住宅を取得した場合に受けることができます。

② 適用要件

　前記(2)②〜④（65〜67頁参照）と同様となりますが、取得した中古住宅は次のいずれにも該当する住宅であることが必要です。

イ　建築後使用されたものであること

ロ　次のいずれかに該当する住宅であること

(イ)　家屋が建築された日からその取得の日までの期間が20年（マンションなどの耐火建築物の建物の場合には25年）以下であること

　　なお、「耐火建築物」とは、建物登記簿に記載された家屋の構造のうち、建物の主たる部分の構成材料が、石造、れんが造、コンクリートブロック造、鉄骨造（軽量鉄骨造は含まない）、鉄筋コンクリート造又は鉄骨鉄筋コンクリート造のものをいいます。

(ロ)　地震に対する安全上必要な構造方法に関する技術的基準又はこれに準ずるもの（耐震基準）に適合する建物であること

　　なお、「耐震基準に適合する建物」とは、その家屋の取得の日前2年以内に耐震基準適合証明書による証明のための家屋の調査が終了したもの、その家屋の取得の日前2年以内に住宅性能評価書により耐震等級（構造躯体の倒壊等防止）に係る評価が等級1、等級2又は等級3であると評価されたもの又は既存住宅売買瑕疵担保責任

保険契約が締結されているもの（住宅瑕疵担保責任法人が引受けを行う一定の保険契約であって、その家屋の取得の日前2年以内に締結したものに限ります。）をいいます。

(ハ) 平成26年4月1日以後に取得した中古住宅で、(イ)又は(ロ)のいずれにも該当しない一定のもの（要耐震改修住宅）のうち、その取得の日までに耐震改修を行うことについて申請をし、かつ、居住の用に供した日までにその耐震改修により家屋が耐震基準に適合することにつき証明がされたものであること

ただし、後述する「住宅耐震改修特別控除」（123頁参照）の適用を受けるものを除きます。

③ 控除期間及び控除額の計算方法

前記(2)⑤（67〜68頁参照）と同様となります。

④ 申告手続と必要書類

住宅借入金等特別控除の適用を受けるためには、必要事項を記載した確定申告書に、次に掲げる書類を添付して、納税地（原則として住所地）の所轄税務署長に提出する必要があります。

なお、給与所得者は、確定申告をした年分の翌年以降の年分については年末調整でこの特別控除の適用を受けることができます（前記(2)⑥、68〜71頁参照）。

イ （特定増改築等）住宅借入金等特別控除額の計算明細書

なお、補助金等の交付を受ける場合や住宅取得等資金の贈与の特例の適用を受けた場合は、「（付表1）補助金等の交付を受ける場合又は住宅取得等資金の贈与の特例を受けた場合の取得対価の額等の計算明細書」、借入金又は債務のうちに連帯債務となっているものがある場合には、「（付表2）連帯債務がある場合の住宅借入金等の年末残高の

第2章　居住用財産の取得及び保有に係る税務

計算明細書」も必要です。

ロ　住民票の写し（平成28年1月1日以降に自己の居住の用に供した場合は不要）

ハ　住宅取得資金に係る借入金の年末残高等証明書（2か所以上から交付を受けている場合は、そのすべての証明書）

ニ　家屋の登記事項証明書及び敷地を同時取得している場合は敷地の登記事項証明書

ホ　売買契約書の写し等で、家屋（敷地を同時取得している場合は敷地を含みます。）の取得年月日、取得対価の額、家屋の床面積が50㎡以上であること及び家屋の取得等が特定取得に該当する場合にはその該当する事実（平成26年分以後の居住分に限ります。）を明らかにする書類

　なお、平成23年6月30日以後に住宅の取得等の契約を締結した場合で、その住宅の取得等に関し補助金等の交付を受けている場合には交付を受けている補助金等の額を証する書類、住宅取得等資金の贈与の特例の適用を受けている場合には、住宅取得等資金の額を証する書類の写しも必要となります。

ヘ　その住宅借入金等が債務の承継に関する契約に基づく債務であるときは、その契約に係る契約書の写し

ト　前記②ロ(ロ)に該当する家屋については、次のいずれかの書類

　(イ)　建築士、指定確認検査機関等、登録住宅性能評価機関又は住宅瑕疵担保責任保険法人が作成する耐震基準適合証明書（その家屋の取得の日前2年以内にその証明のための家屋の調査が終了したものに限ります。）

　(ロ)　登録住宅性能評価機関が作成する住宅性能評価書の写し（その家屋の取得の日前2年以内に評価されたもので、耐震等級（構造躯体の倒

壊等防止）に係る評価が等級1、等級2又は等級3であるものに限ります。）

(ハ)　住宅瑕疵担保責任保険法人が作成する既存住宅売買瑕疵担保責任保険契約（住宅瑕疵担保責任法人が引受けを行う一定の保険契約であって、その家屋の取得の日前2年以内に締結したものに限ります。）に係る付保証明書

チ　前記②ロ(ハ)に該当する家屋については、その家屋に係る耐震改修に係る次の書類などで、その取得の日までに耐震改修を行うことについて申請をしたこと、耐震改修により居住の用に供した日までに耐震基準に適合することとなったこと、耐震改修をした年月日及び耐震改修に要した費用の額を明らかにするもの

(イ)　建築物の耐震改修計画の認定申請書の写し及び耐震基準適合証明書

(ロ)　耐震基準適合証明申請書の写し（家屋の引渡しまでに申請が困難な場合は仮申請書の写し）及び耐震基準適合証明書

(ハ)　建設住宅性能評価申請書の写し（耐震等級（構造躯体の倒壊等防止）についての評価に限ります。家屋の引渡しまでに申請が困難な場合は仮申請書の写し）及び建設住宅性能評価書の写し

リ　既存住宅売買瑕疵担保責任保険契約の申込書の写し及び既存住宅売買瑕疵担保責任保険契約が締結されていることを証する書類（住宅瑕疵担保責任法人が引受けを行う一定の保険契約に限ります。）

ヌ　請負契約書の写し

　　なお、その住宅の耐震改修に関し補助金等の交付を受けている場合には、補助金等の額を証する書類、住宅取得等資金の贈与の特例の適用を受けている場合には、住宅取得等資金の額を証する書類の写しも

第2章　居住用財産の取得及び保有に係る税務

必要となります。

ル　給与所得者の場合は、給与所得の源泉徴収票

### (5)　要耐震改修住宅を取得し、耐震改修を行った場合

① 制度の概要

耐震基準に適合しない一定の中古住宅（要耐震改修住宅）を取得した場合において、その中古住宅の取得の日までに一定の耐震改修を行う旨の申請をし、かつ、居住の用に供する日（その取得の日から6か月以内の日に限ります。）までにその申請に係る耐震改修を行い、耐震基準を満たすことにつき証明がなされたものについては、住宅借入金等特別控除の対象とされます（措法41㉕）。

この住宅借入金等特別控除は、「居住者」が中古住宅を取得した場合又は「非居住者」が平成28年4月1日以降に中古住宅を取得した場合に受けることができます。

② 適用要件

要耐震改修住宅とは、個人が居住の用に供する家屋（建築後使用されたもので、その床面積の2分の1以上に相当する部分を専ら居住の用に供するものに限ります。）で、床面積が50㎡以上であることにつき建物登記事項証明書で証明されたもののうち、経過年数基準又は耐震基準に適合するもの（前記(4)②ロ(イ)(ロ)、74〜75頁参照）以外のものをいいます。

床面積の判断基準は、前記(2)③と同様となります（66頁参照）。

なお、要耐震改修住宅について住宅借入金等特別控除の適用受けるためには次のすべての要件を満たす必要があります。

イ　要耐震改修住宅の取得の日までに、同日以後において、耐震基準に適合するための耐震改修を行うことにつき、「建築物の耐震改修計画

認定申請書」、「耐震基準適合証明（仮）申請書」、「建設住宅性能評価（仮）申請書」又は「既存住宅売買瑕疵担保責任保険契約申込書」により一定の申請手続をしていること

ロ　上記イの申請に係る耐震改修の実施により、要耐震改修住宅を居住の用に供する日（その取得の日から6か月以内の日に限ります。）までに、その要耐震改修住宅が耐震基準に適合することとなったことについて、「耐震基準適合証明書」などにより一定の証明がされていること

ハ　生計を一にする親族や特別な関係のある者などからの取得でないこと

ニ　取得の日から6か月以内に居住の用に供し、適用を受ける各年の12月31日まで引き続き居住していること（その者が死亡した日の属する年又は家屋が災害により居住の用に供することができなくなった日の属する年にあっては、これらの日まで引き続き住んでいること）

　　なお、居住の用に供する住宅を2戸以上所有する場合には、主として居住の用に供する1戸の住宅に限られます。

ホ　この適用を受ける年分の合計所得金額が3,000万円以下であること

ヘ　10年以上にわたり分割して返済する方法になっている新築又は取得のための一定の借入金又は債務（住宅とともに取得するその住宅の敷地の用に供される土地等の取得のための借入金等を含みます。）があること

ト　居住の用に供した年とその前後の2年ずつの5年間に、居住用財産の譲渡所得の特別控除などの適用を受けていないこと

③　控除期間及び控除額の計算方法

　　前記(2)⑤と同様となります（67〜68頁参照）。

④　申告手続と必要書類

　　住宅借入金等特別控除の適用を受けるためには、必要事項を記載した

第2章　居住用財産の取得及び保有に係る税務

確定申告書に、次に掲げる書類を添付して、納税地（原則として住所地）の所轄税務署長に提出する必要があります。

　なお、給与所得者は、確定申告をした年分の翌年以降の年分については年末調整でこの特別控除の適用を受けることができます（前記(2)⑥、68〜71頁参照）。

イ　（特定増改築等）住宅借入金等特別控除額の計算明細書

　　なお、補助金等の交付を受ける場合や住宅取得等資金の贈与の特例の適用を受けた場合は、「（付表１）補助金等の交付を受ける場合又は住宅取得等資金の贈与の特例を受けた場合の取得対価の額等の計算明細書」、借入金又は債務のうちに連帯債務となっているものがある場合には、「（付表２）連帯債務がある場合の住宅借入金等の年末残高の計算明細書」も必要です。

ロ　住民票の写し（平成28年１月１日以降に自己の居住の用に供した場合は不要）

ハ　住宅取得資金に係る借入金の年末残高等証明書（２か所以上から交付を受けている場合は、そのすべての証明書）

ニ　家屋の登記事項証明書及び敷地を同時取得している場合は敷地の登記事項証明書

ホ　住宅借入金等が債務の承継に関する契約に基づく債務であるときは、この契約に係る契約書の写し

ヘ　耐震改修に係る次の書類などで、その取得の日までに耐震改修を行うことについて申請をしたこと、耐震改修により居住の用に供した日までに耐震基準に適合することとなったこと、耐震改修をした年月日及び耐震改修に要した費用の額を明らかにするもの

　　なお、平成23年６月30日以後に住宅の取得等の契約を締結した場合

で、その住宅の取得等に関し補助金等の交付を受けている場合には交付を受けている補助金等の額を証する書類、住宅取得等資金の贈与の特例の適用を受けている場合には、住宅取得等資金の額を証する書類の写しも必要となります。

(イ)　建築物の耐震改修計画の認定申請書の写し及び耐震基準適合証明書

(ロ)　耐震基準適合証明申請書の写し（家屋の引渡しまでに申請が困難な場合は仮申請書の写し）及び耐震基準適合証明書

(ハ)　建設住宅性能評価申請書の写し（耐震等級（構造躯体の倒壊等防止）についての評価に限ります。家屋の引渡しまでに申請が困難な場合は仮申請書の写し）及び建設住宅性能評価書の写し

(ニ)　既存住宅売買瑕疵担保責任保険契約の申込書の写し及び既存住宅売買瑕疵担保責任保険契約が締結されていることを証する書類（住宅瑕疵担保責任法人が引受けを行う一定の保険契約に限ります。）

(ホ)　請負契約書の写し

　　なお、その住宅の耐震改修に関し補助金等の交付を受けている場合には補助金等の額を証する書類、住宅取得等資金の贈与の特例の適用を受けている場合には、住宅取得等資金の額を証する書類の写しも必要となります。

ト　給与所得者の場合は、給与所得の源泉徴収票

## 4　居住用財産の取得と投資型の所得税の税額控除（認定住宅新築等特別税額控除）

### (1)　制度の概要

長期優良住宅等の普及の促進に関する法律に規定する認定長期優良住宅

第2章　居住用財産の取得及び保有に係る税務

に該当する家屋（認定長期優良住宅）の新築又は建築後使用されたことの
ない認定長期優良住宅の取得をした場合において、平成21年6月4日から
平成33年12月31日までの間に居住の用に供したとき、又は都市の低炭素化
の普及の促進に関する法律に規定する低炭素建築物に該当する家屋若しく
は同法の規定により低炭素建築物とみなされる特定建築物に該当する家屋
（認定低炭素住宅）の新築又は建築後使用されたことのない認定低炭素住宅
の取得をした場合において、平成26年4月1日から平成33年12月31日まで
の間に居住の用に供したときに、認定長期優良住宅と認定低炭素住宅（認
定住宅）の認定基準に適合するために必要となる標準的な費用の額の10%
に相当する金額を、所得税額から控除するものです（措法41の19の4）。

　なお、認定住宅の新築等に係る住宅借入金等特別控除（前記3(3)、71〜
73頁参照）を適用する場合には、この控除の適用を受けることはできませ
ん（措法41⑰）。

　また、この認定住宅新築等税額控除は、「居住者」が認定住宅の新築又
は取得をした場合又は「非居住者」が平成28年4月1日以降に認定住宅の
新築又は取得をした場合に受けることができます。

2 保有の税務

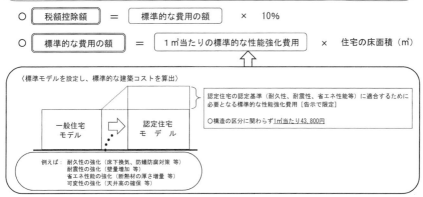

(出所：財務省資料)

(2) 適用要件

次のすべての要件を満たす場合とされています。

① 認定住宅の新築又は建築後使用されたことのない認定住宅の取得であること
② 新築又は取得の日から6か月以内に居住の用に供していること
　なお、居住の用に供する住宅を二つ以上所有する場合には、主として居住の用に供する一つの住宅に限られます。
③ この適用を受ける年分の合計所得金額が3,000万円以下であること
④ 新築又は取得をした住宅の床面積が50㎡以上であり、床面積の2分の1以上の部分が専ら自己の居住の用に供するものであること
　床面積の判断基準は、前記3(2)③と同様となります（66頁参照）。

第2章　居住用財産の取得及び保有に係る税務

⑤　居住の用に供した年とその前後の2年ずつの5年間に、居住用財産
の譲渡所得の特別控除などの適用を受けていないこと

## (3)　控除期間及び控除額の計算方法

### ①　控除期間

控除期間は、居住年のみとされています。

ただし、居住年の所得税の額から控除してもなお控除しきれない金額
がある場合は、居住年の翌年の所得税の額から控除未済税額控除額（居
住年に控除しきれなかった残額）を控除することができます。

### ②　控除額の計算

認定住宅の認定基準に適合するために必要となる標準的な費用の額の
10％とされています（算出された控除額のうち100円未満の端数金額は切捨
て）。

| 居住の用に供した年 | 対象となる認定住宅 | 標準的な費用の額の限度額（認定住宅限度額） | 控除率 |
|---|---|---|---|
| 平成21年6月4日から平成23年12月31日まで | 認定長期優良住宅 | 1,000万円 | 10% |
| 平成24年1月1日から平成26年3月31日まで | 認定長期優良住宅 | 500万円 | 10% |
| 平成26年4月1日から平成33年12月31日まで<br>（注）消費税率10％への引上げの実施時期が平成31年10月1日に変更されることと併せて適用期限が2年6か月延長 | 認定長期優良住宅及び認定低炭素住宅 | 特定取得※に該当する場合<br>650万円<br>───<br>特定取得に該当しない場合<br>500万円 | 10% |

※　住宅の取得等の対価の額又は費用の額に含まれる消費税額等が、8％又は10％の税率に
より課されるべき消費税額等である場合におけるその住宅の取得等をいいます。

③ 認定住宅の標準的な費用の額

イ 平成26年4月1日から平成33年12月31日までの間に居住の用に供した場合（対象は認定長期優良住宅及び認定低炭素住宅）

認定住宅の構造の区分にかかわらず、1㎡当たり定められた金額（43,800円）に、その認定住宅の床面積を乗じて計算した金額をいいます。

ロ 平成21年6月4日から平成26年3月31日までの間に居住の用に供した場合（対象は認定長期優良住宅）

認定長期優良住宅の構造の区分ごとに、1㎡当たり下記に定められた金額に、その認定長期優良住宅の床面積を乗じて計算した金額をいいます。

| 構造の区分 | 床面積1㎡当たりの標準的な費用の額 |
| --- | --- |
| 木造・鉄骨造 | 33,000円 |
| 鉄骨鉄筋コンクリート造・鉄筋コンクリート造 | 36,300円 |
| 上記以外の構造 | 33,000円 |

(4) **申告手続と必要書類**

認定住宅新築等特別税額控除の適用を受けるためには、必要事項を記載した確定申告書に、次の書類を添付して、納税地（原則として住所地）の所轄税務署長に提出する必要があります。

① 居住年に認定住宅新築等特別税額控除を適用する場合

イ 認定住宅新築等特別税額控除額の計算明細書

ロ 住民票の写し（平成28年1月1日以降に自己の居住の用に供した場合は不要）

第2章　居住用財産の取得及び保有に係る税務

ハ　その家屋に係る長期優良住宅建築等計画の認定通知書の写し

　　なお、長期優良住宅建築等計画の変更の認定を受けた場合は変更認定通知書の写し、控除を受ける方が認定計画実施者の地位を承継した場合には認定通知書及び承継の承認通知書の写しが必要です。

　　また、認定低炭素住宅のうち低炭素建築物の場合は、その家屋に係る低炭素建築物新築等計画の認定通知書の写し（低炭素建築物新築等計画の変更の認定を受けた場合は変更認定通知書の写し）が必要です。

ニ　住宅用家屋証明書若しくはその写し又は認定長期優良住宅建築証明書

　　認定低炭素住宅のうち低炭素建築物の場合は、住宅用家屋証明書若しくはその写し又は認定低炭素住宅建築証明書が必要です。

　　また、認定低炭素住宅のうち低炭素建築物とみなされる特定建築物の場合は、低炭素建築物とみなされる特定建築物であることについての市区町村長による証明書が必要です。

ホ　家屋の登記事項証明書、工事請負契約書の写し、売買契約書の写しなどの次に掲げる事項を明らかにする書類

　　・　家屋の新築又は取得をしたこと

　　・　家屋の新築又は取得をした年月日

　　・　家屋の新築又は取得に係る対価の額又は費用の額に含まれる消費税額等のうち、8％又は10％の税率により課されるべき消費税額等の有無（平成26年4月1日以後の居住分に限ります。）（注1）

　　・　家屋の床面積が50㎡以上であること（注2）

（注）1　家屋の新築又は取得に係る対価の額又は費用の額に含まれる消費税額等が8％又は10％の消費税及び地方消費税の税率により課されるべき消費税額等（新消費税額等）と新消費税額等以外の額の合計額から

成る場合には、その対価の額又は費用の額並びにその対価の額又は費用の額のうち新消費税額等に対応する部分の額及び新消費税額等に対応する部分以外の部分の額も明らかにする必要があります。

2　平成26年３月31日以前の居住分については、家屋の認定通知書又は変更認定通知書に２以上の構造が記載されている場合（その構造等に係る標準的な費用の額が異なる場合に限ります。）は、その構造ごとの床面積も明らかにする必要があります。

　ヘ　給与所得者の場合は給与所得の源泉徴収票

② 居住年の翌年の所得税の額から控除未済税額控除額を控除する場合

　イ　認定住宅新築等特別税額控除額の計算明細書

　ロ　給与所得者の場合は給与所得の源泉徴収票

## 5　ローン型のリフォーム税制（所得税の税額控除）

### (1)　増改築等をした場合（住宅借入金等特別控除）

### ①　制度の概要

　個人が住宅借入金等を利用してマイホームの増改築等を行い、平成33年12月31日までに自己の居住の用に供した場合で一定の要件を満たす場合に、その取得等に係る住宅ローン等の年末残高の合計額等を基に計算した金額を、居住の用に供した年分以後の各年分の所得税額から控除するものです（措法41）。

　この住宅借入金等特別控除は、「居住者」が増改築等を行った場合又は「非居住者」が平成28年４月１日以降に増改築等を行った場合に受けることができます（前記３(1)「住宅借入金等特別控除の概要」64頁表参照）。

### ②　適用要件

　次のすべての要件を満たす場合とされています。

　イ　自己が所有し、かつ、自己の居住の用に供する家屋について行う増

第2章　居住用財産の取得及び保有に係る税務

改築等であること

　なお、自己の所有している家屋に増改築等をして、平成21年1月1日以後に居住の用に供した場合（その増改築等の日から6か月以内に居住の用に供した場合に限ります。）についても控除の対象とされています。

ロ　次のいずれかの工事に該当するものであること

(イ)　増築、改築、建築基準法に規定する大規模な修繕又は大規模の模様替えの工事

　なお、「建築基準法に規定する大規模の修繕又は大規模の模様替え」とは、家屋の壁（建築物の構造上重要でない間仕切壁を除きます。）、柱（間柱を除きます。）、床（最下階の床を除きます。）、はり、屋根又は階段（屋外階段を除きます。）のいずれか一以上について行う過半の修繕・模様替えをいいます。

(ロ)　マンションなどの区分所有建物のうち、その者が区分所有する部分の床、階段又は壁の過半について行う一定の修繕・模様替えの工事（(イ)に該当するものを除きます。）

(ハ)　家屋（マンションなどの区分所有建物にあっては、その者が区分所有する部分に限ります。）のうち、居室、調理室、浴室、便所、洗面所、納戸、玄関又は廊下の一室の床又は壁の全部について行う修繕・模様替えの工事（(イ)及び(ロ)に該当するものを除きます。）

(ニ)　建築基準法施行令の構造強度等に関する規定又は地震に対する安全性に係る基準に適合させるための一定の修繕・模様替えの工事（(イ)〜(ハ)に該当するものを除き、その増改築等をした部分を平成14年4月1日以後に居住の用に供した場合に限ります。）

(ホ)　一定のバリアフリー改修工事（(イ)〜(ニ)に該当するものを除き、その

増改築等をした部分を平成19年4月1日以後に居住の用に供した場合に限ります。)

(ヘ) 一定の省エネ改修工事（(イ)～(ホ)に該当するものを除き、その増改築等をした部分を平成20年4月1日以後の居住の用に供した場合に限ります。)

ハ 増改築等の日から6か月以内に居住の用に供し、適用を受ける各年の12月31日まで引き続き居住していること（その者が死亡した日の属する年又は家屋が災害により居住の用に供することができなくなった日の属する年にあっては、これらの日まで引き続き住んでいること）

なお、居住の用に供する住宅を2戸以上所有する場合には、主として居住の用に供する1戸の住宅に限られます。

ニ この適用を受ける年分の合計所得金額が3,000万円以下であること

ホ 増改築等をした後の住宅の床面積が50㎡以上であり、床面積の2分の1以上の部分が専ら自己の居住の用に供するものであること

床面積の判断基準は、前記3(2)③と同様となります（66頁参照）。

ヘ その工事費用の額（平成23年6月30日以降に増改築等に係る契約を締結し、その増改築等の費用に関し補助金等の交付を受ける場合はその額を控除した額）が100万円を超えており、その2分の1以上の額が自己の居住用部分の工事費用であること

ト 10年以上にわたり分割して返済する方法になっている増改築等のための一定の借入金又は債務

チ 居住の用に供した年とその前後の2年ずつの5年間に、居住用財産の譲渡所得の特別控除などの適用を受けていないこと

③ 控除期間及び控除額の計算方法

前記3(2)⑤と同様となります（67～68頁参照）。

第2章 居住用財産の取得及び保有に係る税務

④ 申告手続と必要書類

　住宅借入金等特別控除の適用を受けるためには、必要事項を記載した確定申告書に、次に掲げる書類を添付して、納税地（原則として住所地）の所轄税務署長に提出する必要があります。

　なお、給与所得者は、確定申告をした年分の翌年以降の年分については年末調整でこの特別控除の適用を受けることができます（前記3(2)⑥、68〜71頁参照）。

イ　（特定増改築等）住宅借入金等特別控除額の計算明細書

　なお、補助金等の交付を受ける場合や住宅取得等資金の贈与の特例の適用を受けた場合は、「(付表1) 補助金等の交付を受ける場合又は住宅取得等資金の贈与の特例を受けた場合の取得対価の額等の計算明細書」、借入金又は債務のうちに連帯債務となっているものがある場合には、「(付表2) 連帯債務がある場合の住宅借入金等の年末残高の計算明細書」も必要です。

ロ　住民票の写し（平成28年1月1日以降に自己の居住の用に供した場合は不要）

ハ　住宅取得資金に係る借入金の年末残高等証明書（2か所以上から交付を受けている場合は、その全ての証明書）

ニ　上記②ロ(イ)の工事の場合は、その工事に係る建築確認済証の写し、検査済証の写し又は増改築等工事証明書

ホ　上記②ロ(ロ)から(ヘ)までの工事の場合は、その工事に係る増改築等工事証明書

ヘ　家屋の登記事項証明書、請負契約書の写し等で、増改築等をした年月日、その費用の額、増改築等をした家屋の床面積及び家屋の増改築等が特定取得に該当する場合にはその該当する事実（平成26年分以後

90

2　保有の税務

の居住分に限ります。）を明らかにする書類

　なお、平成23年6月30日以降に増改築等に係る契約をして、その増改築等に関し、補助金等の交付を受けている場合には交付を受けている補助金等の額を証する書類、住宅取得等資金の贈与の特例の適用を受けている場合には住宅取得等資金の額を証する書類の写しも必要となります。

ト　給与所得者の場合は、給与所得の源泉徴収票

⑤　留意点

　バリアフリー改修工事や省エネ改修工事を含む増改築等をした場合で、「借入金を利用して省エネ改修工事をした場合の特定増改築等住宅借入金等特別控除」（後記(3)、93頁参照）、「借入金を利用してバリアフリー改修工事をした場合の特定増改築等住宅借入金等特別控除」（後記(4)、99頁参照）、「省エネ改修工事をした場合の住宅特定改修特別税額控除」（後記6(2)、110頁参照）、「バリアフリー改修工事をした場合の住宅特定改修特別税額控除」（後記6(3)、115頁参照）を受けられる場合のいずれの適用要件も満たしている場合は、これらの控除のいずれか一つの選択適用となります。

　この選択により、「増改築等をした場合の住宅借入金等特別控除」を適用して確定申告書を提出した場合には、その後のすべての年分についても、その選択適用した特別控除を適用することになり、選択替えを行うことはできません。

91

第2章　居住用財産の取得及び保有に係る税務

## ⑵　特定増改築等住宅借入金等特別控除の概要

　前記⑴の住宅借入金等特別控除（増改築等をした場合）以外のローン型のリフォーム税制（特定増改築等住宅借入金等特別控除）の概要は下表のとおりです。

| 項目 | 制度の概要 | | | |
|---|---|---|---|---|
| | バリアフリー改修促進税制 | 省エネ改修促進税制 | 三世代同居対応改修税制 | 耐久性向上改修税制 |
| 1．控除対象借入金等の額 | バリアフリー改修工事を含む増改築借入金等（償還期間5年以上、死亡時一括償還も可）の年末残高 | 省エネ改修工事を含む増改築借入金等（償還期間5年以上）の年末残高 | 三世代同居対応改修工事を含む増改築借入金等（償還期間5年以上）の年末残高 | 耐久性向上改修工事を含む増改築借入金等（償還期間5年以上）の年末残高 |
| 2．対象住宅等 | （主として居住の用に供する）<br><br>バリアフリー改修工事を含む増改築等<br>…床面積50㎡以上 | （主として居住の用に供する）<br><br>省エネ改修工事を含む増改築等<br>…床面積50㎡以上 | （主として居住の用に供する）<br><br>三世代同居対応改修工事を含む増改築等<br>…床面積50㎡以上 | （主として居住の用に供する）<br><br>省エネ改修工事と併せて行う耐久性向上改修工事を含む増改築等<br>…床面積50㎡以上 |
| 3．適用居住年、控除期間 | 平成25年〜平成33年12月居住分、5年間<br>三世代同居対応改修税制：平成28年4月〜平成33年12月居住分、5年間<br>耐久性向上改修税制：平成29年4月〜平成33年12月居住分、5年間 | | | |

| 4．控除額等<br>（税額控除） | | | | | |
|---|---|---|---|---|---|
| | 居住年 | 増改築等借入金等の年末残高の限度額 | 控除率 | 各年の控除限度額 | 最大控除額 |
| | | 特定増改築等限度額（＊） | | | |
| | 26年4月<br>〜<br>33年12月 | 1,000万円 | 1.0% | 12.5万円 | 62.5万円 |
| | | 250万円 | 2.0% | 5万円 | 25万円 |
| | ※ | 1,000万円 | 1.0% | 12万円 | 60万円 |
| | | 200万円 | 2.0% | 4万円 | 20万円 |

（注1）増改築等の費用の額に含まれる消費税等の税率が8％又は10%以外である場合は※の金額となる。
（注2）一定のバリアフリー改修工事、省エネ改修工事、三世代同居対応改修工事又は省エネ改修工事と併せて行う耐久性向上改修工事に係る工事費用から補助金等を控除した金額に相当する住宅借入金等の額（「特定増改築等限度額」（＊）が限度）については、2.0%の控除率となる。

| 5．所得要件 | 合計所得金額　3,000万円以下 |
|---|---|
| 6．適用期限 | 平成33年12月31日 |
| 7．他制度との調整 | ・居住用財産の買換え等の場合の譲渡損失の損益通算及び繰越控除制度との併用可<br>・住宅特定改修特別税額控除及び認定住宅新築等特別税額控除と選択 |

（出所：財務省資料を改訂）

2 保有の税務

(3) 借入金を利用して省エネ改修工事をした場合（特定増改築等住宅借入金等特別控除）

① 制度の概要

　個人が住宅借入金等を利用して、自己が所有している居住用家屋について省エネ改修工事を含む増改築等（特定の増改築等）を行い、一定の要件を満たす場合に、その特定の増改築等に係る住宅借入金等の年末残高の合計額等を基として計算した金額を、居住の用に供した年分以後の各年分の所得税額から控除するものです（措法41の３の２）。

　この特定増改築等住宅借入金等特別控除は、「居住者」が一定の省エネ改修工事を行った場合又は「非居住者」が平成28年４月１日以降に省エネ改修工事を行った場合に受けることができます。

② 適用要件

　次のすべての要件を満たす場合とされています。

イ　自己が所有する家屋について一定の省エネ改修工事（断熱改修工事等、特定断熱改修工事等）を含む増改築等をして、平成20年４月１日から平成33年12月31日までの間に自己の居住の用に供していること

ロ　断熱改修工事等又は特定断熱改修工事等の費用の額が50万円を超えるものであること

　なお、平成23年６月30日以後に増改築等に係る契約をして、その断熱改修工事等又は特定断熱改修工事等を含む増改築等の費用に関し、補助金等（国又は地方公共団体から交付される補助金又は給付金その他これらに準ずるもの）の交付を受けている場合には、その補助金等の額を控除します。

　平成26年３月31日以前に居住の用に供する場合については、費用の額が30万円を超えるものとされています。

93

第2章　居住用財産の取得及び保有に係る税務

ハ　増改築等の日から6か月以内に居住の用に供し、適用を受ける各年
の12月31日まで引き続き居住していること（その者が死亡した日の属
する年又は家屋が災害により居住の用に供することができなくなった日の
属する年にあっては、これらの日まで引き続き住んでいること）

なお、居住の用に供する住宅を2戸以上所有する場合には、主とし
て居住の用に供する1戸の住宅に限られます。

ニ　この適用を受ける年分の合計所得金額が3,000万円以下であること

ホ　増改築等をした後の住宅の床面積が50㎡以上であり、床面積の2分
の1以上の部分が専ら自己の居住の用に供するものであること

床面積の判断基準は、前記3⑵③と同様となります（66頁参照）。

ヘ　その工事費用の2分の1以上の額が自己の居住用部分の工事費用で
あること

ト　5年以上にわたり分割して返済する方法になっている新築又は取得
のための一定の借入金又は債務があること

チ　居住の用に供した年とその前後の2年ずつの5年間に、居住用財産
の譲渡所得の特別控除などの適用を受けていないこと

### ③　対象となる省エネ改修工事等

イ　断熱改修工事等

居室のすべての窓の改修工事、又はその工事と併せて行う床の断熱
工事、天井の断熱工事若しくは壁の断熱工事で、次の(イ)及び(ロ)の要件
を満たすものをいいます。

(イ)　改修部位の省エネ性能又は断熱等性能がいずれも平成25年基準以
上となること

(ロ)　改修後の住宅全体の省エネ性能又は断熱等性能が改修前から一段
階相当以上上がると認められる工事内容であること

2　保有の税務

　　なお、平成21年4月1日から平成27年12月31日までの間に居住の用に供した場合は、(ロ)の要件を満たさないものも断熱改修工事等の対象となります。

　　また、平成29年度税制改正により、すべての居室のすべての窓の断熱性を高める工事を行っていない工事であっても、居室の窓の断熱改修工事等又は居室の窓の断熱改修工事等と併せて行う天井、壁若しくは床の断熱改修工事等で、改修後の住宅全体の断熱等性能等級が改修前から一段階相当以上向上し、改修後の住宅全体の省エネ性能が「断熱等性能等級4」又は「一次エネルギー消費量等級4以上及び断熱等性能等級3」となること等の要件を満たすものを加えることとされました。

ロ　特定断熱改修工事等

　　断熱改修工事等のうち、改修後の住宅全体の省エネ性能又は断熱等性能が平成25年基準相当となると認められる工事をいいます。

ハ　イ又はロの工事と併せて行う一定の修繕・模様替えの工事

④　控除期間及び控除額の計算方法

イ　平成26年4月1日から平成33年12月31日までの間に居住の用に供した場合

　(イ)　控除期間

　　5年間

　(ロ)　控除額

$$A × 2\% ＋ (B－A) × 1\% ＝ 控除額（最高12.5万円）$$

　　A　増改築等の住宅借入金等の年末残高の合計額のうち、特定断熱改修工事等（その工事等と併せて行う特定耐久性向上改修工事

95

第2章　居住用財産の取得及び保有に係る税務

　　　等を含みます。）に要した費用の額の合計額に相当する部分の金
　　　額（特定増改築等限度額250万円）
　　Ｂ　増改築等の住宅借入金等の年末残高の合計額（最高1,000万円）


　　なお、特定増改築等限度額が250万円となるのは、住宅の増改築
　　等が特定取得（増改築等の費用の額に含まれる消費税額等が、８％又
　　は10％の税率により課されるべき消費税額等である場合におけるその増
　　改築等）に該当する場合であり、それ以外の場合の特定増改築等限
　　度額は200万円となります。
ロ　平成20年４月１日から平成26年３月31日までの間に居住の用に供し
　た場合
　㋑　控除期間
　　５年間
　㋺　控除額

　　| $Ａ × 2\% ＋（Ｂ － Ａ）× 1\% ＝ 控除額（最高12万円）$ |

　　　Ａ　増改築等の住宅借入金等の年末残高の合計額のうち、特定断
　　　　熱改修工事等に要した費用の額の合計額に相当する部分の金額
　　　　（特定増改築等限度額200万円）
　　　Ｂ　増改築等の住宅借入金等の年末残高の合計額（最高1,000万円）
ハ　留意点
　㋑　平成23年６月30日以降に増改築等に係る契約をして、その特定断
　　　熱改修工事等又は断熱改修工事を含む増改築等の費用の額に関し補
　　　助金等の交付を受けている場合には、その補助金等の額を控除しま
　　　す。

2　保有の税務

(ロ)　対象となる増改築等の住宅借入金等の年末残高の金額は、居住の用に供している住宅の増改築等の費用に相当する金額が限度となります。

(ハ)　算出された控除額のうち、100円未満の端数金額は切り捨てます。

(ニ)　特定断熱改修工事等に要した費用の額は、増改築等工事証明書において確認することになります。

(ホ)　バリアフリー改修工事とあわせて特定断熱改修工事等を行った場合には、これらの工事費用の合計額に対して、2％の控除率が適用されます。

⑤　申告手続と必要書類

　特定増改築等住宅借入金等特別控除を受けるためには、必要事項を記載した確定申告書に、次に掲げる書類を添付して、納税地（原則として住所地）の所轄税務署長に提出する必要があります。

　なお、給与所得者は確定申告をした年分の翌年以降の年分については、年末調整でこの特別控除の適用を受けることができます（前記3⑵⑥、68～71頁参照）。

イ　（特定増改築等）住宅借入金等特別控除額の計算明細書

　　なお、補助金等の交付を受ける場合や住宅取得等資金の贈与の特例の適用を受けた場合は、「（付表1）補助金等の交付を受ける場合又は住宅取得等資金の贈与の特例を受けた場合の取得対価の額等の計算明細書」、借入金又は債務のうちに連帯債務となっているものがある場合には、「（付表2）連帯債務がある場合の住宅借入金等の年末残高の計算明細書」も必要です。

ロ　住民票の写し（平成28年1月1日以降に自己の居住の用に供した場合は不要）

97

第2章　居住用財産の取得及び保有に係る税務

ハ　住宅取得資金に係る借入金の年末残高等証明書（2か所以上から交付を受けている場合は、そのすべての証明書）

ニ　上記②ロ(イ)の工事の場合は、その工事に係る建築確認済証の写し、検査済証の写し又は増改築等工事証明書

ホ　上記②ロ(ロ)から(ヘ)までの工事の場合は、その工事に係る増改築等工事証明書

ヘ　家屋の登記事項証明書、請負契約書の写し等で次のことを明らかにする書類

(イ)　増改築等をした年月日

(ロ)　増改築等に要した費用の額

(ハ)　家屋の床面積が50㎡以上であること

(ニ)　増改築等が特定取得に該当する場合にはその該当する事実（平成26年分以後の居住分に限ります。）

　　なお、平成23年6月30日以降に増改築等に係る契約をして、その増改築等に関し、補助金等の交付を受けている場合には交付を受けている補助金等の額を証する書類、住宅取得等資金の贈与の特例の適用を受けている場合には住宅取得等資金の額を証する書類の写しも必要となります。

ト　増改築等工事証明書

チ　給与所得者の場合は、給与所得の源泉徴収票

⑥　留意点

　省エネ改修工事等をした場合で、「増改築等をした場合の住宅借入金等特別控除」（前記(1)、87頁参照）、「省エネ改修工事をした場合の住宅特定改修特別税額控除」（後記6(2)、110頁参照）を受けられる場合のいずれの適用要件も満たしている場合は、これらの控除のいずれか一つの選

択適用となります。

この選択により、「借入金を利用して省エネ改修工事をした場合の特定増改築等住宅借入金等特別控除」を適用して確定申告書を提出した場合には、その後のすべての年分についても、その選択適用した特別控除を適用することになり、選択替えを行うことはできません。

## ⑷ 借入金を利用してバリアフリー改修工事をした場合（特定増改築等住宅借入金等特別控除）

### ① 制度の概要

個人が住宅借入金等を利用して、自己が所有している居住用家屋についてバリアフリー改修工事を含む増改築等（特定の増改築等）を行い、一定の要件を満たす場合に、その特定の増改築等に係る住宅ローン等の年末残高の合計額等を基として計算した金額を、居住の用に供した年分以後の各年分の所得税額から控除するものです（措法41の３の２）。

この特定増改築等住宅借入金等特別控除は、「居住者」が一定のバリアフリー改修工事を行った場合又は「非居住者」が平成28年４月１日以降にバリアフリー改修工事を行った場合に受けることができます。

### ② 適用要件

次のすべての要件を満たす場合とされています。

イ　自己が所有する家屋について一定のバリアフリー改修工事を含む増改築等をして、平成19年４月１日から平成33年12月31日までの間に自己の居住の用に供していること

ロ　バリアフリー改修工事の費用の額が50万円を超えるものであることなお、平成23年６月30日以後に増改築等に係る契約を締結して、そのバリアフリー改修工事を含む増改築等の費用に関し補助金等（国又

第2章　居住用財産の取得及び保有に係る税務

は地方公共団体から交付される補助金又は給付金その他これらに準ずるもの）の交付を受けている場合には、その補助金等の額を控除します。

また、平成26年3月31日以前に居住の用に供する場合については、費用の額が30万円を超えるものとされています。

ハ　増改築等の日から6か月以内に居住の用に供し、適用を受ける各年の12月31日まで引き続き居住していること（その者が死亡した日の属する年又は家屋が災害により居住の用に供することができなくなった日の属する年にあっては、これらの日まで引き続き住んでいること）

なお、居住の用に供する住宅を2戸以上所有する場合には、主として居住の用に供する1戸の住宅に限られます。

ニ　この適用を受ける年分の合計所得金額が3,000万円以下であること

ホ　増改築等をした後の住宅の床面積が50㎡以上であり、床面積の2分の1以上の部分が専ら自己の居住の用に供するものであること

床面積の判断基準は、前記3(2)③と同様となります（66頁参照）。

ヘ　その工事費用の2分の1以上の額が自己の居住用部分の工事費用であること

ト　5年以上にわたり分割して返済する方法になっている新築又は取得のための一定の借入金又は債務があること

チ　居住の用に供した年とその前後の2年ずつの5年間に、居住用財産の譲渡所得の特別控除などの適用を受けていないこと

③　**対象となるバリアフリー改修工事**

以下の要件をすべて満たす工事をいいます。

イ　バリアフリー改修工事を行う者が、次のいずれかに該当する特定個人であること

（イ）　50歳以上の者

2　保有の税務

㈡　介護保険法に規定する要介護又は要支援の認定を受けている者

㈥　所得税法上の障害者である者

㈡　高齢者である親族と同居を常況としている者（65歳以上の親族又は上記㈡若しくは㈥に該当する親族）

　　なお、50歳、65歳及び同居の判定は、居住年の12月31日（年の途中で死亡した場合には死亡の時）の現況によります。

ロ　高齢者等が自立した日常生活を営むのに必要な構造及び設備の基準に適合させるための修繕又は模様替えで、次のいずれかに該当するバリアフリー改修工事を含む増改築等であること

㈠　介助用の車椅子で容易に移動するために通路又は出入口の幅を拡張する工事

㈡　階段の設置（既存の階段の撤去を伴うものに限ります。）又は改良によりその勾配を緩和する工事

㈥　浴室を改良する工事であって、次のいずれかに該当するもの

・　入浴又はその介助を容易に行うために浴室の床面積を増加させる工事

・　浴槽をまたぎ高さの低いものに取り替える工事

・　固定式の移乗台、踏み台その他の高齢者等の浴槽の出入りを容易にする設備を設置する工事

・　高齢者等の身体の洗浄を容易にする水栓器具を設置し又は同器具に取り替える工事

㈡　便所を改良する工事であって、次のいずれかに該当するもの

・　排泄又はその介助を容易に行うために便所の床面積を増加させる工事

・　便器を座便式のものに取り替える工事

第2章　居住用財産の取得及び保有に係る税務

　　　　・　座便式の便器の座高を高くする工事

　(ホ)　便所、浴室、脱衣室その他の居室及び玄関並びにこれらを結ぶ経路に手すりを取付ける工事

　(ヘ)　便所、浴室、脱衣室その他の居室及び玄関並びにこれらを結ぶ経路の床の段差を解消する工事（勝手口その他屋外に面する開口の出入口及び上がりかまち並びに浴室の出入口にあっては、段差を小さくする工事を含みます。）

　(ト)　出入口の戸を改良する工事であって、次のいずれかに該当するもの

　　　　・　開戸を引戸、折戸等に取り替える工事

　　　　・　開戸のドアノブをレバーハンドル等に取り替える工事

　　　　・　戸に戸車その他の戸の開閉を容易にする器具を設置する工事

　(チ)　便所、浴室、脱衣室その他の居室及び玄関並びにこれらを結ぶ経路の床の材料を滑りにくいものに取り替える工事

④　控除期間及び控除額の計算方法

　イ　平成26年4月1日から平成33年12月31日までの間に居住の用に供した場合

　(イ)　控除期間

　　　5年間

　(ロ)　控除額

> $A \times 2\% ＋ (B － A) \times 1\% ＝ 控除額（最高12.5万円）$

　　　A　増改築等の住宅借入金等の年末残高の合計額のうち、バリアフリー改修工事に要した費用の額の合計額に相当する部分の金額（特定増改築等限度額250万円）

2　保有の税務

　　　B　増改築等の住宅借入金等の年末残高の合計額（最高1,000万円）

　　なお、特定増改築等限度額が250万円となるのは、住宅の増改築等が特定取得（増改築等の費用の額に含まれる消費税額等が、8％又は10％の税率により課されるべき消費税額等である場合におけるその増改築等）に該当する場合であり、それ以外の場合の特定増改築等限度額は200万円となります。

ロ　平成20年4月1日から平成26年3月31日までの間に居住の用に供した場合

　㈤　控除期間

　　5年間

　㈦　控除額

　　　$A × 2\% + (B - A) × 1\% = 控除額（最高12万円）$

　　　A　増改築等の住宅借入金等の年末残高の合計額のうち、バリアフリー改修工事に要した費用の額の合計額に相当する部分の金額（特定増改築等限度額200万円）

　　　B　増改築等の住宅借入金等の年末残高の合計額（最高1,000万円）

ハ　留意点

　㈤　バリアフリー改修工事に要した費用の額は、地方公共団体からの補助金等の交付、居宅介護住宅改修費の給付又は介護予防住宅改修費給付を受ける場合には、これらの額を差し引いた金額になります。

　㈦　対象となる増改築等の住宅借入金等の年末残高の金額は、居住の用に供している住宅の増改築等の費用に相当する金額が限度となり

*103*

第2章　居住用財産の取得及び保有に係る税務

ます。

(ロ)　算出された控除額のうち、100円未満の端数金額は切り捨てます。

(ハ)　バリアフリー改修工事に要した費用の額は、増改築等工事証明書において確認することになります。

(ニ)　バリアフリー改修工事と併せて特定断熱改修工事等を行った場合には、これらの工事費用の合計額に対して、2％の控除率が適用されます。

⑤　**申告手続と必要書類**

特定増改築等住宅借入金等特別控除を受けるためには、必要事項を記載した確定申告書に、次に掲げる書類を添付して、納税地（原則として住所地）の所轄税務署長に提出する必要があります。

なお、給与所得者は確定申告をした年分の翌年以降の年分については、年末調整でこの特別控除の適用を受けることができます（前記3(2)⑥、68～71頁参照）。

イ　（特定増改築等）住宅借入金等特別控除額の計算明細書

なお、補助金等の交付を受ける場合や住宅取得等資金の贈与の特例の適用を受けた場合は、「(付表1)補助金等の交付を受ける場合又は住宅取得等資金の贈与の特例を受けた場合の取得対価の額等の計算明細書」、借入金又は債務のうちに連帯債務となっているものがある場合には、「(付表2)連帯債務がある場合の住宅借入金等の年末残高の計算明細書」も必要です。

ロ　住民票の写し（要介護認定若しくは要支援認定を受けている者、障害者に該当する者又は65歳以上の親族と同居を常況としている者の場合は、その同居する親族についても表示されているもの。平成28年1月1日以降に自己の居住の用に供した場合は不要）

ハ　住宅取得資金に係る借入金の年末残高等証明書（2か所以上から交付を受けている場合は、そのすべての証明書）

ニ　家屋の登記事項証明書、請負契約書の写し等で次のことを明らかにする書類

（イ）　増改築等をした年月日

（ロ）　増改築等に要した費用の額

（ハ）　家屋の床面積が50㎡以上であること

（ニ）　増改築等が特定取得に該当する場合にはその該当する事実（平成26年分以後の居住分に限ります。）

　　　なお、平成23年6月30日以降に増改築等に係る契約をして、そのバリアフリー改修工事を含む増改築等の費用に関し補助金等の交付を受けている場合には、補助金等の額を証する書類も必要となります（平成23年6月30日前に補助金等、居宅介護住宅改修費又は介護予防住宅改修費の給付を受けている場合は、その額を明らかにする書類が必要）。

ホ　増改築等工事証明書

ヘ　介護保険の被保険者証の写し（要介護認定者、要支援認定者又はこれらの者と同居を常況とする親族がバリアフリー改修工事を行った場合に限ります。）

ト　給与所得者の場合は、給与所得の源泉徴収票

⑥　留意点

　バリアフリー改修工事をした場合で、「増改築等をした場合の住宅借入金等特別控除」（前記(1)、87頁参照）、「バリアフリー改修工事をした場合の住宅特定改修特別税額控除」（後記6(3)、115頁参照）を受けられる場合のいずれの適用要件も満たしている場合は、これらの控除のいずれ

第2章　居住用財産の取得及び保有に係る税務

か一つの選択適用となります。

　この選択により、「借入金を利用してバリアフリー改修工事をした場合の特定増改築等住宅借入金等特別控除」を適用して確定申告書を提出した場合には、その後のすべての年分についても、その選択適用した特別控除を適用することになり、選択替えを行うことはできません。

### ⑸　借入金を利用して他世帯同居改修工事をした場合（特定増改築等住宅借入金等特別控除）

#### ①　制度の概要

　個人が住宅借入金等を利用して、自己が所有している居住用家屋について他世帯同居改修工事を含む増改築等（特定の増改築等）を行い、一定の要件を満たす場合に、その特定の増改築等に係る住宅ローン等の年末残高の合計額等を基として計算した金額を、居住の用に供した年分以後の各年分の所得税額から控除するものです（措法41の３の２）。

#### ②　対象となる他世帯同居改修工事

　キッチン、浴室、トイレ、玄関のいずれかを増設する工事で、その工事後それらのうちの二つ以上が複数となるものをいいます。

#### ③　控除期間及び控除額の計算方法

　平成28年４月１日から平成33年12月31日までの間に居住の用に供した場合

イ　控除期間

　５年間

ロ　控除額

$$A \times 2\% + (B - A) \times 1\% = 控除額（最高12.5万円）$$

A　増改築等の住宅借入金等の年末残高の合計額のうち、他世帯

　　　　同居改修工事に要した費用の額の合計額に相当する部分の金額

　　　（特定増改築等限度額250万円）

　　　B　増改築等の住宅借入金等の年末残高の合計額（最高1,000万円）

④　適用要件他

　　適用要件、申告手続や必要書類等については、省エネ改修工事やバリ

アフリー改修工事に係る特有のものを除き、これらの特定増改築等住宅

借入金等特別控除と同様となります。

　　なお、対象となる他世帯同居改修工事に該当することについて、増改

築等工事証明書を添付する必要があります。


## ⑹　借入金を利用して耐久性向上改修工事等をした場合（特定増改築等住宅借入金等特別控除）

① 制度の概要

　　前記⑶（借入金を利用して省エネ改修工事をした場合の特定増改築等住宅

借入金等特別控除、93頁参照）又は⑷（借入金を利用してバリアフリー改修

工事をした場合の特定増改築等住宅借入金等特別控除、99頁参照）の適用対

象となる工事に、特定断熱改修工事等と併せて行う特定耐久性向上改修

工事等として証明がされた改修工事を加えるとともに、控除率2％の対

象となる住宅借入金等の範囲に、特定断熱改修工事等と併せて行う特定

耐久性向上改修工事等に要した費用に相当する住宅借入金等が加えられ

ました（措法41の3の2②⑥）。

② 対象となる特定耐久性向上改修工事等

　　特定耐久性向上改修工事等とは、小屋裏、外壁、浴室、脱衣室、土

台、軸組等、床下、基礎若しくは地盤に関する劣化対策工事又は給排水

第2章 居住用財産の取得及び保有に係る税務

管若しくは給湯管に関する維持管理若しくは更新を容易にするための工事で、次の要件を満たすものをいいます。
イ　増改築等をした場合の住宅借入金等特別控除の対象となる増築、改築、大規模の修繕、大規模の模様替え等に該当するものであること
ロ　認定を受けた長期優良住宅建築等計画に基づくものであること
ハ　改修部位の劣化対策並びに維持管理及び更新の容易性が、いずれも増改築による長期優良住宅の認定基準に新たに適合することとなること
ニ　増改築等工事証明書によって適用対象となる特定耐久性向上改修工事等であることの証明がされていること

(出所：国土交通省資料)

③　留意点
イ　前記(3)（借入金を利用して省エネ改修工事をした場合の特定増改築等住

宅借入金等特別控除、93頁参照）又は(4)（借入金を利用してバリアフリー改修工事をした場合の特定増改築等住宅借入金等特別控除、99頁参照）の適用を受ける場合には、増改築等の住宅借入金等の年末残高の合計額で、それぞれ1,000万円が限度とされます。

ロ　適用要件、申告手続や必要書類等については、省エネ改修工事やバリアフリー改修工事に係る特有のものを除き、これらの特定増改築等住宅借入金等特別控除と同様となります。

　なお、対象となる耐久性向上改修工事に該当することについて、増改築等工事証明書を添付する必要があります。

## 6　投資型のリフォーム税制（所得税の税額控除）

### (1)　住宅特定改修特別税額控除の概要

　後記(6)の住宅耐震改修特別控除（耐震改修をした場合、123頁参照）以外の投資型のリフォーム税制（住宅特定改修特別税額控除）の概要は次のとおりです。

第2章 居住用財産の取得及び保有に係る税務

居住家屋について一定の省エネ改修工事（同時に設置する太陽光発電装置の設置工事を含む。）、バリアフリー改修工事、三世代同居対応改修工事又は耐震改修工事若しくは省エネ改修工事と併せて行う耐久性向上改修工事をして、その家屋を個人の居住の用に供した場合において、その年分の合計所得金額が3,000万円以下であるときは、標準的な費用の額の10%相当額をその年分の所得税額から控除する。
［適用期間：平成33年12月31日まで］

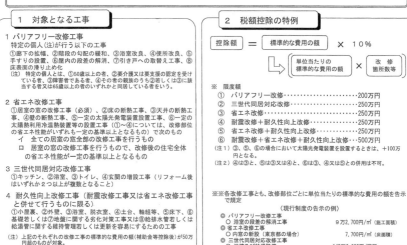

（出所：財務省資料）

## (2) 省エネ改修工事をした場合（住宅特定改修特別税額控除）

### ① 制度の概要

　個人が、自己の所有している居住用家屋について一般断熱改修工事等（一般省エネ改修工事）を行った場合において、その家屋を平成21年4月1日から平成33年12月31日までの間にその者の居住の用に供したときに、一定の要件のもとで、一定の金額をその年分の所得税額から控除するものです（措法41の19の3）。

　この住宅特定改修特別税額控除は、「居住者」が一般省エネ改修工事をした場合、又は「非居住者」が平成28年4月1日以降に一般省エネ改修工事をした場合に受けることができます。

110

② 適用要件

次のすべての要件を満たす場合とされています。

イ　自己が所有する家屋について、一般省エネ改修工事をして、平成21年4月1日から平成33年12月31日までの間に自己の居住の用に供していること

ロ　一般省エネ改修工事の日から6か月以内に居住の用に供していること

　　なお、居住の用に供する住宅を二つ以上所有する場合には、主として居住の用に供する一つの住宅に限られます。

ハ　この適用を受ける年分の合計所得金額が、3,000万円以下であること

ニ　一般省エネ改修工事に係る標準的な費用の額が50万円を超えるものであること

　　なお、平成23年6月30日以降に改修工事に係る契約をして、その一般省エネ改修工事の費用に関し補助金等（国又は地方公共団体から交付される補助金又は給付金その他これらに準ずるもの）の交付を受ける場合には、その補助金等の額を控除します。

　　平成26年3月31日以前に居住の用に供する場合については、費用の額が30万円を超えるものとされています。

ホ　工事をした後の住宅の床面積が50㎡以上であり、床面積の2分の1以上の部分が専ら自己の居住の用に供するものであること

　　床面積の判断基準は、前記3⑵③と同様となります（66頁参照）。

ヘ　その工事費用の2分の1以上の額が自己の居住用部分の工事費用であること

第 2 章　居住用財産の取得及び保有に係る税務

③　**対象となる一般省エネ改修工事**

イ　すべての居室の窓全部の改修工事、又はその工事と併せて行う床の断熱工事、天井の断熱工事若しくは壁の断熱工事で、その改修部位の省エネ性能又は断熱性能がいずれも平成25年基準以上となる工事

ロ　イの工事が行われる構造又は設備と一体となって効用を果たす設備（平成26年4月1日以後に居住の用に供する場合については、太陽熱利用冷温熱装置などのエネルギー使用合理化設備に限ります。）の取替え又は取付けに係る工事

ハ　イの工事と併せて行う当該家屋と一体となって効用を果たす一定の太陽光発電装置などの設備の取替え又は取付けに係る工事

　　なお、平成29年度税制改正により、すべての居室のすべての窓の断熱性を高める工事を行っていない工事であっても、居室の窓の断熱改修工事等又は居室の窓の断熱改修工事等と併せて行う天井、壁若しくは床の断熱改修工事等で、改修後の住宅全体の断熱等性能等級が改修前から一段階相当以上向上し、改修後の住宅全体の省エネ性能が「断熱等性能等級4」又は「一次エネルギー消費量等級4以上及び断熱等性能等級3」となること等の要件を満たすものを加えることとされました。

④　**計算方法**

イ　平成26年4月1日から平成33年12月31日までの間に居住の用に供した場合

　　住宅特定改修特別税額控除の控除額は、一般省エネ改修工事の標準的な費用の額の10％とされています（算出された控除額のうち100円未満の端数金額は切捨て）。

　　なお、工事の標準的な費用は250万円（太陽光発電設備設置工事が含

まれる場合は350万円）が限度となります。

　この場合の限度額250万円（太陽光発電設備設置工事が含まれる場合は350万円）は、一般省エネ改修工事に要した費用の額に含まれる消費税額等のうちに、8％又は10％の消費税及び地方消費税の税率により課されるべき消費税額等が含まれている場合であり、それ以外の場合の標準的な費用の額の限度額は200万円（太陽光発電設備設置工事が含まれる場合は300万円）となります。

㈣　改修工事の費用に関し補助金等の交付を受ける場合には、その補助金等の額を控除します。

㈡　同一年中に、バリアフリー改修工事を行った場合の住宅特定改修特別税額控除（後記⑶、115頁参照）を受ける場合の20万円（太陽光発電設備設置工事を行う場合は30万円）の控除額の限度額が廃止され、最大控除額はそれぞれの改修工事に係る限度額の合計額となります。

㈥　耐震改修工事（後記⑹、123頁参照）と併せて耐久性向上改修工事等（後記⑸、121頁参照）を行った場合には、最大控除額は50万円（太陽光発電設備工事を行う場合は60万円）となります。

ロ　平成21年4月1日から平成26年3月31日までの間に居住の用に供した場合

　住宅特定改修特別税額控除の控除額は、次のいずれか少ない金額（200万円（太陽光発電設備設置工事が含まれる場合は300万円）を限度）の10％です（算出された控除額のうち100円未満の端数金額は切捨て）。

㈣　一般省エネ改修工事に要した費用の額

㈡　一般省エネ改修工事の標準的な費用の額

　なお、平成23年6月30日以降に改修工事に係る契約をして、その

第2章　居住用財産の取得及び保有に係る税務

　　　一般省エネ改修工事を含む改修工事の費用に関し補助金等の交付を
　　受ける場合には、その補助金等の額を控除します。
　　　また、同一年中に、バリアフリー改修工事を行った場合の住宅特
　　定改修特別税額控除を受ける場合には、控除額は合計で20万円（太
　　陽光発電設備設置工事を行う場合は30万円）を限度とします。

⑤　標準的な費用の額

　　標準的な費用の額とは、一般省エネ改修工事の改修部位ごとに単位当
　たりの標準的な工事費用の額として定められた金額に、その工事を行っ
　た床面積等を乗じて計算した金額をいいます。

　　「一般省エネ改修工事に要した費用の額」、「一般省エネ改修工事の標
　準的な費用の額」は、増改築等工事証明書において確認することができ
　ます。

　　また、太陽光発電設備設置工事が含まれる場合には、増改築等工事証
　明書においてその型式が証明されます。

⑥　申告手続と必要書類

　　住宅特定改修特別税額控除の適用を受けるためには、必要事項を記載
　した確定申告書に、次に掲げる書類を添付して、納税地（原則として住
　所地）の所轄税務署長に提出する必要があります。

　イ　住宅特定改修特別税額控除額の計算明細書

　ロ　住民票の写し（平成28年１月１日以降に自己の居住の用に供した場合
　　は不要）

　ハ　増改築等工事証明書

　ニ　家屋の登記事項証明書など家屋の床面積が50㎡以上であることを明
　　らかにする書類

　ホ　給与所得者の場合は、給与所得の源泉徴収票

2　保有の税務

　　なお、平成26年3月31日以前に居住の用に供した場合は、工事請負
契約書の写し（注）など改修工事の年月日及びその費用の額を明らか
にする書類が必要です。

（注）　平成23年6月30日以降に改修工事に係る契約をして、その省エネ改
　　　修工事の費用に関し補助金等の交付を受ける場合には、補助金等の額
　　　を証する書類も必要となります。

⑦　留意点

　　一般省エネ改修工事をした場合で、「増改築等をした場合の住宅借入
金等特別控除」（前記5(1)、87頁参照）や「借入金を利用して省エネ改修
工事をした場合の特定増改築等住宅借入金等特別控除」（前記5(3)、93頁
参照）のいずれの適用要件も満たしているときは、これらの控除のいず
れか一つの選択適用となります。

　　この選択により、住宅特定改修特別税額控除を適用して確定申告書を
提出した場合には、その後においても、その選択し適用した住宅特定改
修特別税額控除を適用することになり、選択替えはできません。


## (3)　バリアフリー改修工事をした場合（住宅特定改修特別税額控除）

① 　制度の概要

　　個人が、自己が所有している居住用家屋について高齢者等居住改修工
事等（バリアフリー改修工事）を行った場合において、その家屋を平成
21年4月1日から平成31年6月30日までの間にその者の居住の用に供し
たときに、一定の要件のもとで、一定の金額をその年分の所得税額から
控除するものです（措法41の19の3）。

　　この住宅特定改修特別税額控除は、「居住者」がバリアフリー改修工
事をした場合、又は「非居住者」が平成28年4月1日以降にバリアフリ

第2章　居住用財産の取得及び保有に係る税務

一改修工事を行った場合に受けることができます。

② **適用要件**

次のすべての要件を満たす場合とされています。

イ　自己が所有する家屋について、バリアフリー改修工事をして、平成21年4月1日から平成33年12月31日までの間に自己の居住の用に供していること

ロ　バリアフリー改修工事の日から6か月以内に居住の用に供していること

　　なお、居住の用に供する住宅を二つ以上所有する場合には、主として居住の用に供する一つの住宅に限られます。

ハ　この適用を受ける年分の合計所得金額が、3,000万円以下であること

ニ　バリアフリー改修工事を行う者が、次のいずれかに該当する特定個人であること

　(イ)　50歳以上の者

　(ロ)　介護保険法に規定する要介護又は要支援の認定を受けている者

　(ハ)　所得税法上の障害者である者

　(ニ)　高齢者等（65歳以上の親族又は上記(ロ)若しくは(ハ)に該当する親族）と同居を常況としている者

　　なお、50歳以上、65歳以上及び同居の判定は、居住年の12月31日（年の途中で死亡した場合には死亡の時）の現況によります。

ホ　バリアフリー改修工事に係る標準的な費用の額が50万円を超えるものであること

　(イ)　平成23年6月30日以後に改修工事に係る契約を締結して、そのバリアフリー改修工事を含む改修工事の費用に関し補助金等（国又は

地方公共団体から交付される補助金又は給付金その他これらに準ずるもの）の交付を受ける場合には、その補助金等の額を控除します。

(ロ)　平成23年6月30日前に改修工事に係る契約を締結して、地方公共団体から補助金等の交付、介護保険法に規定する居宅介護住宅改修費の給付又は介護予防住宅改修費の給付を受ける場合は、それらの額を控除します。

(ハ)　平成26年3月31日以前に居住の用に供する場合については、費用の額が30万円を超えるものとされています。

ヘ　工事をした後の住宅の床面積が50㎡以上であり、床面積の2分の1以上の部分が専ら自己の居住の用に供するものであること

床面積の判断基準は、前記3(2)③と同様となります（66頁参照）。

ト　その工事費用の2分の1以上の額が自己の居住用部分の工事費用であること

③　対象となるバリアフリー改修工事

前記5(4)③ロ（101頁参照）と同様となります。

④　計算方法

イ　平成26年4月1日から平成33年12月31日までの間に居住の用に供した場合

住宅特定改修特別税額控除の控除額は、バリアフリー改修工事の標準的な費用の額（200万円を限度）の10％とされています（算出された控除額のうち100円未満の端数金額は切捨て）。

この場合の限度額200万円は、バリアフリー改修工事に要した費用の額に含まれる消費税額等のうちに、8％又は10％の消費税及び地方消費税の税率により課されるべき消費税額等が含まれている場合であり、それ以外の場合の標準的な費用の額の限度額は150万円となりま

第2章　居住用財産の取得及び保有に係る税務

す。

(イ) 改修工事の費用に関し補助金等の交付を受ける場合には、その補
助金等の額を控除します。

(ロ) 同一年中に、省エネ改修工事を行った場合の住宅特定改修特別税
額控除（前記(2)、110頁参照）を受ける場合の20万円（太陽光発電設
備設置工事を行う場合は30万円）の控除額の限度額が廃止され、最大
控除額はそれぞれの改修工事に係る限度額の合計額となります。

ロ　平成21年4月1日から平成26年3月31日までの間に居住の用に供し
た場合

住宅特定改修特別税額控除の控除額は、次のいずれか少ない金額
（200万円（平成24年分は150万円）を限度）の10％です（算出された控除
額のうち100円未満の端数金額は切捨て）。

(イ) バリアフリー改修工事に要した費用の額

(ロ) バリアフリー改修工事の標準的な費用の額

なお、平成23年6月30日以降に改修工事に係る契約をして、その
バリアフリー改修工事を含む改修工事の費用に関し補助金等の交付
を受ける場合には、その補助金等の額を控除します。

また、同一年中に、省エネ改修工事を行った場合の住宅特定改修
特別税額控除を受ける場合には、控除額は合計で20万円（太陽光発
電設備設置工事を行う場合は30万円）を限度とします。

⑤　標準的な費用の額

標準的な費用の額とは、バリアフリー改修工事の種類ごとに単位当た
りの標準的な工事費用の額として定められた金額に、そのバリアフリー
改修工事を行った床面積等を乗じて計算した金額をいいます。

「バリアフリー改修工事に要した費用の額」及び「バリアフリー改修

*118*

工事の標準的な費用の額」は、増改築等工事証明書において確認することができます。

⑥　申告手続と必要書類

　住宅特定改修特別税額控除の適用を受けるためには、必要事項を記載した確定申告書に、次に掲げる書類を添付して、納税地（原則として住所地）の所轄税務署長に提出する必要があります。

イ　住宅特定改修特別税額控除額の計算明細書

ロ　住民票の写し（要介護認定若しくは要支援認定を受けている者、障害者に該当する者又は65歳以上の親族と同居している者の場合は、その同居する親族についても表示されているもの。平成28年1月1日以降に自己の居住の用に供した場合は不要です。）

ハ　増改築等工事証明書

ニ　家屋の登記事項証明書など家屋の床面積が50㎡以上であることを明らかにする書類

ホ　介護保険の被保険者証の写し（要介護認定者、要支援認定者又はこれらの者と同居を常況とする親族がバリアフリー改修工事を行った場合に限ります。）

ヘ　給与所得者の場合は、給与所得の源泉徴収票

　なお、平成26年3月31日以前に居住の用に供した場合は、工事請負契約書の写し（注）など改修工事の年月日及びその費用の額を明らかにする書類が必要です。

（注）　平成23年6月30日以降に改修工事に係る契約をして、そのバリアフリー改修工事の費用に関し補助金等の交付を受ける場合には、補助金等の額を証する書類も必要となります。

第2章　居住用財産の取得及び保有に係る税務

⑦　留意点

　バリアフリー改修工事をした場合で、「増改築等をした場合の住宅借入金等特別控除」（前記5(1)、87頁参照）や「借入金を利用してバリアフリー改修工事をした場合の特定増改築等住宅借入金等特別控除」（前記5(4)、99頁参照）のいずれの適用要件も満たしているときは、これらの控除のいずれか一つの選択適用となります。

　この選択により、住宅特定改修特別税額控除を適用して確定申告書を提出した場合には、その後においても、その選択し適用した住宅特定改修特別税額控除を適用することになり、選択替えはできません。

## (4)　他世帯同居改修工事をした場合（住宅特定改修特別税額控除）

① 制度の概要

　個人が、その所有する居住用の家屋について多世帯同居改修工事をして、その家屋を平成28年4月1日から平成33年12月31までの間に自己の居住の用に供した場合（その多世帯同居改修工事の日から6月以内に自己の居住の用に供した場合に限る）には、その居住の用に供した日の属する年分の所得税の額から、多世帯同居改修工事に係る標準的費用額（補助金等の交付を受ける場合には、その補助金等の額を控除した後の金額とし、その金額が250万円を超える場合には、250万円）の10％に相当する金額を控除するものです（措法41の19の3）。

② 対象となる他世帯同居改修工事

　キッチン、浴室、トイレ、玄関のいずれかを増設する工事で、その工事後それらのうちの二つ以上が複数となるものをいいます。

③ 計算方法

　住宅特定改修特別税額控除の控除額は、他世帯同居改修工事の標準的

な費用の額（250万円を限度）の10％とされています（算出された控除額のうち100円未満の端数金額は切捨て）。

④　標準的な費用の額

　　標準的な費用の額とは、他世帯同居改修工事の種類ごとに単位当たりの標準的な工事費用の額として定められた金額に、その工事を行った箇所数を乗じて計算した金額をいいます。

　　「他世帯同居改修工事の標準的な費用の額」は、増改築等工事証明書において確認することができます。

⑤　適用要件他

　　適用要件、申告手続や必要書類等については、省エネ改修工事やバリアフリー改修工事に係る特有のものを除き、これらの住宅特定改修特別税額控除と同様となります。

　　なお、対象となる他世帯同居改修工事に該当することについて、増改築等工事証明書を添付する必要があります。


## ⑸　耐久性向上改修工事をした場合（住宅特定改修特別税額控除）

① 　制度の概要

　　個人が、その所有する居住用の家屋について、省エネ改修工事又は耐震改修工事と併せて行う耐久性向上改修工事をして、その家屋を平成29年4月1日から平成33年12月31日までの間に自己の居住の用に供した場合には、その居住の用に供した日の属する年分の所得税の額から、省エネ改修工事又は耐震改修工事に係る標準的な費用の額及び耐久性向上改修工事に係る標準的な費用の額の合計額（250万円（省エネ改修工事と併せて太陽光発電設備の設置工事を行う場合には350万円）を限度）の10％に相当する金額を控除するものです（措法41の19の3）。

第2章　居住用財産の取得及び保有に係る税務

② 対象となる耐久性向上改修工事

前記5(6)②（107〜108頁参照）と同様となります。

③ 計算方法

住宅特定改修特別税額控除の控除額は、耐久性向上改修工事の標準的な費用の額（250万円（省エネ改修工事と併せて太陽光発電設備の設置工事を行う場合には、350万円）を限度）の10％とされています（算出された控除額のうち100円未満の端数金額は切捨て）。

また、省エネ改修工事又は耐震改修工事と併せて行う耐久性向上改修工事を行う場合は、限度額は500万円（太陽光発電設備の設置工事を行う場合には600万円）となります。

④ 標準的な費用の額

標準的な費用の額とは、耐久性向上改修工事の種類ごとに単位当たりの標準的な工事費用の額として定められた金額に、その工事を行った箇所数を乗じて計算した金額をいいます。

「耐久性向上改修工事の標準的な費用の額」は、増改築等工事証明書において確認することができます。

⑤ 留意点

イ　この制度は、上記(1)の「省エネ改修工事をした場合の住宅特定改修特別税額控除」及び下記(5)の「耐震改修工事をした場合の住宅耐震改修特別控除」との選択適用とされています。

ロ　適用要件、申告手続や必要書類等については、上記(1)〜(3)の住宅特定改修特別税額控除に係る特有のものを除き、これらの制度と同様となります。

なお、対象となる耐久性向上改修工事に該当することについて、増改築等工事証明書を添付する必要があります。

## 2　保有の税務

### (6)　耐震改修工事をした場合（住宅耐震改修特別控除）

#### ①　制度の概要

　　個人が、平成18年4月1日から平成33年12月31日までの間に、自己の居住の用に供する家屋（昭和56年5月31日以前に建築されたものに限ります。）について住宅耐震改修をした場合には、一定の金額をその年分の所得税額から控除するものです（措法41の19の2）。

　　この住宅耐震改修特別控除は、「居住者」が住宅耐震改修を行った場合、「非居住者」が平成28年4月1日以降に住宅耐震改修を行った場合に受けることができます。

#### ②　適用要件

　　次のすべての要件を満たす場合とされています。

イ　昭和56年5月31日以前に建築された家屋であって、自己の居住の用に供する家屋であること

　　なお、居住の用に供する家屋を二つ以上所有する場合には、主として居住の用に供する一つの家屋に限られます。

ロ　耐震改修（地震に対する安全性の向上を目的とした増築、改築、修繕又は模様替え）をした家屋が、現行の耐震基準に適合するものであること

　　なお、平成23年6月30日以前に住宅耐震改修に係る契約を締結した場合には、住宅耐震改修のための一定の事業を定めた計画の区域内の家屋であることが必要です。

#### ③　計算方法

イ　平成26年4月1日から平成33年12月31日までの間に住宅耐震改修をした場合

　　住宅耐震改修に係る耐震工事の標準的な費用の額（補助金等の交付

*123*

を受ける場合には、その補助金等の額を控除した金額。250万円を限度）
の10％とされています（算出された控除額のうち100円未満の端数金額は
切捨て）。

この場合の限度額250万円は、住宅耐震改修に要した費用の額に含
まれる消費税額等のうちに、8％又は10％の消費税及び地方消費税の
税率により課されるべき消費税額等が含まれている場合であり、それ
以外の場合の標準的な費用の額の限度額は200万円となります。

ロ　平成21年1月1日から平成26年3月31日までの間に住宅耐震改修を
した場合

次のいずれか少ない金額の（200万円を限度）の10％です（算出され
た控除額のうち100円未満の端数金額は切捨て）。

㈠　住宅耐震改修に要した費用の額

㈡　住宅耐震改修に係る耐震工事の標準的な費用の額

なお、平成23年6月30日以降に住宅耐震改修に係る契約をして、
その住宅耐震改修工事の費用に関し補助金等（国又は地方公共団体
から交付される補助金又は給付金その他これらに準ずるものをいいま
す。以下同じです。）の交付を受ける場合には、その補助金等の額を
控除します。

④　**標準的な費用の額**

標準的な費用の額とは、住宅耐震改修に係る工事の種類ごとに単位当
たりの標準的な工事費用の額として定められた金額に、その住宅耐震改
修に係る工事を行った床面積等を乗じて計算した金額をいいます。

「住宅耐震改修に要した費用の額」及び「住宅耐震改修に係る耐震工
事の標準的な費用の額」は、住宅耐震改修証明書において確認すること
ができます。

⑤　申告手続と必要書類

　　住宅耐震改修特別控除の適用を受けるためには、必要事項を記載した確定申告書に、次に掲げる書類を添付して、納税地（原則として住所地）の所轄税務署長に提出する必要があります。

イ　住宅耐震改修特別控除額の計算明細書

ロ　住宅耐震改修証明書

ハ　家屋の登記事項証明書など、家屋が昭和56年5月31日以前に建築されたものであることを明らかにする書類

ニ　住民票の写し（平成28年1月1日以降に耐震改修工事をした場合は不要）

ホ　給与所得者の場合は、給与所得の源泉徴収票

　　なお、平成26年3月31日以前に居住宅耐震改修をした場合には、請負契約書の写し、補助金等の額を明らかにする書類（注）、住宅耐震改修証明書、住宅耐震改修をした家屋であること、住宅耐震改修に要した費用の額、住宅耐震改修に係る耐震工事の標準的な費用の額、住宅耐震改修をした年月日を明らかにする書類が必要です。

（注）　平成23年6月30日以降に住宅耐震改修に係る契約をして、その住宅耐震改修に関し補助金等の交付を受けている場合には、補助金等の額を証する書類も必要となります。

⑥　留意点

イ　住宅耐震改修特別控除と「増改築等をした場合の住宅借入金等特別控除」（前記5⑴、87頁参照）の、いずれの適用要件も満たしている場合には、この特別控除と住宅借入金等特別控除の両方について適用を受けることができます。

第2章　居住用財産の取得及び保有に係る税務

ロ　平成26年4月1日以後に、「要耐震改修住宅を取得し、耐震改修を
　行った場合の住宅借入金等特別控除」（前記3⑸、78頁参照）の適用を
　受けた場合には、住宅耐震改修特別控除を適用することはできませ
　ん。

## 7　所得税の税額控除のポイント

### ⑴　住民税の住宅借入金等特別控除

① 制度の概要

　　平成21年から平成33年12月31日までの間に居住の用に供し、所得税に
　ついて住宅借入金等特別控除（前記3「居住用財産の取得とローン型の所
　得税の税額控除」及び前記5ローン型のリフォーム税制⑴「増改築等をした
　場合」、措法41）の適用を受けている者で、所得税から控除しきれなかっ
　た金額がある場合は、翌年度の住民税から控除されます。

　　なお、確定申告や年末調整により住宅借入金等特別控除の適用を受け
　ている場合は、個別に市区町村に申告必要はありません。

② 計算方法

住民税の控除額 ＝ 所得税における控除可能額 － 控除適用前の前年分の所得税額

　　この控除額は、前年分の所得税の課税総所得金額等の5％が限度とな
　ります（最高97,500円）。

　　ただし、居住年が平成26年から平成31年6月30日までであって、その
　住宅の取得等が特定取得（注）である場合には、前年分の所得税の課税
　総所得金額等の7％が限度とされています（最高136,500円）。

　（注）　特定取得とは、住宅の取得等の対価の額又は費用の額に含まれる消費
　　　　税額等が、8％又は10％の税率により課されるべき消費税額等である場

2　保有の税務

合におけるその住宅の取得等をいいます。


## (2)　住宅借入金等の借換えを行った場合

### ①　概要

　控除の対象となる住宅借入金等は、住宅の新築、取得又は増改築等のために直接必要な借入金又は債務とされています。

　したがって、借換えによる新しい住宅借入金は、従前の借入金等を消滅させるための新たな借入金であり、原則として控除の対象とはなりません。

　ただし、次の要件を満たす場合に限り、借換え後の借入金について引き続き控除を受けることが認められています。

イ　新しい借入金が当初の住宅借入金等の返済のためのものであることが明らかであること

ロ　新しい借入金が10年以上の償還期間であることなど、住宅借入金等特別控除の対象となる要件に当てはまること

　なお、住宅借入金等特別控除を受けることができる年数は、借換えによって延長されることはありません。

### ②　控除の対象となる金額

　借換えによる新たな借入金が住宅借入金等特別控除の対象となる場合には、次の算式のより計算した金額が控除の対象となります。

イ　借換え直前における当初の住宅借入金等の残高が、新しい借入金の借入時の金額以上の場合

　借換えによる新たな住宅借入金の年末残高となります。

ロ　借換え直前における当初の住宅借入金等の残高が、新しい借入金の

*127*

第2章　居住用財産の取得及び保有に係る税務

借入時の金額未満の場合

　次の算式により計算した金額が控除の対象となります。

$$対象額＝ Ａ × Ｂ ／ Ｃ$$

　Ａ：借換えによる新たな住宅借入金の年末残高
　Ｂ：借換え直前における当初の住宅借入金等の残高
　Ｃ：新しい借入金の借入時の金額

　借換え直前における当初の住宅借入金等の残高に、新たな抵当権の設定費用等を上乗せして借換えを行う場合などは注意が必要です。

## (3)　転勤等により居住の用に供することができない場合

　転勤等により家屋を居住の用に供することができない場合であっても、次に掲げるときは、住宅借入金等特別控除等の適用を受けることが認められています。

### ①　単身赴任等の場合

　家屋の所有者が、転勤、転地療養その他のやむを得ない事情により、配偶者、扶養親族その他生計を一にする親族と日常の起居を共にしない場合において、その住宅の取得等の日から6か月以内にその家屋にこれらの親族が入居し、その後も引き続き居住しており、その事情が解消した後はその家屋の所有者が共にその家屋に居住することと認められるとき

### ②　住宅借入金等特別控除等の適用を受けていた者が、家族と共にその家屋を居住の用に供しなくなった場合

　その者が居住の用に供しなくなった日の属する年以降、住宅借入金等

特別控除等の適用は受けられませんが、次のすべての要件を満たす場合は、その家屋を再び居住の用に供した日の属する年（その年において、その家屋を賃貸の用に供していた場合には、その年の翌年）以後、残存控除期間につき、この特別控除の再適用を受けることができます。

イ　勤務先からの転任の命令その他これに準ずるやむを得ない事由があること

ロ　平成15年4月1日以降に、その家屋をその者の居住の用に供しなくなったこと

ハ　家屋を居住の用に供しなくなる日までに、一定の手続を行っていること

　なお、その家屋を居住の用に供しなくなる日までに、次の書類を、その家屋の所在地の所轄税務署長に提出する必要があります。

・　「転任の命令等により居住しないこととなる旨の届出書」

・　未使用分の「年末調整のための（特定増改築等）住宅借入金等特別控除証明書」及び「給与所得者の（特定増改築等）住宅借入金等特別控除申告書」（税務署長から交付を受けている場合に限ります。）

第2章　居住用財産の取得及び保有に係る税務

[事例]

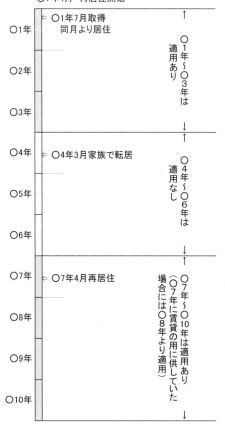

(4) **住宅取得等資金の贈与を受けた場合**

　住宅の取得等に関し、住宅取得等資金の贈与の特例の適用（措法70の2、70の3）を受けた場合には、その特例を受けた部分の金額を家屋の取得対価の額又は土地等の取得対価の額から控除します。

　住宅取得資金の贈与の特例は、その贈与を受けた住宅取得等資金を住宅

の取得等に充てることが適用要件とされていることから、その適用を受けた場合には、その住宅取得等資金を充てた家屋又は土地等の取得対価の額からそれぞれ控除します。

なお、家屋の取得等又は土地等の取得等のいずれに充てたか不明な場合には、住宅取得等資金の額を差し引く前の取得対価の額のうち、自己の持分に応じた家屋と土地等の取得対価の額で按分計算した住宅取得等資金の額をそれぞれ控除します。

また、マンションのように家屋及びその敷地の居住の用に供する部分の割合が同じで、かつ、「住宅及び土地等」に係る住宅借入金等を有する場合には、その家屋及び敷地の取得対価の額の合計額から控除します。

## ⑸　土地の取得のため借入れをした場合

土地の取得に係る住宅借入金等に関して住宅借入金等特別控除が適用されるのは、家屋を住宅借入金等で取得し、建物について住宅借入金等の年末残高がある場合に限られます。

したがって、まず土地を取得するための借入れを行い、家屋はその後に自己資金と親からの資金贈与で建築するような場合は、家屋の新築に係る住宅借入金等がありませんので、住宅借入金等特別控除の適用を受けることはできません。

## ⑹　連帯債務により取得した住宅を単独所有とした場合

金融機関等の関係上、住宅借入金は夫婦の連帯債務とし、実際には夫が全額返済を行うために取得した住宅は夫の単独所有としているような場合には、原則として、その借入金に係る年末残高の全額が夫の住宅借入金等特別控除の対象となります。

# 第 3 章
# 居住用財産の賃貸に係る税務

第3章　居住用財産の賃貸に係る税務

# 1 個人が居住用不動産を賃貸の用に供している場合

## 1 不動産所得の範囲

　不動産所得とは、次の(1)から(3)までの所得（事業所得又は譲渡所得に該当するものを除きます。）をいいます（所法26①）。

(1)　土地や建物などの不動産の貸付け

(2)　地上権など不動産の上に存する権利の設定及び貸付け

(3)　船舶や航空機の貸付け

　また、不動産所得については、青色申告の承認を申請することができます。青色申告とは、日々の取引を所定の帳簿に記帳し、その記帳に基づいて所得金額や税額を正しく計算し、申告することをいいます。青色申告の承認を受けている場合には、主に次の特典があります。

■青色申告の主な特典

| 特典 | 内容 |
|---|---|
| 青色申告特別控除<br>（措法25の2） | ①　65万円の青色申告特別控除<br>　事業的規模の不動産所得を有する者で、不動産所得に係る取引を正規の簿記の原則（一般的な複式簿記）により記帳しており、その記帳に基づいた貸借対照表及び損益計算書を添付して、控除を受ける金額を記載して法定申告期限内に確定申告書を提出している場合に適用があります。<br>②　10万円青色申告特別控除<br>　上記①以外の者が受けることができます。 |

| | |
|---|---|
| 青色事業専従者給与<br>(所法57①) | 不動産所得が事業的規模で営まれている場合には、青色申告者と生計を一にしている配偶者やその他の親族のうち、年齢が15歳以上で、その青色申告者の事業に専ら従事している人に支払った給与は、事前に提出された届出書に記載された範囲内で、その専従者の労務の対価として適正な金額のものは、必要経費に算入することができます。 |
| 現金主義<br>(所法67) | 前々年分の不動産所得の金額及び事業所得の金額の合計額（専従者給与の規定の適用前）が300万円以下である場合は、現金主義によって所得計算をすることができます。 |
| 純損失の繰越し又は繰戻し<br>(所法140、141) | 事業的規模の不動産所得に損失（赤字）の金額が生じた場合で、損益通算の規定を適用してもなお控除しきれない部分の金額（純損失の金額）が生じたときには、その損失額を翌年以後3年間にわたって繰り越して、各年分の所得金額から控除します。<br>　また、前年も青色申告をしている場合は、純損失の繰越しに代えて、その損失額を生じた年の前年に繰り戻して、前年分の所得税の還付を受けることもできます。 |
| 中小事業者の減価償却資産の特例<br>(措法28の2③) | 常時使用する従業員の数が1,000人以下の個人である中小事業者に該当する青色申告者が、平成30年3月31日までの間に取得価額が10万円以上30万円未満の減価償却資産の取得等をして、不動産所得を生ずべき業務の用に供した場合には、その業務の用に供した年にその取得価額の全額を必要経費に算入することができます。<br>　なお、この特例の適用を受ける場合には、原則として、確定申告書に少額減価償却資産の取得価額に関する明細書の添付が必要となります。 |

## 2　不動産貸付けが事業として行われているか否かの判定

　不動産所得は、その不動産等の貸付けが事業として行われているかどうかによって、所得金額の計算上の取扱いが異なる場合があります。

　不動産の貸付けが事業として行われているかどうかは、原則として、社

第3章　居住用財産の賃貸に係る税務

会通念上事業と称するに至る程度の規模で行われているかどうかによって判断しますが、具体的には、次の(1)又は(2)の基準によって判断することになります。

## (1)　5棟10室基準

建物の貸付けについては、次のいずれかの形式基準（5棟10室基準）に該当する場合又は賃貸料の収入の状況、貸付資産の管理の状況等からみて、これらに準ずる事情があると認められる場合には、特に反証がない限り、事業として行われているものとして取り扱われます（所基通26-9）。

> ①　貸間・アパート等については、貸与することのできる独立した室数がおおむね10室以上であること
> ②　独立家屋の貸付けについては、おおむね5棟以上であること

例えば、戸建ての貸付けであれば5棟、共同住宅等の貸付けであれば10室の貸付け数であれば、この基準を満たすことになります。また、戸建てと共同住宅の両方がある場合は、戸建1棟に対し共同住宅2室が同等となります。

## (2)　実質基準

不動産所得の計算上、その不動産等の貸付けが上記(1)の5棟10室基準を満たしていない場合であっても、実質基準により判断することができます。

実質基準について、法令・通達等により明確に判断要素が示されたものはありませんが、例えば、平成19年12月4日の裁決例（TAINS J74-2-05）では、実質基準による判断要素として①営利性・有償性の有無、②継続

1 個人が居住用不動産を賃貸の用に供している場合

性・反復性の有無、③自己の危険と計算における事業遂行性の有無、④取引に費やした精神的・肉体的労力の程度、⑤人的・物的設備の有無、⑥取引の目的、⑦事業を営む者の略歴・社会的地位・生活状況などの諸点を総合的に考慮して判断するとの見解が示されています。

また、各自治体による事業税の課税判断の基準も実質基準による判定の参考になるものと考えます。

■参考裁決（平成19年12月4日裁決　TAINS　J74-2-05）

(1)　事案の概要

建物貸付けは、同族会社2社及び親族に対する限定的かつ専属的なものであり、貸付けに係る維持管理等の程度が実質的には相当低いとして、不動産所得を生ずべき事業に当たらないとした事例

(2)　審判所の判断

不動産貸付けが不動産所得を生ずべき事業に該当するか否かは、①営利性・有償性の有無、②継続性・反復性の有無、③自己の危険と計算における事業遂行性の有無、④取引に費やした精神的・肉体的労力の程度、⑤人的・物的設備の有無、⑥取引の目的、⑦事業を営む者の職歴・社会的地位・生活状況などの諸点を総合して、社会通念上事業といい得るか否かによって判断するのが相当と解される。

本件貸付けについては、営利性、継続性、人的・物的設備など部分部分としてみた場合は直ちに事業ではないということはできない要素も認められるが、本件貸付けは、本件同族会社2社及び親族に対する限定的かつ専属的なものであり、平成5年借入金は、請求人の税理士

137

第3章　居住用財産の賃貸に係る税務

事務所等として使用することを目的とした本件建物の建設資金等であったこと及び本件借入金の年間返済額は、本件貸付けの年間賃貸料収入を上回っており、本件貸付けに係る賃貸料収入以外の収入も原資となっていること、また、本件同族会社2社の賃貸料は、それぞれの法人の収入及び人員割合が計算の根拠となっていることからすると、請求人における事業遂行上その企画性は乏しく、危険負担も少ないと認められる。また、本件建物は、その構造からみて他に賃貸が可能である等の汎用性が少ないなど、これらの点における請求人の自己の危険と計算による事業遂行性は希薄であると認められる。

（中略）

これらの諸点を総合勘案すると、本件貸付けは、社会通念上事業と称するに至る程度のものとは認められないと判断するのが相当である。

## ⑶　所得金額の計算上の相違点

不動産の貸付けが、「事業として行われている場合」と「それ以外の場合」の所得金額の計算上の相違点のうち、主なものは次のとおりです。

| 項　　目 | 事業として行われている場合 | それ以外の場合 |
|---|---|---|
| 賃貸用固定資産の取壊し・除却などの資産損失の必要経費算入（所法51①、④） | その全額が必要経費に算入されます。 | その年分の資産損失を差し引く前の不動産所得の金額を限度として、必要経費に算入されます。 |

138

1　個人が居住用不動産を賃貸の用に供している場合

| | | |
|---|---|---|
| 賃貸料等の回収不能による貸倒損失<br>（所法51②、64①） | 回収不能となった年分の必要経費に算入されます。 | 収入に計上した年分までさかのぼって、その回収不能に対応する所得がなかったものとして、所得金額の計算をやり直します。 |
| 個別評価貸金等に係る貸倒引当金<br>（所法52①） | 金銭債権の貸倒れ等による損失の見込額として一定の方法により計算した繰入限度額に達するまでの貸倒引当金の繰入額が必要経費に算入されます。 | 適用がありません。 |
| 青色申告の事業専従者給与・白色申告の事業専従者控除<br>（所法57①、③） | 青色申告の専従者給与額や白色申告の事業専従者控除額は、必要経費に算入されます。 | 適用がありません。 |
| 青色申告特別控除<br>（措法25の2③） | 正規の簿記の原則による記帳を行うなどの一定の要件を満たすことにより最高65万円までの控除が適用されます。 | 最高10万円となります。 |
| 確定申告における延納に係る利子<br>（所法45①二、令97①一） | 不動産所得に対応する部分は必要経費に算入されます。 | 適用がありません。 |

## 3　不動産所得の金額の計算方法

　不動産所得の金額は、次のように計算します（所法26②）。

> 不動産所得の金額　＝　(1)総収入金額　－　(2)必要経費

*139*

第3章 居住用財産の賃貸に係る税務

## (1) 総収入金額

　総収入金額には、貸付けによる賃貸料収入のほかに、次のようなものも含まれます。

> ① 名義書換料・承諾料・更新料又は頭金などの名目で受領するもの
> ② 敷金や保証金などのうち、返還を要しないもの
> ③ 共益費などの名目で受け取る電気代、水道代や掃除代など

## (2) 必要経費

　不動産所得の計算上、必要経費とすることができるものは、不動産収入を得るために直接必要な費用のうち家事上の経費と明確に区分できるものであり、主なものとして貸付資産に係る次に掲げるものがあります。

> ① 固定資産税
> ② 損害保険料
> ③ 修繕費
> ④ 減価償却費
> ⑤ 管理料
> ⑥ 青色事業専従者給与（事業的規模の場合）

## 4　不動産所得に係る総収入金額

## (1) 収入計上時期

　不動産を賃貸したことにより収受する家賃・地代・更新料などは、その金額を不動産所得の総収入金額に算入することになりますが、その収入に計上すべき時期は、原則として次頁のとおりです。

*140*

1 個人が居住用不動産を賃貸の用に供している場合

| 区　分 | 収入計上時期 |
|---|---|
| ①　地代・家賃・共益費など | 　その支払方法についての契約内容により、原則として次のようになります。<br>イ　契約や慣習などにより支払日が定められている場合には、その定められた支払日<br>ロ　支払日が定められていない場合には、実際に支払いを受けた日<br>　ただし、請求があったときに支払うべきものと定められているものは、その請求の日<br>ハ　賃貸借契約の存否の係争等（未払賃貸料の請求に関する係争を除きます。）に係る判決・和解等により不動産の所有者等が受け取ることになった係争期間中の賃貸料相当額については、その判決・和解等のあった日<br>**(注)**　賃貸料の額に関する係争がある場合に、賃貸料の弁済のために供託された金額については、イ又はロに掲げる日<br>（所基通36-5） |
| ②　上記以外のもの | 　家屋又は土地を賃貸することにより一時に受け取る権利金や礼金は、貸し付ける資産の引渡しを必要とするものは引渡しのあった日、引渡しを必要としないものについては、契約の効力発生の日の収入に計上します。<br>　ただし、引渡しを要するものについて、契約効力発生の日により総収入金額に算入して申告することも認められています。名義書換料・承諾料・頭金などの名目で受け取るものについても同様です（所基通36-6）。<br>　また、敷金や保証金は預り金ですから、受け取っても収入にはなりませんが、返還を要しないものは、返還を要しないことが確定した日にその金額を収入に計上する必要があります（所基通36-7）。 |

## ⑵　返還を要しなくなった敷金等の収入すべき時期の具体例

　敷金や保証金として受け取る金額は、本来は賃貸人の収入となるものではありませんが、それらのうち、当初から、あるいは一定期間経過することによりその全部又は一部の返還不要が契約書などで取り決められる場合

第3章　居住用財産の賃貸に係る税務

があります。

　この場合の返還不要部分の金額は、実質として権利金や更新料などと変わらないものであることから、不動産所得の収入金額を構成することになります。

　この場合の収入計上時期及び計上金額は、例えば、次に掲げるように返還を要しないことが確定した都度その確定した金額を計上することになります。

①　契約により敷金のうち、10％は償却し残額は賃貸借契約終了後に返還することとなっている場合には、原則として、貸付資産の引渡時に償却の確定している10％部分を収入として計上します。

②　賃貸借契約が10年間となっており、敷金について、3年以内に解約した場合には全額を返還し、5年以内に解約した場合には70％を返還し、以後の解約又は契約期間の満了の場合は50％を返還するとした場合には、3年を経過した日に30％相当額を、5年経過した日に20％（50％－30％）相当額を、それぞれ収入金額として計上します。

③　賃貸借契約が10年間となっており、敷金について、3年以内に解約した場合には50％を返還し、5年以内に解約した場合には70％を返還し、以後の解約又は契約期間の満了の場合は、全額を返還するとした場合には、3年以内に解約があった場合には、敷金の50％相当額を、5年以内に解約があった場合には、敷金の30％相当額をそれぞれ収入金額として計上します。

　なお、賃借人から提供を受けた敷金又は保証金のうち、賃借人の退去に伴い、貸室の原状回復費に充当するべく返還しない部分の金額については、不動産所得の収入金額に算入することになります。

*142*

1　個人が居住用不動産を賃貸の用に供している場合

## (3)　未分割遺産から生ずる不動産所得

　民法第898条では、「相続人が数人ある時は、相続財産は、その共有に属する」とされていることから、相続財産について遺産分割が確定していない場合には、その相続財産は各共同相続人の共有に属するものとされ、その相続財産から生ずる所得は各共同相続人にその相続分に応じて帰属するものになります。

　最高裁平成17年9月8日判決（TAINS Z999-5054）では、「遺産は、相続人が数人あるときは、相続開始から遺産分割までの間、共同相続人の共有に属するものであるから、この間に遺産である賃貸不動産を使用管理した結果生ずる金銭債権は、遺産とは別個の財産というべきであって、各共同相続人がその相続分に応じて分割単独債権として確定的に取得するものと解するのが相当である。遺産分割は、相続開始の時に遡ってその効力を生ずるものであるが、各共同相続人がその相続分に応じて分割単独債権として確定的に取得した上記賃料債権の帰属は、後にされた遺産分割の影響を受けないものというべきである。」との判断が示されています。

　したがって、遺産分割協議が整わないため、共同相続人のうちの特定の人がその収益を管理しているような場合であっても、遺産分割が確定するまでは、共同相続人がその法定相続分に応じて申告することになります。

　また、遺産分割協議が整い、分割が確定した場合であっても、その効果は未分割期間中の所得の帰属に影響を及ぼすものではありませんので、分割の確定を理由とする更正の請求又は修正申告を行うことはできません。

## 5　不動産所得に係る必要経費

### (1)　固定資産税等

　その年分の不動産所得の金額の計算上必要経費に算入すべき金額は、不

第3章　居住用財産の賃貸に係る税務

動産所得の総収入金額に係る売上原価等及びその年における販売費等その他これらの所得を生ずべき業務について生じた費用の額とされています（所法37①）。

したがって、業務の用に供される資産に係る固定資産税等は、不動産所得の金額の計算上必要経費に算入されます（所基通37-5）。

① 必要経費に算入される年分の判定

その年分の不動産所得の金額の計算上、必要経費に算入される固定資産税等は、原則として、その年12月31日（年の中途において死亡した場合には、その死亡の時）までに納付すべきことが具体的に確定したものになります（所基通37-6）。

ただし、各納期の税額をそれぞれ納期の開始の日又は実際に納付した日の属する年分の必要経費に算入することもできます（所基通37-6(3)）。

② 具体的な事例による必要経費に算入される年分の判定

［事例］

平成29年6月10日に不動産賃貸業を営む甲が死亡しました。甲には同年6月2日に不動産賃貸に係る固定資産税等の納税通知書（内訳は次表参照）が送達されていましたが、納期限前に甲が死亡したため、固定資産税等は不動産賃貸業を承継した相続人乙（長男：居住無制限納税義務者に該当）が納付しました。

納税通知書に記載された固定資産税等は、所得税の申告に際し、被相続人甲又は相続人乙のどちらの必要経費になるのでしょうか。

1　個人が居住用不動産を賃貸の用に供している場合

| 各 納 期 | 納 期 限 | 税 額 |
|---|---|---|
| 第1期　平成29年6月1日から6月30日まで | 6月30日 | 11万円 |
| 第2期　平成29年9月1日から9月30日まで | 9月30日 | 11万円 |
| 第3期　平成29年12月1日から12月27日まで | 12月27日 | 11万円 |
| 第4期　平成30年2月1日から2月28日まで | 2月28日 | 11万円 |

［解説］

イ　被相続人甲の必要経費に算入することができる固定資産税等

　　本事例の場合には、被相続人甲の平成29年分の不動産所得の金額の計算において必要経費に算入することができる固定資産税等の金額は、以下のようになります。

(イ)　原則により固定資産税等を必要経費に算入する場合

　　44万円

　（注）　甲の死亡の時までに固定資産税等の納税通知書が既に送達されているため（納付すべきことが具体的に確定しているため）、固定資産税の全額を必要経費に算入することができます（所基通37-6）。

(ロ)　ただし書きにより固定資産税等を必要経費に算入する場合

　　以下のa又はbいずれかを選択することができます。

　a　第1期の固定資産税等を必要経費に算入

　　　11万円（第1期分）

　（注）　第1期分の税額を納期の開始の日（平成29年6月1日）の属する年分の必要経費に算入することができます（所基通37-6(3)）。

　b　実際に納付した固定資産税等を必要経費に算入

　　　0円（死亡の時までに納付した固定資産税等はなし）

第3章　居住用財産の賃貸に係る税務

　　　　（注）　実際に納付した日の属する年分の必要経費に算入することもで
　　　　　　きます（所基通37-6⑶）。

　㈅　被相続人甲の死亡後に納税通知書が送達された場合

　　　　被相続人甲の死亡の時に固定資産税等は納付すべきことが具体的
　　　に確定していないことになり、平成29年分の不動産所得の金額の計
　　　算上必要経費できる固定資産税等はないことになります。

　ロ　相続人乙が必要経費に算入することができる固定資産税等

　　　　本事例の場合には、被相続人甲が不動産所得の金額の計算上必要経
　　　費に算入した固定資産税等以外の固定資産税等は、相続人乙の不動産
　　　所得の金額の計算において必要経費に算入することができます。

　㈠　被相続人甲が原則により固定資産税等を必要経費に算入した場合

　　　　相続人乙が必要経費に算入できる固定資産税等はありません。

　　（注）　平成30年分以後は、相続人乙に固定資産税等の納税通知書が送達
　　　　　されるため、乙の必要経費になります（乙が甲から相続により承継
　　　　　した不動産について相続登記を行ったことを前提にしています。）。

　㈡　甲がただし書きにより固定資産税等を必要経費に算入した場合

　　　　以下のa又はbいずれかを選択することができます。

　　a　被相続人甲が第1期の固定資産税等を必要経費に算入した場合

　　　　　相続人乙は、残りの納期限（第2期から第4期まで）の固定資
　　　産税等（11万円×3期分＝33万円）を、平成29年分の必要経費に
　　　することができます。

　　b　被相続人甲が実際に納付した固定資産税等を必要経費に算入し
　　　た場合

146

被相続人甲は固定資産税等を必要経費に算入することができないため、第1期から第3期までの固定資産税等を相続人乙が納期限までに納付すれば、乙の平成29年分の不動産所得の金額の計算上必要経費に算入することができます。

なお、第4期は納期限が平成30年2月28日のため、平成30年分の必要経費になります。

(ハ) 被相続人甲の死亡後に納税通知書が送達された場合

被相続人甲は固定資産税等を必要経費に算入することができないため、相続人乙は原則又はただし書きの取扱いのうち、いずれかを選択して必要経費に算入することになります。

## ⑵ 修繕費

### ① 修繕費として必要経費に算入されるもの

貸付けや業務の用に供している建物・建物附属設備・機械装置・車両運搬具・器具備品などの資産の修繕費で、通常の維持管理や修理のために支出されるものは必要経費になります。

### ② 資本的支出の場合

一般に修繕費といわれるものでも、資産の使用可能期間を延長させたり、資産の価額を増加させたりする部分の支出は資本的支出となり、修繕費とは区別されます。

資本的支出に該当する金額は、不動産所得の計算上、減価償却の方法により各年分の必要経費に算入します（詳細は、次頁(3)減価償却費を参照）。このような修繕費と資本的支出の区別は、修繕や改良という名目によるのではなく、その実質によって判定します（所令181）。

第3章　居住用財産の賃貸に係る税務

　　具体的には、次のような支出は原則として資本的支出になります（所基通37-10）。

---

イ　建物の避難階段の取付けなど、物理的に付け加えた部分の金額
ロ　用途変更のための模様替えなど、改造又は改装に直接要した金額
ハ　機械の部分品を特に品質又は性能の高いものに取り替えた場合で、その取替えの金額のうち通常の取替えの金額を超える部分の金額

---

　　したがって、居住用不動産を賃貸の用に転用する際に、改良費等のこれらの支出が生じた場合には、その費用は、資本的支出に該当するものと考えられます。

　　なお、次に掲げる支出については、その支出を修繕費として所得金額の計算を行い、確定申告をすれば、その年分の必要経費に算入することができます（所基通37-12、37-13）。

---

イ　おおむね3年以内の期間を周期として行われる修理・改良などであるとき、又は一つの修理・改良などの金額が20万円未満のとき
ロ　一つの修理・改良などの金額のうちに、資本的支出か修繕費か明らかでない金額がある場合で、その金額が60万円未満のとき又はその資産の前年末の取得価額のおおむね10%相当額以下であるとき

---

## (3)　減価償却費

### ①　減価償却の仕組み

　　業務のために用いられる建物・建物附属設備・機械装置・器具備品・車両運搬具などの資産は、一般的には時の経過等によってその価値が減

っていきます。このような資産を減価償却資産といいます。他方、土地や骨とう品などのように時の経過により価値が減少しない資産は、減価償却資産ではありません。

減価償却とは、減価償却資産の取得に要した金額を一定の方法によって各年分の必要経費として配分していく手続をいいます。

したがって、減価償却資産の取得に要した金額は、取得した時に全額必要経費になるのではなく、その資産の使用可能期間の全期間にわたり分割して必要経費としていくべきものです。

この使用可能期間に当たるものとして、法定耐用年数が財務省令の別表に定められています。

② 減価償却の方法

イ　平成19年3月31日以前に取得した減価償却資産

平成19年3月31日以前に取得した減価償却資産（以下「旧減価償却資産」といいます。）については、「旧定額法」や「旧定率法」などの償却方法で減価償却を行います。

ロ　平成19年4月1日以後に取得した減価償却資産

平成19年4月1日以後に取得した減価償却資産については、「定額法」や「定率法」」などの償却方法で減価償却を行います。

なお、平成10年4月1日以後に取得した建物の償却方法は、旧定額法又は定額法のみとなります。

ハ　取得時期による減価償却方法の相違

取得には、購入や自己の建設によるもののほか、相続・遺贈又は贈与によるものも含まれますから、平成10年4月1日以後に相続などにより取得した建物の償却方法は、旧定額法又は定額法になり、平成28年4月1日以後に取得した建物附属設備及び構築物の償却方法は定額

第3章　居住用財産の賃貸に係る税務

法になります。

ニ　減価償却方法の届出

　　上記の償却方法は、減価償却資産の種類ごとに選定します。この場合、償却方法の選定の届出が必要です。

　　例えば、新たに業務を始めた場合には、減価償却の方法を選定してその翌年の3月15日までに所轄の税務署長に届け出なければなりません。この届出がない場合には、法定の償却方法で計算することになります。法定の償却方法は一般的には旧定額法又は定額法です。

　　なお、旧減価償却資産について「旧定額法」・「旧定率法」又は「旧生産高比例法」を選定している場合において、平成19年4月1日以後に取得する減価償却資産（以下「新減価償却資産」といいます）で、同日前に取得したならば旧減価償却資産と同一の区分に属するものについて前記の届出書を提出していないときは、旧減価償却資産につき選定していた償却方法の区分に応じた償却方法を選定したとみなされ、新減価償却資産について「定額法」・「定率法」又は「生産高比例法」を適用することになります。

　　また、減価償却の方法を変更しようとするときは、その変更しようとする年の3月15日までに所轄の税務署長に申請書を提出してその承認を受ける必要があります。

③　上記②以外の償却方法等

イ　少額の減価償却資産

　　使用可能期間が1年未満のもの又は取得価額が10万円未満のものは、その取得に要した金額の全額を業務の用に供した年分の必要経費になります（所令138）。

ロ　一括償却資産

　　取得価額が10万円以上20万円未満の減価償却資産については、一定の要件の下でその減価償却資産の全部又は特定の一部を一括し、その一括した減価償却資産の取得価額の合計額の３分の１に相当する金額をその業務の用に供した年以後３年間の各年分において必要経費に算入することができます（所令139）。

ハ　中小事業者の少額減価償却資産

　　一定の要件を満たす青色申告者が、平成18年４月１日から平成30年３月31日までに取得した取得価額10万円以上30万円未満の減価償却資産（上記ロの適用を受けるものを除きます。）については、一定の要件の下でその取得価額の合計額のうち300万円に達するまでの取得価額の合計額を、その業務の用に供した年分の必要経費に算入できる特例があります（措法28の２）。

ニ　取得価額の判定

　　取得価額の判定に際し、消費税の額を含めるかどうかは賃貸用不動産の所有者である個人の経理方式によります。

　　その個人が、税込経理であれば消費税を含んだ金額で判定し、税抜経理であれば消費税を含まない金額で判定します。なお、免税事業者の経理方式は税込経理になります。

④　**資本的支出を行った場合の減価償却**

　　減価償却資産に対して資本的支出（固定資産の使用可能期間を延長又は価額を増加させる部分に対応する支出の金額）を行った場合には、その資本的支出は減価償却の方法により各年分の必要経費に算入することになります。

　　資本的支出を行った場合の減価償却は、次のようになります。

*151*

第3章　居住用財産の賃貸に係る税務

イ　平成19年3月31日以前に行った資本的支出

　　その資本的支出を行った減価償却資産の取得価額に、その資本的支出を加算して減価償却を行います。

ロ　平成19年4月1日以後に行った資本的支出

　(イ)　原則

　　　その資本的支出を行った減価償却資産と種類及び耐用年数を同じくする減価償却資産を新たに取得したものとして、その資本的支出を取得価額として減価償却を行います（所令127①）。

　(ロ)　特例

　　a　平成19年3月31日以前に取得した減価償却資産に資本的支出を行った場合

　　　　上記(イ)の原則にかかわらず、その資本的支出を行った減価償却資産の取得価額に、その資本的支出を加算して減価償却を行うことができます（所令127②）。

　　b　定率法を採用している減価償却資産に資本的支出を行った場合

　　　　平成19年4月1日以後に取得した定率法を採用している減価償却資産に資本的支出を行った場合には、資本的支出を行った翌年1月1日において、その資本的支出を行った減価償却資産の期首未償却残高と上記(イ)の原則により新たに取得したものとされた減価償却資産（資本的支出の部分）の期首未償却残高の合計額を取得価額とする一の減価償却資産を新たに取得したものとして減価償却を行うことができます（所令127④）。

　　c　平成23年12月改正

　　　　平成23年12月の償却率の改正により、平成24年4月1日以後に取得したものとされる減価償却資産については200％定率法を、

1 個人が居住用不動産を賃貸の用に供している場合

平成24年3月31日以前に取得した減価償却資産は250％定率法を適用することになります。

　このように、異なる償却率が適用されることから、平成24年3月31日以前に取得した減価償却資産（以下「旧減価償却資産」といいます。）に平成24年4月1日以後に資本的支出を行った場合には、旧減価償却資産とその資本的支出を合算して一の減価償却資産を新たに取得したものとする特例の適用はありません（平23.12改正所令附則1、2）。

d　同一年中に複数回の資本的支出を行った場合の特例

　同一年中に複数回行った資本的支出につき定率法を採用している場合で、上記bの適用を受けない場合には、資本的支出を行った翌年1月1日において、上記(イ)の原則により新たに取得したものとされた減価償却資産（資本的支出の部分）のうち、種類及び耐用年数を同じくするものの期首未償却残高の合計額を取得価額とする一の減価償却資産を新たに取得したものとして減価償却を行うことができます（所令127⑤）。

## (4)　同族会社に支払う不動産の管理料

### ①　適正な管理料

　個人が居住用不動産を賃貸の用に供した場合において、その管理業務を同族会社に委託した場合に支払う管理料の設定については注意が必要です。

　同族会社への管理料の支払いについては、所得税法第37条第1項（必要経費）の解釈に照らして、管理実態の伴う範囲内で設定する必要があります。また、同族会社以外の管理会社にも管理委託業務を委託してい

*153*

第3章　居住用財産の賃貸に係る税務

る場合などは、管理委託の範囲とそれに伴う管理実態が問題になります。

　また、適正管理料の認定に当たっては、所得税法第157条第1項（同族会社の行為又は計算）による処分も散見されるところですので、併せて留意が必要になります。

　所得税法第37条第1項又は所得税法第157条第1項の規定の解釈により、適正な管理料が争われた主な事例には、次の裁決例・裁判例があります。

■所得税法第37条第1項の適用が争われた主な事例

| 判決等年月日<br>TAINS コード | 管理方式 | 適用条文 | 争われた<br>管理料率 | 認定された<br>管理料率 |
|---|---|---|---|---|
| 東京地裁<br>平成28年12月1日判決<br>Z256-10592 | 管理委託方式 | 所法37 | 15% | なし |
| 平成28年5月24日裁決<br>F0-1-618 | 管理委託方式 | 所法37 | 不明<br>（月額60万円） | なし |
| 平成28年1月21日裁決<br>F0-1-603 | 管理委託方式 | 所法37 | 8% | なし |
| 平成25年3月4日裁決<br>J90-2-03 | 管理委託方式 | 所法37 | 不明 | 是認 |
| 平成23年9月2日裁決<br>J84-2-05 | 管理委託方式 | 所法37 | 15% | 15% |
| 平成18年6月13日裁決<br>J71-2-10 | 管理委託方式 | 所法37<br>所法157 | 10% | なし |

1 個人が居住用不動産を賃貸の用に供している場合

■所得税法第157条第 1 項の適用が争われた主な事例

| 判決等年月日<br>TAINS コード | 管理方式 | 適用条文 | 争われた<br>管理料率 | 認定された<br>管理料率 |
|---|---|---|---|---|
| 高松地裁<br>平成24年11月 7 日判決<br>Z262-12089 | 転貸方式 | 所法157 | 約30% | 約3.6% |
| 福岡地裁<br>平成 4 年 5 月14日判決<br>Z189-6908 | 転貸方式 | 所法157 | 約30% | 建物 6 %<br>駐車場 9 % |
| 名古屋高裁<br>平成 9 年10月23日判決<br>Z229-8007 | 管理委託方式 | 所法157 | 100%<br>※賃料収入の全額 | 約 4 % |
| 大阪地裁<br>平成19年 5 月31日判決<br>Z257-10721 | 転貸方式 | 所法157 | 約35% | 約 6 % |

　これらの事例を比較してみると、所得税法第37条第 1 項の適用が争われる場合には、同族会社の管理実態の有無が争点となり、管理実態が認められない場合は、管理費そのものの必要経費算入が否認される傾向にあるといえます。

　これに対して、所得税法第157条第 1 項の適用が争われる場合には、適正管理料の認定が争点として取り上げられる傾向にあります。この場合の適正管理料の認定には、同族関係にない不動産管理会社に納税者と同規模程度の建物又は駐車場の管理を委託している同業者が、その不動産管理会社に支払った管理料の金額の賃貸料収入に対する割合と比準する方法が用いられます。比準させる類似同業種の選定には、納税者と同じ地域に所在する同規模程度の同業種の中から、倍半基準（不動産所得の収入について、納税者の収入の半分以上 2 倍以下を基準とした範囲から抽

*155*

第3章　居住用財産の賃貸に係る税務

出する方法）により選定された数社の平均をとる傾向がみられます。

　同族会社への管理委託料の支払や転貸方式による不動産収入の移転は、いずれも適正額についての指摘がされやすい項目ですので、同族会社の管理実態を勘案して設定する必要があります。

　以下に各事例の判断ポイントをまとめていますので、事例を確認の上、参考にしてください。

② 所得税法第37条第1項の規定に基づき争われた各事例のポイント

| 判決等年月日<br>TAINS コード | 管理方式 | 適用条文 | 争われた<br>管理料率 | 認定された<br>管理料率 |
|---|---|---|---|---|
| 東京地裁平成28年12月1日判決<br>Z256-10592 | 管理委託方式 | 所法37 | 15% | 0％ |

① 納税者が建物及び駐車場の管理契約に基づき支払ったとする管理料が所得税法37条1項（必要経費）所定の必要経費に該当するためには、当該管理契約に基づいて（同族会社）による当該物件の管理業務が行われ、その業務に対する報酬すなわち当該管理料の支払いが、納税者の営む不動産賃貸業の業務の遂行上、客観的に必要なものであると認識することができるものでなければならない。

② （同族会社）は、管理契約に基づき、建物及び駐車場の管理業務を行っていなかったものと評価することができる上、当該管理契約に基づき納税者が（同族会社）に委託したとする業務の多くは、訴外乙社において現に委託するなどして行っていたか、あるいは納税者と訴外乙社との合意により、訴外乙社が行うべき業務であったということもできるから、納税者が訴外甲社に支払ったとする管理料は、納税者が不動産賃貸業を遂行するに当たって、客観的に必要なものではなく、不動産所得の計算上、必要経費に算入されない。

156

1 個人が居住用不動産を賃貸の用に供している場合

| 判決等年月日<br>TAINS コード | 管理方式 | 適用条文 | 争われた<br>管理料率 | 認定された<br>管理料率 |
|---|---|---|---|---|
| 平成28年 5 月24日裁決<br>F0-1-618 | 管理委託方式 | 所法37 | 不明<br>（月額60<br>万円） | 0 ％ |

　同族会社に委託された業務は、多数の物件の多岐にわたる業務であるにもかかわらず、同族会社の役員は高齢の母のみで従業員はいなかったこと、本件委託契約とは別に、各管理委託会社に業務を網羅的に委託していたことが認められ、本件金員は、管理業務の対価として支払われたとはいえないから、不動産所得の必要経費に算入することはできない。

| 判決等年月日<br>TAINS コード | 管理方式 | 適用条文 | 争われた<br>管理料率 | 認定された<br>管理料率 |
|---|---|---|---|---|
| 平成28年 1 月21日裁決<br>F0-1-603 | 管理委託方式 | 所法37 | 8 ％ | 0 ％ |

① 　本件各年においては、不動産管理会社 B 社が、本件管理物件の主要な管理業務を実施していた上、配偶者乙が不動産賃貸業に実際に従事した労務の内容は、いずれも簡易な事務又は判断にすぎず、 1 回当たりに要した時間も短時間で、これらを合わせたとしても、月に数回しかも数時間のみ従事していたものと認められる。そうすると、乙は不動産賃貸業に臨時的、一時的に従事していたにすぎず、乙が従事した全ての業務を併せ考慮したとしても、乙は不動産賃貸業に専ら従事したとはいえない。したがって、配偶者乙は、請求人の青色事業専従者に該当しない。
② 　A 社は、本件各年のみならず、それ以前においても契約に定める管理業務について、何らの業務も実施したことがなかったことからすれば、仮に、請求人が本件各年において、A 社に各金員を支払うことが事業遂行のために必要であると判断していたとしても、それは主観的なものであり、各金員が客観的にみて、不動産賃貸業に係る業務と直接関係し、かつ、当該業務の遂行上必要なものと認めることはできない。したがって、各金員を不動産所得の金額の計算上必要経費に算入することはできない。

第3章 居住用財産の賃貸に係る税務

| 判決等年月日 TAINS コード | 管理方式 | 適用条文 | 争われた 管理料率 | 認定された 管理料率 |
|---|---|---|---|---|
| 平成25年3月4日裁決 J90－2－03 | 管理委託方式 | 所法37 | 不明 | 是認 |

　証拠によれば、本件同族会社は、請求人から本件各物件の管理業務の委託を受けて、当該各物件に係る消防・防災設備の点検業務並びに給湯設備の修理及び取替工事の発注を行うなどした事実、また、本件同族会社は、当該工事等を委託又は依頼した各業者と連絡を取り合い、工事等の実施内容や状況等の報告を受けていた事実が認められる。さらに、本件同族会社の取締役であった請求人の亡妻が、同社の業務に係る出来事をノートに記載しており、そのノートによれば、同社は随時、上記の各業者等からの連絡等を受け付け、必要な対応等を行っていたものと認められる。以上を総合すれば、本件同族会社は、本件契約に基づき、請求人から委託を受けた本件各物件の管理業務を行っていたと認めるのが相当である。

| 判決等年月日 TAINS コード | 管理方式 | 適用条文 | 争われた 管理料率 | 認定された 管理料率 |
|---|---|---|---|---|
| 平成23年9月2日裁決 J84－2－05 | 管理委託方式 | 所法37 | 15% | 15% 是認 |

　本件同族会社は、自ら当該建物等の管理業務を行っていたと認められることから、請求人が本件同族会社に支払った管理費の額うち、必要経費に算入すべきと主張する額（請求人主張管理費額）は、その全額が、請求人の不動産所得及び事業所得に係る業務と直接の関係を持つ費用であり、かつ、本件同族会社の行った管理業務の内容からみて、各業務の遂行上必要な費用であると認められる。したがって、請求人主張管理費額は、請求人の不動産所得の金額及び事業所得の金額の計算上必要経費に算入すべきである。

| 判決等年月日 TAINS コード | 管理方式 | 適用条文 | 争われた 管理料率 | 認定された 管理料率 |
|---|---|---|---|---|
| 平成18年6月13日裁決 J71－2―10 | 管理委託方式 | 所法37 所法157 | 10% | 0% |

　請求人が本件不動産管理会社に委託した業務は、いずれも請求人の不動産所得を生ずべき業務遂行上の必要性が認められず、また、本件不動産管理会社が管理委託

158

1　個人が居住用不動産を賃貸の用に供している場合

契約に基づく業務について履行したことを客観的に認めるに足る証拠も認められないことから、本件管理料のうち、請求人の所得税法第37条第1項に規定する不動産所得の金額の計算上必要経費に算入すべき金額は、零円とすることが相当であり、所得税法第157条第1項の規定を適用する余地はなく、当事者双方の主張を採用することはできない。

（注）この裁決では、請求人である納税者が所得税法第37条第1項に基づく必要経費該当性を主張したのに対して、原処分庁は所得税法第157条第1項に基づく更正処分を主張し、争ったものです。

③　所得税法第157条の適用により適正管理料が認定された事例のポイント

| 判決等年月日<br>TAINS コード | 管理方式 | 適用条文 | 争われた<br>管理料率 | 認定された<br>管理料率 |
|---|---|---|---|---|
| 高松地裁平成24年11月7日判決<br>Z262-12089 | 転貸方式 | 所法157 | 約30% | 約3.6% |

　高松国税局長の指示で各税務署長が作成した報告書によれば、適正な管理料割合は、平成18年分が3.34%、平成19年分が3.86%、平成20年分は3.69%となっている。この数値は、（中略）それぞれの年において、比較の対象となる管理料割合の事例をみると、各年の平均値といずれも近似していることにも照らし、十分合理的なものと認められる。

| 判決等年月日<br>TAINS コード | 管理方式 | 適用条文 | 争われた<br>管理料率 | 認定された<br>管理料率 |
|---|---|---|---|---|
| 福岡地裁平成4年5月14日判決<br>Z189-6908 | 転貸方式 | 所法157 | 約30% | 建物6%<br>駐車場9% |

　所有不動産の管理を同族会社である不動産管理会社に委託している者が支払った管理料について、それが所得税法157条に基づく行為又は計算の否認の対象となるか否かを判断し、かつ、否認すべきものとした場合における適正な管理料を計算するためには、同族関係にない不動産管理会社に納税者と同規模程度の建物又は駐車場の管理を委託している同業者が、当該不動産管理会社に支払った管理料の金額の賃貸料収入の金額に対する割合（管理料割合）と比準する方法によって、通常であれば、支払われるであろう標準的な管理料の金額を算出でき、これと現実の支払管理料の金額とを比較検討することが、事案に応じた合理的な方法である。

159

第3章　居住用財産の賃貸に係る税務

| 判決等年月日<br>TAINS コード | 管理方式 | 適用条文 | 争われた<br>管理料率 | 認定された<br>管理料率 |
|---|---|---|---|---|
| 名古屋高裁平成 9 月10月23日判決<br>Z229-8007 | 管理委託方式 | 所法157 | 100%<br>※賃料収<br>入の全額 | 約 4 % |

　納税者らは、所有している土地建物についての賃貸料収入の金額を、同人らが設
立した不動産会社へ管理料名目で支払っているが、右管理会社が各土地建物につい
て管理を行ったことを具体的に認めるに足りる証拠はなく、更に管理を行ったとし
ても特段ノウハウが必要であったり、特段の手間がかかる等の特別の事情も認めら
れないから、右管理会社に対して支払われるべき適正な管理料の額は、類似同業者
の管理料の賃料の額に対する割合（管理料割合）の平均値により算出した額を上回
るものでないとされた

| 判決等年月日<br>TAINS コード | 管理方式 | 適用条文 | 争われた<br>管理料率 | 認定された<br>管理料率 |
|---|---|---|---|---|
| 大阪地裁平成19年 5 月31日判決<br>Z257-10721 | 転貸方式 | 所法157 | 約35% | 約 6 % |

　不動産賃貸料は、不動産の種類、構造、立地条件、築年数、需給関係等の個別事
情によって大きく異なり、その適正賃貸料を直接算定することが困難であるのに対
し、不動産管理会社の管理料は、各不動産の個性が捨象され、上記のような個別事
情に大きく左右されず、また、各駐車場の管理業務の内容も大きな違いはないため
一般的経済取引の相場を反映したものであるから、管理料ないし管理料割合自体
は、合理的かつ正確に算定しやすいこと（中略）が認められ、これらによれば、管
理委託方式を基にした算定方法には合理性があるのみならず、これを採用する必要
性もあるというべきである。

## (5)　青色事業専従者給与

　個人が営む不動産賃貸業が事業的規模に該当する場合で、生計を一にし
ている配偶者その他の親族が納税者の不動産賃貸に係る事業に従事してい
る場合に、納税者がこれらの人に給与を支払うことがあります。

　これらの給与は原則として必要経費にはなりません（所法56）。ただ

160

1　個人が居住用不動産を賃貸の用に供している場合

し、青色申告者の場合には、一定の要件の下に実際に支払った給与の額を
必要経費とする青色事業専従者給与の特例が、白色申告者の場合には、事
業に専ら従事する家族従業員の数、配偶者かその他の親族かの別、所得金
額に応じて計算される金額を必要経費とみなす事業専従者控除の特例が認
められています。

　なお、青色申告者の事業専従者として給与の支払いを受ける人又は白色
申告者の専従者である人は、控除対象配偶者か扶養親族にはなれません。

① **青色事業専従者給与の特例**

　　青色事業専従者とは、次の要件のいずれにも該当する人をいい、青色
　事業専従者に実際に支払われた給与のうち、所轄税務署長に届出された
　金額の範囲内で適正額に相当する金額が必要経費に算入されます。

　イ　青色申告者と生計を一にする配偶者その他の親族であること

　ロ　その年の12月31日現在で年齢が15歳以上であること

　ハ　その年を通じて6月を超える期間（注）、その青色申告者の営む事業
　　に専ら従事していること。ただし、一定の場合には、事業に従事する
　　ことができる期間の2分の1を超える期間、その青色申告者の営む事
　　業に専ら従事していることで足ります。

　（注）　次のいずれかに該当する者である場合には、その期間は事業に専ら
　　　従事する期間には含まれないものとされます（所令165②）。
　　　a　いわゆる学生又は生徒である者（夜間において授業を受ける者で
　　　　昼間を主とする当該事業に従事するもの、昼間において授業を受け
　　　　る者で夜間を主とする当該事業に従事するもの等で、事業に専ら従
　　　　事することが妨げられないと認められる者を除きます。）
　　　b　他に職業を有する者（その職業に従事する時間が短い者その他当
　　　　該事業に専ら従事することが妨げられないと認められる者を除きま
　　　　す。）
　　　c　老衰その他心身の障害により事業に従事する能力が著しく阻害さ

*161*

第3章　居住用財産の賃貸に係る税務

　　　　れている者

② 「青色事業専従者給与に関する届出書」

　　青色事業専従者給与を支給する場合には、「青色事業専従者給与に関する届出書」を納税地の所轄税務署長に提出する必要があります。提出期限は、原則として、青色事業専従者給与を必要経費に算入しようとする年の3月15日までです。ただし、その年の1月16日以後新たに事業を開始した場合や、新たに専従者がいることとなった場合には、その開始した日や専従者がいることとなった日から2か月以内が提出期限となります。

　　専従者が増える場合や、給与を増額する場合など、届出の内容を変更するためには、「青色事業専従者給与に関する変更届出書」を遅滞なく納税地の所轄税務署長に提出する必要があります。

　　必要経費に算入される青色事業専従者給与の額は、届出書に記載されている方法により支払われ、その記載されている金額の範囲内のものに限られます。また、労務の対価として相当であると認められる範囲に限られ、過大とされる部分は必要経費に算入されません。

③ 事業専従者控除の特例

　　白色事業専従者控除を受けるための要件は、白色申告者の営む事業に事業専従者がおり、確定申告書にこの控除を受ける旨やその金額など、必要な事項を記載することが必要となります。

　　事業専従者とは、白色申告者と生計を一にする配偶者その他の親族であり、その年12月31日現在で年齢が15歳以上であること、その年を通じて6月を超える期間、その白色申告者の営む事業に専ら従事していることが要件となります。

事業専従者控除額は、次のイ又はロの金額のどちらか低い金額です。

162

1　個人が居住用不動産を賃貸の用に供している場合

イ　事業専従者が事業主の配偶者の場合には86万円、配偶者でない場合
は専従者1人につき50万円

ロ　この控除をする前の事業所得等の金額を専従者の数に1を足した数
で割った金額

④　青色事業専従者の該当性が争われた裁判例等

青色事業専従者給与について争われた事例として次の裁判例等があり
ます。これらはいずれも納税者の営む事業に従事する者か否かの観点か
ら、青色事業専従者の該当性について争われたものです。

■青色事業専従者の該当性が争われた主な事例

| 判決等年月日<br>TAINS コード | 争われた内容 | 納税者の主張 | 判断のポイント |
|---|---|---|---|
| 東京地裁<br>平成28年9月30日判決<br>Z888-2030 | 青色事業専従者該当性 | 否認 | 原告の妻乙は、いずれも1年の売上高が1,000万円を優に超える規模の関連会社において、代表取締役又は取締役として業務に従事しており、その役員報酬の合計額は、甲税理士事務所に係る給与の額をはるかに超えるものというべきであり、このうち、A社についてみても、乙は代表取締役であるとともに宅地建物取引主任者の地位にあったものであり、その報酬を確定申告しているのであるから、自ら業務に見合った報酬を得ていることを自認しているものというべきであるのに対し、原告及び乙の供述等によれば、上記のような報酬額に見合う業務は、およそしていないことになるのであって、かかる原告及び乙の供述等には、これを合理的に裏付けるものがないというほかない。 |

163

第 3 章　居住用財産の賃貸に係る税務

| | | | |
|---|---|---|---|
| 千葉地裁<br>平成22年 2 月26<br>日判決<br>Z260-11389 | 青色事<br>業専従<br>者該当<br>性 | 否認 | ①　原告の妻は、日常の生活を基本的には専業主婦として過ごしており、週末に法律事務所に行き同事務所の作業環境整備を行っていたとしても、これをもって原告の弁護士業務に従事していると評価できるものではなく、自宅における経理の仕事については、原告の指示を受けて、家計簿を作成するが如く家計の管理業務を行う一環として行っていたものにすぎない実態であったと推認するのが相当である。<br>②　原告の自宅業務の補助については比較的多岐にわたるが、総じてその業務量はさほど多くはなかったものと推認され、さらに、原告の業務の内容が、専門的な知識と経験が必要である経営コンサルタント、事業再生及び企業の訴訟等であったことからすると、原告が、自宅で行っていた訴訟の書面の作成等の業務は、他の者が代替して行うことは困難であり、その余の文書の整理等に相当な時間がかかるとは考えがたい。そうすると、妻がその補充業務を相当程度行っていたと認めるには足りないというべきである。 |
| 富山地裁<br>平成22年 2 月10<br>日判決<br>Z260-11376 | 青色事<br>業専従<br>者該当<br>性 | 否認 | 乙が原告の事業に専ら従事していたことを認めるに足りる証拠はないから、乙が青色事業専従者に該当するとは認められない。 |
| 平成28年 1 月21<br>日裁決<br>F0-1-603 | 青色事<br>業専従<br>者該当<br>性 | 否認 | ①　所得税法57条及び所得税法施行令165条 1 項及び 2 項 2 号の規定からすれば、青色申告事業者と生計を一にする他に職業のない親族が当該青色申告事業者の営む事業に従事したとしても、臨時的、一時的に従事したにすぎないと認められる場合は、当該事業に専ら従事したとはいえないと解するのが相当である。<br>②　本件各年においては、不動産管理会社 B 社が、本件管理物件の主要な管理業務を実施していた上、配偶者乙が不動産賃貸業に実際に従事 |

164

1　個人が居住用不動産を賃貸の用に供している場合

| | | | した労務の内容は、いずれも簡易な事務又は判断にすぎず、1回当たりに要した時間も短時間で、これらを合わせたとしても、月に数回しかも数時間のみ従事していたものと認められる。そうすると、乙は不動産賃貸業に臨時的、一時的に従事していたにすぎず、乙が従事した全ての業務を併せ考慮したとしても、乙は不動産賃貸業に専ら従事したとはいえない。したがって、配偶者乙は、請求人の青色事業専従者に該当しない。 |
|---|---|---|---|

　上記の裁判例等からは、青色事業専従者に該当するか否かは、その者が従事する業務の内容を総合的に判断して決めることになりますが、他に職業がある者や労務の内容が他の従業員と比較しても簡易であり、従事する時間も短時間で一時的、臨時的な程度である者は、専ら事業に従事しているとは認められ難い傾向にあることが読み取れ、支給される給与に見合った従事状況であるかどうかについての検討が必要であることがわかります。

　これらの点に関する裁判例等の概要を次に掲げます。

■参考判決1　東京地裁平成28年9月30日判決（TAINS Z888-2104）

> (1)　事案の要旨
>
> 　本件は、税理士業を営む原告Xが、その妻乙に支払った青色事業専従者給与を必要経費に算入して申告したところ、所轄税務署長Yにより、妻は青色事業専従者に該当しないと認定された事例です。

*165*

第3章　居住用財産の賃貸に係る税務

(2)　事案の概要

　税理士業を営む原告は、乙を青色事業専従者とし給与の支給をしていましたが、乙は、Xの関連会社の代表取締役又は取締役としての業務にも従事し、給与の支給を受けていました。

　関連会社A社は、不動産の賃貸借・管理、その代理仲介に関する業務及び不動産の清掃業務等を行う法人であり、乙はA社において従業員が作成する報告書のチェックや取引銀行回り、通帳記帳、経費関係の支払いの指示・確認、新規・更新契約の都度の契約書チェック、シフト表チェック等を行っていました。

　関連会社B社は、経営コンサルタント業務、都市開発・土地開発に関する設計、建築公示請負などを行う法人で、乙は、会社の取引先である銀行回り、通帳記帳指示・確認、毎日の入出金記帳指示・確認等を行っていました。

　関連会社C社は、建築コンサルタント業務、不動産の売買・交換・貸借・管理及びその代理仲介に関する業務等を行う法人であり、乙は、同じく会社の取引先である銀行回り、通帳記帳指示、毎日の入出金記帳指示、所有物件・車の点検等を行っていました。

　乙が各関連会社から支給を受ける給与の額は、総額で1,000万円近くとなっていました。

　Xは、乙が従事する各関連会社の業務はいずれも短時間であることなどから、所得税法施行令第165条第2項に規定する「他に職業を有する者」には該当しないなどの主張を展開しました。

(3)　裁判所の判断

　裁判所は、Xの主張に対して、乙は、いずれも年間の売上高が

1　個人が居住用不動産を賃貸の用に供している場合

1,000万円を優に超える規模の関連会社において、代表取締役又は取締役として業務に従事しており、その役員報酬の合計額は、青色事業専従者給与額をはるかに超えていること、聴取書の内容を踏まえると、乙の関連会社の業務は、特に代表取締役を務めるＡ社を中心に相応の業務量があったものというべきであり、乙は、関連会社とＸの営む税理士事務所の事業に係る業務とを主として自宅又は事務所において行っていたことになるから、各業務の性質、内容、従事する態様等に照らし、乙の関連会社の業務について、Ｘの事業に専ら従事することが妨げられないものであったとまでは認め難いとして、乙は青色事業専従者に該当しないという判断をしています。

　なお、本判決の控訴審（東京高裁平成29年4月13日判決　TAINS Z888-2104）でも、控訴人である納税者の主張は採用されず、原審が維持され、控訴が棄却されています。

■参考判決2　千葉地裁平成22年2月26日判決（TAINS Z260-11389）

(1)　事案の要旨

　弁護士業を営む原告Ｘが、その妻乙を青色事業専従者として給与の支払いを行い、これを必要経費に算入していましたが、所轄税務署長Ｙにより、乙は青色事業専従者には該当しないとして否認され、これが争われた事案です。

(2)　事案の概要

　Ｘは、乙の業務について、弁護士業を営むＸがその業務を自宅で行う際に乙はその補充業務を行っていたと主張し、週末に行うＸの

167

第3章　居住用財産の賃貸に係る税務

事務所の環境整備のほか、自宅においてＸの個人経費（租税公課、借入金利子、水道光熱費、事務用消耗品費、通信費、接待交際費等）について集計し、用紙に貼付するなどするほか、Ｘが作成した文書の印字、Ｘの指示に基づく目録の粗打ちや文書や資料の整理、インターネットによる検索等をしていたなど、乙が青色事業専従者に該当すると主張していました。

(3)　裁判所の判断

　裁判所は、乙は、日常の生活を基本的には専業主婦として過ごしており、Ｘの主張する乙の業務については、いずれも弁護士の妻として行う程度のものに過ぎず、総じてさほど業務量が多いものはないと推認されるとして、Ｘの主張を退け、乙は青色事業専従者には該当しないと判断しています。

⑤　**青色事業専従者給与の適正額が争われた裁判例等**

　青色事業専従者給与の取扱いでは、青色事業専従者の該当性の他に、その支給する給与の適正額についても問題となります。

　青色事業専従者給与の適正額については、労務に従事した期間、労務の性質及びその提供の程度、他の使用人が受ける給与の状況、同種同規模事業に従事する者の給与の状況、その事業の種類、規模及びその収益の状況などを総合的に勘案して労務の対価として相当であると認められるものとなります。

　青色事業専従者給与の適正額について争われた主な裁判例等は、次のとおりです。

*168*

1 個人が居住用不動産を賃貸の用に供している場合

## ■青色事業専従者給与の適正額が争われた事例

| 判決等年月日<br>TAINS コード | 争われた内容 | 納税者の主張 | 判断のポイント |
|---|---|---|---|
| 鳥取地裁<br>平成27年12月18日判決<br>Z265-12775 | 適正額 | 一部認容 | （被告税務署長）が類似同業者比準方式に基づいて算出した平均値は、（青色事業専従者）乙の労務の性質及び提供の程度について、過度の抽象化に至っているとの批判を免れないというべきであるから、当該平均値をもって乙の労務の対価との対価関係が明確な部分の上限となり、これを超える部分が直ちに必要経費ではなくなるということにはならないというべきである。<br>　そして、青色事業専従者ごとの差異を完全に捨象することが相当ではないことのほか、労務の対価としての相当な額がいかなるものであるかについてはその評価に一定の幅があり得ることに加え、労務の性質が、管理職としての性質を帯びる場合、そうでない場合と比して給与額は高くなるのが通常であることからすると、乙の労務の対価の相当性を判断するにあたっては、類似同業者の青色事業専従者給与のうち、上位半分の平均額と比較するのが相当であると考える。 |
| 広島高裁<br>平成25年10月23日判決<br>Z263-12318 | 適正額 | 否認 | ① 乙（青色事業専従者）の労務の程度については、使用人を含めて被控訴人の事業に従事した者の従事時間数を正確に記録したものは存在しないから、客観的な証拠によって具体的に認定できるものではない。そうすると、乙の労務の性質が基本的に使用人と同等であったとしても、使用人との労務提供の程度の差異が明確でない以上、使用人との比較によって乙の労務の対価として相当な額を認定することは、適当でないと認められる。<br>② 控訴人（税務署長）が採用した類似同業者給与比準方式は合理的でかつ信用できるものであ |

*169*

| | | | |
|---|---|---|---|
| | | | り、それによって導かれた本件各年分の類似同業者の配偶者に係る青色事業専従者給与平均額は、税理士業務の補助として被控訴人の事業に従事する配偶者たる乙の給与の額として相当であると認められるから、本件各年分における乙の労務の対価として相当な額は、同平均額である平成16年分が571万6,356円、平成17年分が545万462円、平成18年分が525万5,915円と同額と認定することが相当である。そうすると、被控訴人が乙に支給した専従者給与のうち、それぞれ同額を超える部分は、被控訴人の事業所得の金額の計算上、必要経費としては算入できない金額となる。 |
| 名古屋地裁平成13年5月30日判決Z250-8910 | 適正額 | 否認 | ① 医師である納税者は、三女に対し、診療所において一般事務に従事した報酬として青色専従者給与を支給しているが、適正な給与額の決定に影響を与える諸事情が明らかでなく、三女が他のアルバイトを開始後、かえって支給額が増加しているなどの事実を考慮すると、給与額は、提供された労務の実態を反映したものではなく、課税庁が適正な給与額を、類似同業者との比準により推計したことはやむを得ないというべきである。<br>② 診療所を営む納税者が、三女に対して支払った青色専従者給与について、県下の税務署管内の類似業者の11名乃至18名の専従者給与の平均額に、三女の勤務した日の割合を乗じた金額をもって適正専従者給与額を推計したことには合理性がある。 |
| 平成25年5月29日裁決J91－2－03 | 適正額 | 否認 | ① 適正給与相当額として認められるためには、所得税法施行令第164条《青色事業専従者給与の判定基準等》第1項に規定する①労務に従事した期間、労務の性質及びその提供の程度、②その事業に従事する他の使用人が支払を受ける給与の状況及びその事業と同種の事業でその規模 |

1　個人が居住用不動産を賃貸の用に供している場合

| | | | |
|---|---|---|---|
| | | | が類似するものに従事する者が支払を受ける給与の状況、③その事業の種類及び規模並びにその収益の状況の３つの要素を総合勘案して、青色事業専従者の労務の対価として相当であると客観的に認識できるものでなければならない。<br>②　本件各青色専従者給与額は、妻Mの適正給与相当額とは認められないところ、妻Mの適正給与相当額については、使用人給与比準方式及び類似同業専従者給与比準方式により算定した各給与の金額のいずれか高い金額とするのが相当である。そして、本件各年において、いずれも使用人給与比準方式で算定した給与の金額が、類似同業専従者給与比準方式で算定した給与の金額よりも高い金額となるから、妻Mの適正給与相当額は、平成20年が6,202,960円、平成21年が6,260,760円、平成22年が6,071,040円となる。 |
| 平成22年2月18日裁決<br>F0－1－349 | 適正額 | 否認 | ①　労務の対価として相当であると認められる金額は、客観的に認識できるものでなければならないと解されるところ、請求人は、本件専従者給与額の全額が労務の対価として相当であると客観的に認識できる程度に主張、立証をしなかった。また、労務の対価としての相当性を判断する上で、勤続年数、勤務実態、従事内容等の点において、妻の比準対象として適切な使用人（医師の資格を有する者）は、請求人が雇用する使用人の中には認められない。<br>②　そこで、当審判所は、労務の対価として相当な青色事業専従者の給与の金額を判定する方法として、請求人と立地条件等を同じくする同規模の医業を営む者（類似同業者）に、医師として従事する青色事業専従者及び使用人の平均給与の金額を採用する。<br>③　本件専従者給与額のうち、妻の労務の対価として相当な金額（類似同業者の平均給与額）を超える部分の金額は、請求人における青色事業専従者 |

171

第3章　居住用財産の賃貸に係る税務

| | | | の給与の金額として相当であるとは認められないことから、本件各年分の事業所得の金額の計算上、必要経費に算入することはできない。 |

　これらの判決等の傾向として、労務に従事した期間、労務の性質及び労務の提供の程度などは、他の使用人の程度と比較して検討することが多いようです。また、同種同規模事業に従事する者の給与の状況、その事業の種類、規模及びその収益の状況などについては、いわゆる「倍半基準」（収入規模が2分の1以上2倍以下）などに基づき同地域の同業種を中心に抽出され、比較されます。

　これらの点に関する判例等の概要を、次に掲げます。

■参考判決1　平成27年4月13日裁決（TAINS J99-2-07）

(1)　事案の要旨

　医師として複数の病院に勤務するとともに、自ら診療所を運営する請求人の所得税について、請求人が事業所得の金額の計算上、必要経費に算入した青色事業専従者給与の金額について、原処分庁がこれを否認する更正処分等を行ったところ、請求人がその取消しを求めた事案です。

(2)　事案の概要

　請求人は、税務署に提出した青色事業専従者給与に関する届出に基づき、その配偶者に給与を支給していました。

　しかしながら、原処分行は、請求人の支給する青色事業専従者給与額は、請求人の事業の粗利益を上回り、かつ、事業収入の半分以上を

*172*

占めていたことなどから、青色事業専従者給与が事業収入から支払われていないことや、事業の状況に照らして相当でないことを理由として、請求人が支給した青色事業専従者給与額の必要経費算入を認めませんでした。

これに対し、請求人は、青色事業専従者給与の規定は、事業収入から支払われることを前提としないことや、その適正額は、請求人の事業の状況に照らすのではなく、従事している労務に対して相応しいかどうかにより判断されるべきであると主張しました。

(3) 審判所の判断

審判所は、青色事業専従者給与について、「所得税法第57条は、事業収入以外から事業に流入した資金により青色事業専従者給与が支払われた場合に、当該支払いを必要経費に算入することを認めない旨を規定したものと解するのは相当ではない」として、原処分庁の主張を退けています。

次に、審判所は、青色事業専従者給与の金額について、所得税法第57条の規定の解釈に基づき、労務に従事した期間、労務の性質及びその提供の程度、その事業に従事する他の使用人が支払いを受ける給与の状況、類似同業者に従事する者が支払いを受ける給与の状況について検討しています。

類似同業者に従事する者が支払いを受ける給与については、審判所において次の条件で抽出しています。

① 本件各年分において、内科又は○○科の病院又は診療所を営む個人であること（各年分の中途において、開廃業、休業又は業態変更をした個人、各年分の期間が12か月に満たない個人を除く。）

第3章　居住用財産の賃貸に係る税務

② 本件各年分において、所得税法第143条に規定する承認を受けて
おり、所得税青色申告決算書を提出している者であること

③ 本件各年分において、内科又は○○科に係る事業所得の総収入金
額が本件事業に係る事業所得の総収入金額の2分の1以上2倍以下
の範囲内（いわゆる倍半基準の範囲内）である者であること

④ 医師、看護師、保健師又は薬剤師の資格を有していない青色事業
専従者又は使用人を有していること

⑤ 本件各年分の年間を通じて給与を支払っているということ


　審判所は、こうした基準で抽出された類似同業者の青色事業専従者
及び使用人が支払いを受ける給与の平均額をもって認定するのが相当
であるとして、その範囲内において、青色事業専従者給与の必要経費
算入を認め、原処分庁の処分を一部取り消しました。


■参考判決2　広島高裁　平成25年10月23日判決（TAINS Z263-12318）

(1)　事案の要旨

　税理士業を営む納税者Ｘが、その妻乙に対して支給した青色事業
専従者給与について、所轄税務署長Ｙにより、その労務の対価とし
て相当であると認められる金額を超える部分の金額について、更正処
分を受けた事案です。

　原審（広島地裁平成24年6月22日判決　TAINS Z262-11975）では、青
色事業専従者給与の適正額について、Ｘの主張が一部受け入れられ
ましたが、これを不服としてＹが控訴した事案となります。

1　個人が居住用不動産を賃貸の用に供している場合

## (2)　事案の概要

　原審判決では、乙の青色事業専従者給与が、原告の事業所得の金額とほぼ等しいか、それに近いものとなっていることが、乙の労務の質、量に照らし、不相応でないかとの疑義が生じるものの、原告事務所の顧問先の約5分の2に関与し、特に業務が困難な医療法人等の会計業務等を一人で行ってきたことなどを併せて考慮すれば、「乙の労務の対価として相当と認められる金額は、原告事務所の事業所得の金額の5分の2、すなわち、原告の事業所得金額と乙の専従者給与額が3対2の割合になるものと評価することに合理性を有すると認められる」として、Yが採用した類似同業者給与比準方式に基づいて把握した金額は、その抽出基準が、乙の経歴及び専門性、経営への深い関与を前提とするものとなっていないことから採用しませんでした。

　Yは、これを不服として控訴しました。

## (3)　裁判所の判断

　控訴審では、乙の労務に従事していた時間は、「本件各使用人とは質的に異なるといえるほどに長時間ではなかった」と認定し、また、労務の性質についても、「税理士業務の補助であって、基本的に本件各使用人と異なるものではない」と認定しました。結果として、「乙の労務の実態は、本質的に税理士業務の補助として、本件各使用人のそれと同様、同等であって、大きな差異はなかった」と判示し、上記認定から、乙に支給された青色事業専従者給与については、「高額に過ぎて不相当であるといわざるを得ない」と判断しています。
次に、青色事業専従者給与としての相当性については、乙の労務の提供の程度と他の使用人のそれとの差異が明確でないことから、使用人

175

給与比準方式による認定も適当でないことから、類似同業者給与比準方式による認定を相当とし、Xの主張を退け、原審判決を取り消しました。

　控訴審を不服としたXの上告は棄却され、結審しています（最高裁平成27年2月13日判決　TAINS Z265-12604）。

### (6)　届出書等の提出

　個人が、新たに不動産の貸付けを始めたときは、次のような主な届出書や申請書のうち、該当するものを納税地の所轄税務署長に提出する必要があります。

① 「個人事業の開業・廃業届出書」（所法229）

　事業的規模の不動産貸付けを開始したときは、開業の日から1か月以内に「個人事業の開業・廃業等届出書」を提出することが必要です。

② 「所得税の青色申告承認申請書」（所法143）

　不動産の貸付けを始めた年分から青色申告をしようとする場合には、開業の日から2か月以内（その年の1月15日以前に開業した場合は3月15日まで）に「所得税の青色申告承認申請書」を提出して承認を受ける必要があります。

③ 「青色事業専従者給与に関する届出書」（所法57）

　不動産貸付けを事業的規模で営んでいる者が、その貸付業に専ら従事する親族のうち一定の者に給与を支払うこととした場合には、青色申告の承認申請のほかに、青色事業専従者給与額を必要経費に算入しようとする年の3月15日までに「青色事業専従者給与に関する届出書」も提出する必要があります。

1　個人が居住用不動産を賃貸の用に供している場合

　なお、その年の１月16日以後に開業した人や新たに専従者がいること
となった者は、その開業の日や専従者がいることとなった日から２か月
以内に提出する必要があります。

④　「所得税の減価償却資産の償却方法の届出書」（所法49）

　減価償却資産の償却方法を選定する者は、「減価償却資産の償却方法
の届出書」を提出しなければなりません。

　提出期限は、開業した年の翌年３月15日までです。この届出をしない
場合は法定の償却方法になります。法定の償却方法は、一般的には旧定
額法又は定額法です。

　なお、平成10年４月１日以後に取得（譲渡に限らず、相続・遺贈又は贈
与により取得した場合も含みます。）した建物については、旧定額法又は
定額法のみとなり、旧定率法又は定率法を選択することはできません。

■業務を開始した場合等の主な届出書・申請書の一覧

| 税目 | 届出書等 | 内　容 | 提出期限等 |
|---|---|---|---|
| 所得税 | 個人事業の開廃業等届出書 | ①事業を開始した場合<br>②事業所等を開設等した場合 | 事業開始等の日から１か月以内 |
| | 所得税の青色申告承認申請書 | 青色申告の承認を受ける場合（青色申告の場合には各種の特典があります。） | 原則、承認を受けようとする年の３月15日まで（その年の１月16日以後に開業した場合には、開業の日から２か月以内） |
| | 青色事業専従者給与に関する届出書 | 青色事業専従者給与額を必要経費に算入する場合 | 青色事業専従者給与額を必要経費に算入しようとする年の３月15日まで（その年の１月16日以後開業した場合や新た |

177

第3章　居住用財産の賃貸に係る税務

| | | | に事業専従者を有することとなった場合には、その日から2か月以内） |
|---|---|---|---|
| 所得税 | 所得税・消費税の納税地の変更に関する届出書 | 住所地に代えて事業所等の所在地等を納税地とする場合（それぞれの税務署に提出します。） | 随時（提出した日後における納税地は事業所等の所在地になります。） |
| | 所得税の棚卸資産の評価方法・減価償却資産の償却方法の届出書 | 棚卸資産の評価方法及び減価償却資産の償却方法を選定する場合 | 〈棚卸資産〉①事業を開始した場合②事業を開始した後、新たに他の種類の事業を開始した場合又は事業の種類を変更した場合〈減価償却資産〉③事業を開始した場合④既に取得している減価償却資産と異なる種類の減価償却資産を取得した場合⑤従来の償却方法と異なる償却方法を選定する事業所を設けた場合①から⑤までの事由が生じた日の属する年分の確定申告期限まで |
| 源泉所得税 | 給与支払事務所等の開設・移転・廃止届出書 | 給与等の支払を行う事務所等を開設した場合（「個人事業の開廃業等届出書」を提出する場合を除きます。） | 開設の日から1か月以内 |
| | 源泉所得税の納期の特例の承認に関する申請書 | 給与の支給人員が常時10人未満である給与等の支払者が、給与等から源泉徴収した所得税 | 随時（申請書を提出した月の翌月末までに通知がなければ、申請の翌々月の納付分からこの特例が適用されます。） |

178

1 個人が居住用不動産を賃貸の用に供している場合

| | | | |
|---|---|---|---|
| | | の納期について年2回にまとめて納付するという特例の適用を受ける場合 | |
| 消費税 | 消費税課税事業者選択届出書 | 免税事業者が課税事業者になることを選択する場合 | 選択しようとする課税期間が事業を開始した日の属する課税期間等である場合には、その適用を受けようとする課税期間中 |
| | 消費税課税期間特例選択届出書 | 課税期間の短縮を選択する場合 | 選択しようとする課税期間が事業を開始した日の属する課税期間等である場合には、その適用を受けようとする課税期間中 |
| | 消費税簡易課税制度選択届出書 | 簡易課税制度を選択する場合 | 選択しようとする課税期間が事業を開始した日の属する課税期間等である場合には、その適用を受けようとする課税期間中 |

## 6　不動産所得の留意点

### ⑴　不動産所得が赤字のときの他の所得との通算

　不動産所得の金額は、その年中の不動産所得に係る総収入金額から必要経費を差し引いて計算します。

　この結果、不動産所得の損失（赤字）の金額があるときは、他の所得の金額（黒字）と差引計算（損益通算）を行うことになっています（所法69）。

　ただし、不動産所得の金額の損失のうち、次に掲げる損失の金額は、損益通算の対象となりません。

*179*

第3章　居住用財産の賃貸に係る税務

①　別荘等のように主として趣味・娯楽・保養又は鑑賞の目的で所有する不動産の貸付けに係るもの（所令178）
②　不動産所得の金額の計算上必要経費に算入した土地等を取得するために要した負債の利子に相当する部分の金額（措法41の４）

(2)　**支払った立退料の取扱い**

　建物を賃貸している場合において、借家人に立ち退いてもらうため、立退料を支払うことがありますが、このような立退料の取扱いは次のようになります。

①　**賃貸用不動産を譲渡するために支出する立退料**

　　賃貸している建物やその敷地を譲渡するために支払う立退料は、譲渡に要した費用として譲渡所得の金額の計算上控除されます。

②　**上記①に該当しない立退料**

　　上記①に該当しない立退料で、不動産所得の基因となっていた建物の賃借人を立ち退かすために支払う立退料は、不動産所得の金額の計算上必要経費になります。

③　**賃貸用不動産を取得するために支出する立退料**

　　賃貸用不動産を取得する際に、その土地・建物等を使用していた者に支払う立退料は、建物等の取得費又は取得価額になります。

④　**建物を所有する借地人に支払う立退料**

　　敷地のみを賃貸し、建物の所有者が借地人である場合に、借地人に立ち退いてもらうための立退料は、通常、借地権の買戻しの対価となりますので土地の取得費になります。

*180*

## (3) 賃貸用マンションの修繕積立金の取扱い

賃貸用マンションを所有する個人が、管理規約に従い管理組合に対し支払った修繕積立金は、不動産所得の金額の計算上、次のように取り扱われます。

### ① 原則

修繕積立金は、マンションの共用部分について行う将来の大規模修繕等の費用の額に充てられるために長期間にわたって計画的に積み立てられるものであり、実際に修繕等が行われていない限りにおいては、具体的な給付をすべき原因となる事実が発生していないことから、原則的には、管理組合への支払期日の属する年分の必要経費には算入されず（所基通37-2）、実際に修繕等が行われ、その費用の額に充てられた部分の金額について、その修繕等が完了した日の属する年分の必要経費に算入されることになります。

### ② 一定の要件を満たす場合

しかしながら、修繕積立金は区分所有者となった時点で、管理組合へ義務的に納付しなければならないものであるとともに、管理規約において、納入した修繕積立金は、管理組合が解散しない限り区分所有者へ返還しないこととしているのが一般的です（マンション標準管理規約（単棟型）（国土交通省）第60条第5項）。

そこで、債務確定主義（所基通37-2）の見地も踏まえて、修繕積立金の支払がマンション標準管理規約に沿った適正な管理規約に従い、次の事実関係の下で行われている場合には、その修繕積立金について、その支払期日の属する年分の必要経費に算入しても差し支えないこととなっています。

第3章　居住用財産の賃貸に係る税務

イ　区分所有者となった者は、管理組合に対して修繕積立金の支払義務を負うことになること

ロ　管理組合は、支払いを受けた修繕積立金について、区分所有者への返還義務を有しないこと

ハ　修繕積立金は、将来の修繕等のためにのみ使用され、他へ流用されるものでないこと

ニ　修繕積立金の額は、長期修繕計画に基づき各区分所有者の共有持分に応じて、合理的な方法により算出されていること

　　したがって、賃貸用マンションを所有する個人が支払った修繕積立金については、原則として実際に修繕等が行われ、その修繕等が完了した日の属する年分の必要経費になりますが、上記イないしニのいずれの要件も満たす場合には、支払期日の属する年分の必要経費に算入することもできます。

## (4)　非業務用資産を業務の用に供した場合

### ①　非業務用資産を業務用資産に転用した場合の償却費の計算

　　非業務用の減価償却資産を業務用に転用した場合の転用後の償却費は、次のとおりとなります。

イ　昭和28年1月1日以後に取得した資産を転用した場合

　　転用の日における未償却残高を、その資産の当初の取得価額を基礎として法定耐用年数の1.5倍の年数により旧定額法に準じて計算し、償却費の計算を行います。

ロ　昭和27年12月31日以前に取得した資産を転用した場合

　　転用の日における未償却残高を、昭和28年1月1日における相続税

価額をもって同日に取得したものとみなして、上記①に準じて計算した未償却残高とし、償却費の計算を行います。

ハ　固定資産の取得価額に算入される借入金利子等

　　固定資産の取得のために借り入れた資金の利子のうち、その資金の借入の日から、その固定資産の使用開始の日（注）までの期間に対応する部分の金額は、その固定資産の取得価額に算入することになります。固定資産の取得の為に資金を借り入れる際に支出する公正証書作成費用、抵当権設定登記費用、借入の担保として締結した保険契約に基づき支払う保険料その他の費用で、その資金の借入れのために通常必要と認められるものについても同様です（所基通38-8）。

（注）　この場合の「使用開始の日」は、次により判定します。

　（ⅰ）　土地については、その使用の状況に応じ、それぞれ次に定める日によります。

　　　a　新たに建物、構築物等の敷地の用に供するものは、その建物、構築物等を居住の用、事業の用等に供した日

　　　b　既に建物、構築物等の存するものは、その建物、構築物等を居住の用、事業の用等に供した日（その当該建物、構築物等が当該土地の取得の日前からその者の居住の用、事業の用等に供されており、かつ、引き続きこれらの用に供されるものである場合においては、当該土地の取得の日）

　　　c　建物、構築物等の施設を要しないものは、そのものの本来の目的のための使用を開始した日（その土地がその取得の日前からその者において使用されているものである場合においては、その取得の日）

　（ⅱ）　建物、構築物並びに機械及び装置（次の(ⅲ)に掲げるものを除きます。）については、そのものの本来の目的のための使用を開始した日（その資産がその取得の日前からその者において使用されているものである場合においては、その取得の日）によります。

　（ⅲ）　書画、骨とう、美術工芸品などその資産の性質上取得の時が使用開

第3章　居住用財産の賃貸に係る税務

始の時であると認められる資産については、その取得の日によります。

② 具体的な計算例

［事例］

　平成15年10月20日に3,000万円で新築した自宅用の木造住宅（法定耐用年数22年（旧定額法償却率0.046））を、平成29年3月1日から貸付けの用に供した場合の、平成29年分の減価償却費の計算方法はどのようになりますか。

［解説］

　非業務用の減価償却資産を業務の用に供した場合において、その業務の用に供した後におけるその資産の償却費の額は、その資産の取得価額（取得に要した金額並びに設備費及び改良費の額の合計額）に、その資産の耐用年数に1.5を乗じて計算した年数（1年未満の端数がある場合は切り捨てます。）により旧定額法の方法で計算した金額を基に、その資産を取得した日から業務の用に供した日までの期間（1年未満の端数が生じた場合は、6か月以上は1年とし、6か月未満の端数は切り捨てます。）に係る年数を乗じた金額を取得価額から控除した金額を未償却残額として計算します（所令135）。

　具体的な減価償却費の計算は、次のとおりです。

イ　非業務用期間の耐用年数

　22年×1.5＝33年（1年未満の端数切捨て）（注1）

ロ　非業務用期間（旧定額法による）の償却費の累積額

　{3,000万円（取得費）－（3,000万円（残存価額）×10％）}

　× 0.031（耐用年数33年の旧定額法の償却率）× 13年（期間）

　＝10,881,000円（注2、3）

184

1　個人が居住用不動産を賃貸の用に供している場合

(注)１　非業務用期間は13年５か月ですが、６か月未満の端数は切り捨てるため、13年になります（所令85②）。

　　２　平成19年度改正において、平成19年４月１日以後に取得した減価償却資産は、減価償却費の計算における「償却可能限度額」及び「残存価額」が廃止され、また、法定の償却方法は定額法とされましたが、非業務用資産の減価の額の計算は、旧定額法によります（所令85、120の２）。

　　３　非業務用資産の減価の額に係る計算においては、所得税法施行令第134条第２項《減価償却費の償却累積額による償却費の特例》の適用はありません。

　　　また、減価の額の累積額が取得価額の95％に相当する金額に達した非業務用資産を業務の用に供した場合には、平成20年分以後の所得税から所得税法施行令第134条第２項の規定に従い、減価償却費を計算します（平成19年改正令附則12）。

## ハ　業務開始の時の未償却残額

　30,000,000円 − 10,881,000円 = 19,119,000円

## ニ　平成29年分の減価償却費の計算（旧定額法）(注)

　{3,000万円 − （3,000万円×10％）}

　×0.046×10/12 = 1,035,000円

　（平成29年末の未償却残額18,084,000円（19,119,000円 − 1,035,000円））

（注）　平成10年３月31日以前に取得した建物については、その償却方法は、旧定額法と旧定率法の選択が認められますが、本件の場合には、平成10年４月１日以後平成19年３月31日以前に取得しているため、旧定額法によります。

　　　なお、平成19年４月１日以後に取得した建物については、定額法によることになります。

*185*

第3章　居住用財産の賃貸に係る税務

## (5)　住宅の貸付けに係る消費税等の取扱い

### ①　住宅家賃の消費税法の取扱い

　消費税法上、住宅の貸付けに係る家賃収入は非課税となります（消法6）。ただし、契約において住宅用であることが明らかにされているものに限ります。

　家賃には、月決め等の家賃のほか、敷金、保証金、一時金等のうち、返還しない部分及び共同住宅における共用部分に係る費用を入居者が応文に負担する一定の共益費も含まれます（消基通6-13-9）。

　なお、事務所などの建物を貸し付ける場合の家賃は課税の対象となり、この場合、家賃を土地部分と建物部分とに区分している場合でも、その総額が建物の貸付けの対価として取り扱われます。

### ②　住宅の範囲

　住宅とは、人の居住の用に供する家屋又は家屋のうち人の居住の用に供する部分をいい、一戸建ての住宅のほか、マンション、アパート、社宅、寮、貸間等が含まれます。また、次に掲げるものはそれぞれの住宅の範囲に含まれます。

■住宅の貸付けの範囲（消基通6-13-1～5）

| 種類 | 住宅の貸付け範囲に含まれるもの |
|---|---|
| 通常住宅に付随して、又は住宅と一体となって貸し付けられる右記のようなもの | イ　庭、塀、給排水施設等住宅の一部と認められるもの<br>ロ　家具、じゅうたん、照明設備、冷暖房設備等の住宅の附属設備で住宅と一体となって貸し付けられるもの<br>**(注)** これらの設備を別の賃貸借の目的物として賃料を別に定めている場合は、課税されます。 |

1　個人が居住用不動産を賃貸の用に供している場合

| 駐車場等の施設 | イ　駐車場の貸付けは、次のいずれにも該当する場合、非課税となります。<br>　　a.　1戸当たり1台分以上の駐車スペースが確保されており、かつ、自動車の保有の有無にかかわらず割り当てられている等の場合<br>　　b.　家賃とは別に駐車場使用料等を収受していない場合<br>ロ　プール、アスレチック、温泉などの施設を備えた住宅については、居住者のみが使用でき、家賃とは別に利用料等を収受していない場合、非課税となります。 |
|---|---|
| 店舗等併設住宅 | 住宅部分のみが非課税とされますので、その家賃については住宅部分と店舗部分とを合理的に区分することとなります。 |

　なお、一の契約で非課税となる住宅の貸付けと課税となる役務の提供を約している場合には、この契約に係る対価の額を住宅の貸付けに係る対価の額と役務の提供に係る対価の額に合理的に区分する必要があります。有料老人ホーム、ケア付き住宅、食事付の貸間、食事付の寄宿舎等がこれに該当する場合があります。

③　住宅の貸付け

　住宅の貸付けの範囲は、その貸付けに係る契約において人の居住の用に供することが明らかにされているものに限られ、次に該当する場合は、住宅の貸付けには該当しません。

イ　貸付期間が1月未満の場合

ロ　旅館業法第2条第1項に規定する旅館業に係る施設の貸付けに該当する場合

　なお、事業者が自ら使用しないで社宅として従業員に転貸する場合であっても、契約において従業員等が居住の用に供することが明らかであれば非課税とされます（消基通6-13-6）。

　また、住宅として貸し付けられた建物について、契約当事者間で住

*187*

第3章　居住用財産の賃貸に係る税務

宅以外の用途に契約変更した場合には、契約変更後のその建物の貸付けは課税の対象となります（消基通6-13-8）。

④　**建物賃貸借契約の違約金等の取扱い**

イ　損害賠償金としての違約金

　　建物の賃貸人は建物の賃貸借の契約期間の終了以前に入居者から解約の申入れにより中途解約の違約金として数か月分の家賃相当額を受け取る場合があります。この違約金は、賃貸人が賃借人から中途解約されたことに伴い生じる逸失利益を補塡するために受け取るものですから、損害賠償金として課税の対象とはなりません。

ロ　原状回復費相当額に当たるもの

　　賃借人が立ち退く際に、賃貸人が賃借人から預っている保証金の中から原状回復工事に要した費用相当額を受け取る場合があります。賃借人には立退きに際して原状に回復する義務がありますので、賃借人に代わって賃貸人が原状回復工事を行うことは、賃貸人の賃借人に対する役務の提供に当たります。

　　したがって、賃貸人が受け取る工事費に相当する額は、賃貸人の賃借人に対する役務の提供の対価となりますので、課税の対象となります。

ハ　割増賃料に相当する物

　　賃貸借契約の契約期間終了後においても入居者が立ち退かない場合に、店舗及び事務所等の賃貸人がその入居者から規定の賃貸料以上の金額を受け取ることがあります。この場合に受け取る金額は、入居者が正当な権利なくして使用していることに対して受け取る割増し賃貸料の性格を有していますので、その全額が店舗及び事務所等の貸付けの対価として課税されることになります。

*188*

1　個人が居住用不動産を賃貸の用に供している場合

⑤　集合住宅の賃料又は共益費として収受するものの課税・非課税の判定

　　住宅の貸付けに係る契約により収受する賃料等の課非判定については、以下のとおりです。

| 「賃料」又は「共益費」の内容 | | 契約書上の表示例 | 課非区分 |
|---|---|---|---|
| 住宅貸付料 | | 「賃料」 | 非課税 |
| 共用部分の管理料 | | 「賃料には共用部分管理料を含む。」 | 非課税 |
| 駐車場料 | 車所有の有無にかかわらず1戸につき1台以上の駐車場が付属する場合 | ・「駐車場利用料を含む。」<br>・賃貸借物件に「駐車場」を記載。<br>・特に記載なし。 | 非課税 |
| | 上記以外の場合 | ・「駐車場利用料を含む。」<br>・賃貸借物件に「駐車場」を記載。<br>・特に記載なし。 | 駐車場料金を合理的に区分し課税 |
| プール・アスレチック・温泉等施設利用料 | 住人以外利用不可の場合 | ・「(プール等施設)利用料を含む。」賃貸借物件に施設名を記載。<br>・特に記載なし。 | 非課税 |
| | 住人以外利用可(有料)の場合 | 「(プール等施設)利用料を含む。」賃貸借物件に施設名を記載。 | 利用料金を合理的に区分し課税 |

189

第3章　居住用財産の賃貸に係る税務

| | | | |
|---|---|---|---|
| 家具・電気製品等使用料 | 入居者の選択の如何にかかわらず、あらかじめ一定の家具等を設置して賃貸している場合 | ・「（家具等）使用料を含む。」<br>・賃貸借物件に「家具」等と記載。<br>・特に記載なし。 | 非課税 |
| | 入居者の選択により家具等を設置している場合 | ・「（家具等）使用料を含む。」<br>・賃貸借物件に「家具」等と記載。<br>・特に記載なし。 | 家具等使用料を合理的に区分し課税 |
| 倉庫使用料<br>（同一敷地内に設置されるもの） | 入居者の選択にかかわらず、あらかじめ倉庫を設置している場合 | ・「倉庫使用料を含む。」<br>・賃貸借物件に「倉庫」と記載。<br>・特に記載なし。 | 非課税 |
| | 入居者の選択により倉庫を利用させている場合 | ・「倉庫使用料を含む。」<br>・賃貸借物件に「倉庫」と記載。<br>・特に記載なし。 | 倉庫使用料を合理的に区分し課税 |
| 空調施設利用料<br>（設置済みの冷暖房施設により各戸の冷暖房及び空調を行うマンションの場合。） | | ・「空調施設利用料を含む。」<br>・特に記載なし。 | 非課税 |
| 給湯施設利用料<br>（各戸の台所・浴室・洗面所に常時給湯サービスが可能な施設を有するマンションの場合（各戸の使用実績はとらない。）） | | ・「給湯施設利用料を含む。」<br>・特に記載なし。 | 非課税 |
| 電気・ガス・水道利用料<br>（各戸に対し電気・ガス・水道の供給サービスを行っているマンションの場合（各戸の使用実績はとらない。）） | | ・「（電気等）利用料を含む。」<br>・特に記載なし。 | 非課税 |

1　個人が居住用不動産を賃貸の用に供している場合

| 項目 | | 記載 | 課税区分 |
|---|---|---|---|
| 換気設備利用料<br>(設置済みの換気設備で各戸の強制換気を行うマンションの場合。) | | ・「換気設備利用料を含む。」<br>・特に記載なし。 | 非課税 |
| 衛星放送共同アンテナ使用料<br>(各戸に配線済みであるが、衛星放送受信のためには、各戸において別途 BS チューナーを設置し、個々に受信契約を締結する必要がある。) | | ・「衛星放送共同アンテナ使用料を含む。」<br>特に記載なし。 | 非課税 |
| CATV 利用料<br>(各戸に配線済みであり、通常のテレビ放送については、アンテナ端子に配線するだけで簡単に受信できるが、有線放送や衛星放送については、各戸において別途ケーブル・テレビジョン会社と契約する。) | | ・「CATV 利用料を含む。」<br>・特に記載なし。 | 非課税 |
| ハウスキーピング料 | 入居者の選択の如何にかかわらず、あらかじめハウスキーピング・サービスを付している場合 | ・「ハウスキーピング料を含む。」<br>・特に記載なし。 | 非課税 |
| | 入居者の選択によりハウスキーピング・サービスを付している場合 | ・「ハウスキーピング料を含む。」<br>・特に記載なし。 | ハウスキーピング料を合理的に区分し課税 |
| 管理料<br>(共用部分の清掃、メインテナンス等に係る費用) | | ・「管理料を含む。」<br>・特に記載なし。 | 非課税 |

191

第3章　居住用財産の賃貸に係る税務

| | | | |
|---|---|---|---|
| 警備料 | マンション全体の警備を行う場合 | ・「警備料を含む。」<br>・特に記載なし。 | 非課税 |
| | マンション全体の警備のほか、ホームコントロール盤により専用部分（各住宅）の防犯・防火等のチェックを行う場合 | ・「警備料を含む。」<br>・特に記載なし。 | 非課税 |
| ルーム・メインテナンス料<br>（居室内の施設・設備のトラブルについては、専門スタッフによる修理・点検を行う。） | | ・「ルーム・メインテナンス料を含む。」<br>・特に記載なし。 | 非課税 |
| フロント・サービス料<br>（メッセージ・サービス、荷物預かりサービス、荷物配送サービス、クリーニング取次ぎサービス等） | | ・「フロント・サービス料を含む。」<br>・特に記載なし。 | 非課税 |

○賃料とは別に次の名目で賃貸人が収受する金銭の取扱い

| 請求名目 | 請求名目の内容 | 課非区分 |
|---|---|---|
| 駐車場利用料 | ・車所有の有無にかかわらず1戸につき1台分以上の駐車場が付属する場合<br>・入居者の選択により賃借する場合 | 課税 |
| プール・アスレチック施設利用料 | ・プール・アスレチック施設利用料<br>・住人以外利用可 | 課税 |
| 家具・エアコン等使用料 | ・入居者の選択にかかわらず、あらかじめ設置している場合<br>・入居者の選択により家具等を設置している場合 | 課税 |
| 倉庫使用料 | ・入居者の選択にかかわらず、あらかじめ設置している場合<br>・入居者の選択により倉庫を利用させている場合 | 課税 |

1 個人が居住用不動産を賃貸の用に供している場合

| 衛星放送共同アンテナ使用料 | 各戸に配線済み。ただし、衛星放送受信のためには各戸において別途 BS チューナーを設置し、個々に受信契約を締結する必要がある。 | 非課税 |
|---|---|---|
| CATV 利用料 | 各戸に配線済み。ただし、通常のテレビ放送のほか有線放送や衛星放送については、各戸において別途ケーブル・テレビジョン会社と契約する必要がある。 | 非課税 |
| 空調施設利用料 | 専用・共用部分を含めた全館の空調施設利用料 | 非課税 |
| 給湯施設利用料<br>（各戸の台所・浴室・洗面所の給湯利用料） | ・各戸の使用実績を請求する場合<br>・一定額を請求する場合 | 課税 |
| 電気・ガス・水道使用料 | ・各戸の使用実績を請求する場合<br>・一定額を請求する場合 | 課税 |
| 管理料<br>（共用部分の管理料） | ・一戸当たり均一額を収受する場合<br>・実績を各戸の専有面積で按分計算する場合 | 非課税 |
| 警備料 | ・マンション全体の警備を行う場合<br>・マンション全体の警備のほか、ホームコントロール盤により専用部分（各住宅）の防犯・防火等のチェックを行う場合 | 非課税 |
| ハウスキーピング料 | ・定期的に全戸を対象に行う場合<br>・希望により実施することとしている場合 | 課税 |
| ルーム・メインテナンス料 | 居室内の施設・設備のトラブルについては、専門スタッフによる修理・点検を行う | 課税 |
| 修繕積立金 | 共用部分の修繕及び各戸の配管、配線、バルコニー等専用部分の修繕等に充てるため収受するもの | 非課税 |

**（注）** 契約書等において賃料の明細として「○○利用（使用）料××円を含む。」との表示がある場合の当該表示された金額は、「賃料とは別の名目で収受する金銭」に該当します。

（出典：国税庁ホームページを参考に作成）

193

第3章　居住用財産の賃貸に係る税務

# 2 個人所有の居住用不動産を法人へ譲渡した場合

## 1 賃貸不動産を法人へ譲渡した場合の税負担比較

　不動産所得の金額が大きく、所得税の税率が高い場合には、賃貸不動産を同族会社に移転し、不動産所得を法人税の課税所得に転換するなどして所得分散を検討することがあります。
　以下、事例により所得税等と法人税等の税負担を比較します。

［事例］
　法人Ａ（個人甲が100％保有するの同族会社）は、甲所有の賃貸住宅を適正時価である1億円で譲渡しました。
　譲渡した賃貸住宅の不動産所得は毎年2,000万円である場合、法人Ａに不動産を移転する前と後では、甲にどのような節税効果が生じるでしょうか。
　なお、甲の不動産所得以外の所得は、5,000万円であるとします。

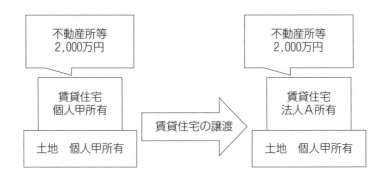

2　個人所有の居住用不動産を法人へ譲渡した場合

［解説］

　単純な税負担の比較は次のとおりとなります。

(1)　法人に資産を移転する前の不動産所得に対する所得税（復興特別所得税含みます。）及び個人住民税は次のようになります。

　2,000万円×55.945％≒1,119万円

(2)　法人に賃貸住宅を移転した後のその賃貸住宅に係る法人税の負担は次のようになります。

　2,000万円×30％（概算）＝600万円

(3)　(1)と(2)の比較により、法人に賃貸住宅を移転する前と後では、その賃貸住宅に係る所得に対する税負担について、次のような差異が生じ、税負担としては、法人税の方が有利という結果になります。

　(1)1,119万円－(2)600万円＝519万円


## 2　建物のみを法人へ譲渡した場合の借地権課税の取扱い

### (1)　借地権課税の取扱い（地主：個人、借地人：法人の場合）

　所有する賃貸不動産を、法人に移転する場合には、不動産取得税や登録免許税の負担軽減を考慮して、建物のみを移転するケースが多いものと考えられます。

　個人が所有する土地の上に、法人が建物を所有する場合には、借地権の設定に関する課税関係が生じることになります。

　一般的には、ほとんどのケースで建物のみを法人に移転し、権利金の授受は行わず、地代の賃貸借契約については固定資産税等の数倍に設定したうえで、「土地の無償返還に関する届出書」を提出する方法によるものと思われます。

*195*

第3章　居住用財産の賃貸に係る税務

## (2)　個人地主の課税関係

　借地権の課税関係において、地主が個人であり、借地人が法人の場合、権利金の授受に関する課税関係が問題となりますので、次に掲げる点について注意が必要です。

　なお、権利金の額は通常多額になることから、実務的には権利金の授受を行わない①のケースがほとんどであると考えられます。

### ①　権利金の授受がない場合

　所得税法第36条に定められている収入金額は、別段の定めがある場合を除いて、収入すべき金額として、現実に確定した金額と解されています。法人税法のように無償による資産の譲渡又は役務の提供を益金とする規定とは異なります。

　したがって、法人税法の場合と異なり、借地権の設定時において個人地主が無償又は低額の権利金により借地権等の設定を行ったとしても、収受すべき金額が現実にないのであれば、個人地主に対する借地権の課税関係は生じません。

### ②　権利金の授受がある場合

　権利金の授受を伴う借地権の設定の場合には、その収受すべき権利金の所得区分が問題となり、これについては次のように整理されています。

　イ　借地権の設定の対価として収受する金額が、その設定の対象となった土地の価額（その設定が建物若しくは構築物の一部の所有を目的とする場合には、その建物若しくは構築物の床面積により按分した該当部分の価額）の50％に相当する金額を超える場合…譲渡所得

　ロ　上記以外の場合…不動産所得

なお、土地の価額が明らかでない場合で、借地権の設定の対価として支払いを受ける金額が、その設定によって支払いを受ける地代の年額の20倍相当額以下である時は、その設定は資産の譲渡には該当しないものと推定されます（所令79③）。

### ③ 同族会社の行為計算の否認規定との関連

所得税法第59条第1項第2号では、法人に対して著しく低い価額の対価（譲渡時における時価の2分の1未満（所令169））により居住者の所有する譲渡所得の起因となる資産の移転があった場合には、その居住者の譲渡所得の金額の計算については、時価により譲渡があったものとみなして、譲渡所得を計算するものとして規定されています（いわゆる「みなし譲渡」。）。

個人地主が所有する土地に無償又は低額による借地権の設定が行われた場合に、このみなし譲渡の規定が適用されるか否かが問題となりますが、課税上、借地権の設定行為そのものは、土地の貸付けとして整理され、資産の譲渡には当たらないことから、所得税法上は借地権の設定行為に対してみなし譲渡の規定は適用されないこととなっています。

また、法人借地人に対して、時価の2分の1以上の金額により権利金の授受を伴う借地権の設定が行われた場合に、その借地人が同族会社であり、この設定行為を容認した場合にはその株主若しくは社員である納税者又はその者との特殊の関係のある一定の者の所得税の負担を不当に減少させる結果となると認められ、その譲渡が所得税法第157条（同族会社等の行為又は計算の否認）の規定に抵触する場合には、税務署長の職権により、時価による譲渡が行われたものとして取り扱われます（所基通59-3）。

第3章　居住用財産の賃貸に係る税務

## (3)　法人借地人の課税関係

借地権の課税関係において、借地人が法人の場合には権利金の授受に関する課税関係が問題となりますので、次に掲げる点について注意が必要です。

権利金の額は通常多額になることから、実務的には③のケースがほとんどであると考えられます。

### ①　権利金の授受がない場合

法人借地人に対する法人税の課税関係は、法人税法の規定により整理されます。法人税法では、借地権の設定に当たっては、通常権利金の授受を伴う取引慣行のある地域を前提にして種々の取扱いが定められています。

法人が借地権の設定の際に、通常権利金の授受を伴う取引慣行があるにも関わらず、その支払いを行わない場合には、借地権の贈与を受けたものとして、受贈益を認識することになります。

### ②　相当の地代を支払っている場合

①の場合において、法人借地人が権利金の支払いに代えて相当の地代の支払いをしている場合には、その取引は正常な取引条件によるものとして、権利金の認定課税は行われないこととなります（法令137）。

相当の地代は、土地の更地価額のおおむね年6％程度の金額として計算されます。

土地の更地価額とは、その土地の時価をいい、課税上弊害がない限り次の金額によることが認められています。

イ　その土地の近傍類地の公示価格等から合理的に算定した金額

ロ　財産評価基本通達により計算した土地の相続税評価額

ハ　ロによる相続税評価額の過去3年間の平均額

なお、相当の地代を授受することとしたときには、借地権設定に係る契約書において、その後の地代の改訂方法について、次のいずれかの方法によることを定め、「相当の地代の改訂方法に関する届出書」を借地人と連名で、法人の納税地の所轄税務署長に遅滞なく提出することが必要です（法基通13-1-8）。

イ　土地の値上がりに応じて、その収受する地代の額を相当の地代の額に改定する方法

ロ　イ以外の方法

### ③　土地の無償返還に関する届出書

借地権の設定に当たり、権利金の支払いもなく、相当の地代の支払いもない場合には、原則として権利金の認定課税が行われることになります（法基通13-1-3）。

しかしながら、一律に借地権の認定課税を行うことが適切ではないことも考えられることから、当事者間において、将来借地権の主張がなされないことがあらかじめ明確にされている場合には、課税実務上も、そのような事情を考慮して課税関係を整理することとされています。

すなわち、法人が借地権の設定等により他人に土地を使用させた場合に、これにより収受する地代の額が、相当の地代に満たない場合であっても、その借地権の設定等に係る契約書において、将来借地人等がその土地を無償で返還することが定められており、かつ、その旨を借地人等の連名の書面により遅滞なくその法人の納税地の所轄税務署著に届け出た時は、その借地権の設定等をした日の属する事業年度以後の各事業年度において、実際に授受する地代の額と相当の地代との額との差額につき、認定課税をするにとどめ（地代の認定課税）、権利金の認定課税は見合わせることとなっています（法基通13-1-7）。ただし、法人借地人に

第3章　居住用財産の賃貸に係る税務

とっては、差額地代と受贈益については、相殺関係となることから、結果的に地代の認定課税によっても課税は生じないと解されます。

なお、この取扱いは、使用貸借による土地の使用による場合でも、同様となります。

## 3　相続財産の比較

### ⑴　土地の評価方法

個人所有の不動産を法人に移転した場合には、その土地の相続税評価額の変動にも注意が必要です。

個人が所有する敷地の上に賃貸住宅を建て、入居者が入居している場合、その土地の相続税評価額は貸家建付地による評価となります。貸家建付地の評価額は次のとおり計算します。

> 貸家建付地の評価額
> 　＝自用地価額×（1－借地権割合×借家権割合×賃貸割合）

また、個人が所有する土地の上にその個人が同族関係者となっている同族会社の所有する建物がある場合には、その土地は貸宅地として評価することになります。貸宅地の評価額は次のとおり計算します。

> 貸宅地の評価額
> 　＝自用地価額×（1－借地権割合）

ただし、一般的には、個人所有の不動産を同族会社に移転した場合には、借地権の課税関係を見合わせるために無償返還方式によることが考えられます。無償返還方式による地代の支払いは通常の賃貸借契約の場合、相当の地代方式の場合及び使用貸借方式の場合が考えられますが、それぞ

れの場合によってその土地の評価方法が異なります。

　実務的には、同族会社に建物を移転した場合には「土地の無償返還に関する届出書」を提出し、借地権の認定課税を見合わせるとともに、通常の地代相当額での賃貸借契約を締結することが多いと考えられ、通常の賃貸借契約のケースでの検討が中心になるものと思われます

① **通常の賃貸借契約の場合又は相当の地代方式の場合**

　　被相続人が所有する土地にその被相続人が同族関係者となっている同族会社の建物があり、借地権の課税関係について「土地の無償返還に関する届出書」が提出されている場合で、通常の賃貸借契約により地代が支払われている場合、又は、相当の地代方式により地代が支払われている場合には、借地権割合を20％とする貸宅地としてその土地の評価額を計算します。

　　この場合には、借地権相当額とされる20％部分を、同族会社の株式の評価額の算定上、純資産価額に算入することで、法人と個人とを通じてその土地の価額を顕現することになります。

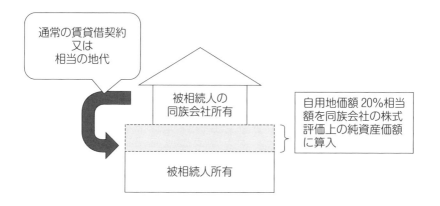

② 使用貸借方式の場合

　無償返還方式が採用され、その貸借が使用貸借である場合のその貸宅地の評価額は、自用地価額により評価することになります。

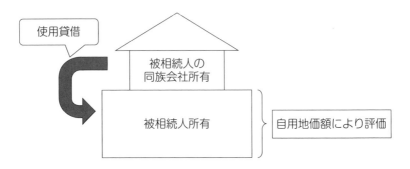

### (2) 土地の賃貸借関係の違いによる相続税評価額の比較

［事例］

　個人甲は、同族会社であるA社に、所有する建物のみを譲渡することを検討しています。この場合において、土地建物の貸借の状況が次の①～④のそれぞれの場合において、個人甲が所有する土地の相続時の評価額に与える影響を教えてください。

①　建物を譲渡しない場合
②　建物を譲渡し、土地の貸借関係は通常の賃貸借契約による場合
③　建物を譲渡し、土地の貸借関係は相当の地代による場合
④　建物を譲渡し、土地の貸借関係は使用貸借による場合

　なお、土地の自用地評価額は2億円で、借地権割合70％、借家権割合30％、賃貸割合は100％であるものとします。また、建物を譲渡する場合には「土地の無償返還に関する届出書」を提出するものとします。

2　個人所有の居住用不動産を法人へ譲渡した場合

［回答］

　①の場合、土地の評価は貸家建付地となり、評価額は、１億5,800万円となります。

　②、③の場合、土地の評価は貸宅地となり、評価額は１億6,000万円となります。ただし、Ａ社の株式の評価額の計算上、4,000万円相当の借地権が純資産価額に算入されます。

　④の場合、土地の評価は自用地となり、評価額は２億円となります


［解説］

　①の場合は、土地の評価額は貸家建付地となりますので、土地（貸家建付地）の評価額は１億5,800万円となります。

　※計算式

　　自用地評価額２億円×（１－借地権割合70％×借家権割合30％×賃貸割合100％）＝１億5,800万円


　②、③の場合には、土地の評価は貸宅地として計算することになりますが、「土地の無償返還に関する届出書」が提出されており、通常の賃貸借契約若しくは相当の地代による貸借関係とのことですので、借地権割合を20％とする貸宅地としての計算をすることになります。

　したがって、自用地評価額の80％相当額の１億6,000万円が、相続財産としての土地（貸宅地）の評価額になります。

　※計算式

　　自用地評価額２億円×（１－借地権割合20％）＝１億6,000万円


　なお、20％の借地権相当額（4,000万円）については、同族会社であるＡ

第3章　居住用財産の賃貸に係る税務

社の株式の評価額の計算上、純資産価額に算入されることになります。

④の場合には、「土地の無償返還に関する届出書」が提出され、貸借関係は使用貸借となっていることから、自用地により評価することになります。したがって、土地（自用地）の評価額は2億円となります。

## (3)　小規模宅地等の特例への影響

個人所有の賃貸住宅を、法人へ移転した場合には、小規模宅地等の特例の適用の可否についても注意が必要です。

小規模宅地等の特例のうち、「特定同族会社事業用宅地等」に該当するためには、一定の要件を満たす同族会社の事業の用に供されている必要がありますが、この場合の同族会社の事業からは、不動産貸付けが除外されています（措法69の4③一、措令40の2⑥）。したがって、個人所有の賃貸住宅を法人へ移転した場合には、その法人の営む事業が不動産貸付業に該当することから、その敷地は「特定同族会社事業用宅地等」には該当しないことになります。

次に、その土地の貸借の状況が有償であり、通常の賃貸借契約若しくは相当の対価により地代の授受が行われている場合には、「貸付事業用宅地等」に該当します。

ただし、その土地の貸借の状況が使用貸借の状態の場合には、事業用として貸借されているものとは考えられず、小規模宅地等の特例の適用はできません。

一般的には、個人所有の賃貸住宅を法人へ移転するスキームについては、「土地の無償返還に関する届出書」が提出され、その土地の固定資産税等相当額の数倍の地代を支払う賃貸借契約を締結する方法によるものと

204

考えられますので、その場合の宅地等は「貸付事業用宅地等」に該当することになります。

## 4 その他の留意事項

### (1) 同族会社の株主

個人がその所有する賃貸住宅を同族会社へ移転するに当たっては、その同族会社の株主について、最初に検討する必要があります。

同族会社の所有する建物の敷地が、その同族会社の株主である個人の所有である場合（「土地の無償返還に関する届出書」が提出され、通常の賃貸借契約による場合若しくは相当の地代による場合）には、その個人の所有する土地の相続税評価額は、借地権割合を20％とする貸宅地として評価することになり、また、借地権相当額の20％部分は、同族会社の株式の評価上、純資産価額に算入され、結果的に、個人と法人を併せてその土地の価値が100％顕現されることとなります。

したがって、同族会社への賃貸住宅の移転前後でその同族会社の株主がその土地の所有者である場合には、その土地の貸宅地としての評価による減額分（借地権相当額の20％分の控除）のメリットを十分に享受できないことになりますので、同族会社に賃貸住宅を移転する前に、その株主構成を見直す必要があることに留意が必要です。

### (2) 同族会社へ移転する場合の課税関係（みなし譲渡）

個人が、その所有する賃貸住宅を同族会社へ移転するに当たっては、みなし譲渡の規定を理解し、所得税と法人税では異なる課税関係が生じることに留意が必要です。

売主である個人が同族会社へ譲渡所得の基因となる資産の移転をした場

第3章　居住用財産の賃貸に係る税務

合において、同族会社に対する贈与若しくは、著しく低い価額の対価（時価の50％未満）による移転（低額譲渡）があった場合には、個人が時価で譲渡したものとして譲渡所得を計算することになります（所法59①②）。また、いずれの場合でも法人は時価により受入をすることになりますので、時価と取得価額との差額について受贈益を認識することになります（法法22②）。

　したがって、同族会社へ賃貸住宅を移転する場合の譲渡価額の設定としては、時価による価額設定を慎重に検討する必要があります。

　減価償却資産の時価については、実務上は未償却残高を時価とすることが一般的かと考えられます。この実務は、法人税基本通達9－1－19（減価償却資産の時価）による取扱いを一つの根拠としていると解されます。同通達は、法人税法の規定に基づき資産の評価損を計上する場合に下限となるその資産の時価の考え方について示されたものです。

　同通達では、法人税基本通達9－1－3（時価）で時価について「当該資産が使用収益されるものと仮定して譲渡される場合」としていることから、減価償却資産に関するその考え方の一つとして、その資産の再取得価額（新品として取得価額）を基礎として、取得時から当期末までの期間にわたって旧定率法による減価償却を行ったものと仮定して計算される未償却残高を時価とする場合に、これを認めるという扱いを示しています。

　この通達が、これまで実務的に行われてきた財産評価手法を税務上も認める趣旨であることに鑑み、同族会社への資産移転の際も、この通達を参考にして法定未償却残高を時価の一つの参考値として検討することが多いものと考えられます。

　ただし、時価の目安としては、固定資産税評価額や鑑定評価など、他に参考とすべきいくつかのものが考えられます。法定耐用年数が経過してい

2 個人所有の居住用不動産を法人へ譲渡した場合

る場合など、必ずしも法定未償却残高が時価を適切に反映しているとは限りませんので、他の評価方法による金額も含め、合理的な価額設定を検討する必要があります。


## (3) 不動産取得税・登録免許税

　賃貸住宅を同族会社へ移転する場合には、不動産取得税・登録免許税等の負担にも留意が必要です。税率は次のとおりです。

### ① 不動産取得税

| 内容 | 課税標準 | 税率 |
|---|---|---|
| 土地 | 不動産の価額 | 4％<br>ただし、平成30年3月31日までの取得は3％（地方税法附則第11条の2第1項）。<br>なお、宅地及び宅地評価の土地を取得した場合は、課税標準を2分の1とする特例があります（地方税法附則第11条の5第1項）。 |
| 建物 | 不動産の価額 | 4％<br>ただし、平成30年3月31日までの住宅用家屋の取得については3％（地方税法附則第11条の2第1項）。 |

　不動産の価額は、原則として、固定資産税評価額になります。


### ② 登録免許税

| 内容 | 課税標準 | 税率 |
|---|---|---|
| 土地の売買 | 不動産の価額 | 2％（登法9）<br>ただし、平成31年3月31日までの間に登記を受ける場合は、1.5％（措法72） |
| 建物の売買 | 不動産の価額 | 2％（登法9） |

　不動産の価額は、原則として、固定資産税評価額になります。

第3章　居住用財産の賃貸に係る税務

### (4)　必要経費（使用貸借の場合の固定資産税等）

　必要経費に関する通則を定めた所得税法第37条第1項では、不動産所得等の金額の計算上必要経費に算入すべき金額は、これらの所得の総収入金額を得るために直接要した費用の額及びその年における販売費、一般管理費その他これらの所得を生ずべき業務について生じた費用の額とされています。不動産所得が、不動産等の貸付けによる所得をいう（所法26①）ことから、不動産等の貸付けに係る支出を必要経費として算入するためには、その不動産等が、貸付けによる所得を生ずべき業務の用に供されていることが必要であると解されます。

　実際に行われているケースとしては少ないものと思われますが、同族会社への賃貸住宅の移転に伴い、土地と建物の関係が使用貸借の状態となっている場合、すなわち、対価を伴わない若しくは固定資産税等程度の少額な地代等での賃貸借となっている場合には、その敷地は不動産等の貸付けによる所得を生ずべき業務の用に供されているとはいえず、その敷地に係る固定資産税等については、個人の不動産所得の必要経費に算入することはできません。

### (5)　不動産管理会社を活用した所得移転スキームの類型

　所得の分散効果を得るために同族会社を活用するスキームとしては、同族会社に所有不動産を移転するほか、賃貸不動産の管理を委託し、管理料を支払う方法である「管理委託型」若しくは、同族会社が個人所有の賃貸不動産を一括借上げし、第三者へ転貸する「一括借上型（転貸方式）」が考えられます。

　各スキームの比較による主なメリット等は次のとおりです。

2 個人所有の居住用不動産を法人へ譲渡した場合

■不動産管理会社を活用した所得移転スキームの比較

| 類型 | 業態 | メリット | デメリット |
|---|---|---|---|
| 管理委託型 | 賃貸不動産の管理を委託し、管理料を支払う方法 | 導入が比較的容易 | 管理料に経済合理性がない場合や、管理実態がない場合には、支払った管理料が税務上否認される可能性がある。 |
| 一括借上型（転貸方式） | 法人が個人所有の賃貸不動産を一括借上げし、第三者へ転貸する方法 | 管理委託型に比べ、法人の収入となる金額が多い | 管理委託型同様、一括借上げの賃料設定に留意が必要となる。 |
| 不動産所有型 | 法人が個人から不動産を買い取り、賃貸する方法 | 所得を分散する効果は最も高い | 法人の資金繰りや個人の譲渡税を考慮すると、建物のみの買取りとなる場合が多く、権利関係や借地権の取扱いなどの整理が必要となる。 |

## ⑹ 法人と個人の場合とで取り扱いが異なる主な項目

不動産所得を法人に移転した場合に、所得税法と法人税法で取扱いの異なる主な項目は次頁のとおりです。

第3章　居住用財産の賃貸に係る税務

## ■所得税法と法人税法での主な違い

| 項目 | 法人 | 個人 |
|---|---|---|
| 税率等 | 23.4%の比例税率（中小企業者の場合、800万円以下は軽減税率）。ただし、所得金額が赤字の場合でも法人住民税均等割の負担は生じる。 | 累進税率のため、所得が多いと税負担が重くなる。ただし、所得の金額が赤字の場合、納税額は発生しない。 |
| 赤字の繰越 | 青色申告者については、最長9年間繰り越すことができる。 | 青色申告者で不動産の貸付け等が事業的規模の場合に限り、最長で3年間の繰越しができる。 |
| 生命保険料 | 一定の条件のものと、損金算入することができる保険もある。 | 必要経費に算入することはできない（生命保険料控除等）。 |
| 減価償却費 | 任意償却 | 強制償却 |
| 借入金利子 | 所得に関わらず、借入金利子は損金となる。 | 不動産所得の金額が赤字となった場合には、土地等の取得に対応する借入金利子について、必要経費に算入することができない。 |
| 事業主（役員）給与・退職金 | 一定の条件のもと、損金算入することができる。 | 必要経費に算入できない。 |
| 家族（役員）給与・退職金 | 一定の条件のもと、損金算入することができる。 | 原則として、親族に対する給与等は必要経費に算入することができない。 |

## (7)　中古耐用年数

　同族会社が個人から取得した建物は、中古資産になりますので、中古耐用年数の適用について検討が必要となります。すなわち、法人が中古資産を取得して事業の用に供した場合には、その資産の耐用年数は、法定耐用年数ではなく、その事業の用に供した時以後の使用可能期間として見積も

2　個人所有の居住用不動産を法人へ譲渡した場合

られる年数によることができます（耐令３、耐通１−５−１〜４）。

　なお、中古資産の耐用年数の算定は、その中古資産を事業の用に供した事業年度においてすることができるものですので、その事業年度において耐用年数の算定をしなかったときは、その後の事業年度において耐用年数の算定をすることはできないので注意が必要です。

① 見積耐用年数が使用できない場合

　その中古資産を事業の用に供するために支出した資本的支出の金額がその中古資産の再取得価額（中古資産と同じ新品のものを取得する場合のその取得価額をいいます。）の50％に相当する金額を超える場合には、耐用年数の見積りをすることはできず、法定耐用年数を適用することになります。

② 使用可能期間の見積もりが困難な場合の簡便法

　使用可能期間の見積りが困難であるときは、次の簡便法により算定した年数によることができます。ただし、①に該当する場合には、簡便法により使用可能期間を算出することはできません。

　イ　法定耐用年数の全部を経過した資産

　　その法定耐用年数の20％に相当する年数

　ロ　法定耐用年数の一部を経過した資産

　　その法定耐用年数から経過した年数を差し引いた年数に経過年数の20％に相当する年数を加えた年数

　なお、これらの計算により算出した年数に１年未満の端数があるときは、その端数を切り捨て、その年数が２年に満たない場合には２年となります。

*211*

# 第 4 章
# 居住用財産の譲渡に係る税務

第4章　居住用財産の譲渡に係る税務

# 1 譲渡所得に係る税務

## 1 譲渡所得とは

譲渡所得とは、一般的に、土地・建物・株式・ゴルフ会員権などの資産を譲渡することによって生ずる所得をいいます（所法33）。

ただし、事業用の商品などの棚卸資産や山林などの譲渡による所得は、譲渡所得にはなりません（事業所得になります。）。

## 2 譲渡所得金額の計算方法（土地や建物を譲渡したとき）

譲渡所得の金額は、次のように計算します（所法36）。

> 課税譲渡所得金額 ＝ 収入金額 －（取得費 ＋ 譲渡費用）－ 特別控除

### (1) 収入金額

収入金額は、通常、土地や建物を売ったことによって買主から受け取る金銭の額をいいます。

しかし、土地や建物を現物出資して株式を受け取った場合のように、金銭以外の物や権利で受け取った場合には、その物や権利の時価が収入金額

になります。

## (2) 取得費

　取得費には、譲渡した居住用財産の購入代金・建築代金・購入手数料のほか設備費や改良費なども含まれます（所法38①）。

　なお、居住用財産のうち建物の取得費は、購入代金又は建築代金などの合計額から減価償却費相当額を差し引いた金額となります（所法38②）。

| 取　得　価　額 | | 設備費・改良費 |
|---|---|---|
| 取　得　費 | | 減価償却費相当額 |

## ①　その他の取得費

　　上記のほか、取得費に含まれる主なものは、次のとおりです。ただし、事業所得などの必要経費に算入されたものは含まれません。

　イ　居住用財産を購入（贈与・相続又は遺贈による取得も含みます。）したときに納めた登録免許税（登記費用も含みます。）・不動産取得税・特別土地保有税（取得分）・印紙（所基通38-9）

　ロ　借主がいる土地や建物を購入するときに、借主を立ち退かせるために支払った立退料（所基通38-11）

　ハ　土地の埋立てや土盛り、地ならしをするために支払った造成費用（所基通38-10）

　ニ　土地の取得に際して支払った土地の測量費

　ホ　所有権などを確保するために要した訴訟費用（所基通38-2）

　　これは、例えば所有者について争いのある土地を購入した後、紛争を解決して土地を自己のものにした場合に、それまでにかかった訴訟費用のことをいいます。

なお、相続財産である土地を遺産分割するためにかかった訴訟費用等は、取得費になりません。

ヘ　建物付の土地を購入して、その後おおむね1年以内に建物を取り壊すなど、当初から土地の利用が目的であったと認められる場合の建物の購入代金や取壊しの費用（所基通38-1）

ト　居住用財産を購入するために借り入れた資金の利子のうち、その土地や建物を実際に使用開始する日までの期間に対応する部分の利子（所基通38-8）

チ　既に締結されている土地などの購入契約を解除して、他の物件を取得することとした場合に支出する違約金（所基通38-9の3）

② 建物の取得費の計算

　居住用財産のうち建物は、その建物の建築代金や購入代金などの合計額がそのまま取得費になるわけではありません。建物は使用したり、期間が経過することによって価値が減少していくため、建物の取得費は建物の購入代金などの合計額から減価償却費相当額を差し引く必要があります（所法38②）。

　この減価償却費相当額は、その建物が事業の用に供されていた場合とそれ以外の場合では異なっており、それぞれ次に掲げる額となります。

イ　事業（賃貸）の用に供されていた場合

　建物を取得してから、譲渡するまでの毎年の減価償却費の合計額になります。

　**(注)**　仮に毎年の減価償却費の額を必要経費としていない部分があったとしても、毎年の減価償却費の合計額とすることに変わりはありません。

ロ　自己使用されていた場合

　建物の耐用年数の1.5倍の年数に対応する旧定額法の償却率で求め

た1年当たりの減価償却費相当額にその建物を取得してから譲渡するまでの経過年数を乗じて計算します（所令85）。

③ **取得費が不明のとき**

譲渡した居住用財産が先祖伝来のものであるとか、買い入れた時期が古いなどのため取得費がわからない場合には、取得費の額を譲渡対価の5％相当額とすることができます。また、実際の取得費が譲渡対価の5％相当額を下回る場合も同様です（措法31の4）。

例えば、居住用財産を3,000万円で譲渡した場合に取得費が不明のときは、譲渡対価の5％相当額である150万円を取得費とすることができます。

④ **相続財産である居住用財産を譲渡した場合の取得費加算の特例**

本特例は、相続又は遺贈により取得した居住用財産などを、一定期間内に譲渡した場合に、相続税額のうち一定金額を譲渡資産の取得費に加算することができるというものです（措法39）。

（注） この特例は譲渡所得のみに適用がある特例のため、他の所得については、適用できません。

イ 本特例の適用要件

本特例の適用を受けるためには、次の要件のすべてを満たす必要があります（措法39①）。

(イ) 相続や遺贈により財産を取得した者であること

(ロ) その財産を取得した者に相続税が課税されていること

(ハ) その財産を、相続開始のあった日の翌日から相続税の申告期限の翌日以後3年を経過する日までに譲渡していること

ロ 取得費に加算する相続税額

取得費に加算する相続税額は、相続又は遺贈の開始した日により、

*217*

次の(イ)又は(ロ)の算式で計算した金額となります（措令25の16）。

　ただし、その金額が本特例を適用しないで計算した譲渡益（居住用財産などを譲渡した金額から取得費・譲渡費用を差し引いて計算します。）の金額を超える場合は、その譲渡益相当額となります。

(イ)　平成27年1月1日以後の相続又は遺贈により取得した財産を譲渡した場合の算式は、次のとおりとなります（譲渡した居住用財産である土地と建物ごとに計算します。）。

**〈算式〉**

$$\text{その者の相続税額} \times \dfrac{\text{その者の相続税の課税価格の計算の基礎とされた譲渡財産の価額}}{\text{その者の相続税の課税価格} + \text{その者の債務控除額}} = \text{取得費に加算する相続税額}$$

(ロ)　平成26年12月31日以前の相続又は遺贈により取得した財産を譲渡した場合の算式は、譲渡した財産（土地等又は土地等以外の財産の別）により、一定の算式により計算した額になります。

ハ　本特例を受けるための手続

　本特例を受けるためには、確定申告をすることが必要であり、確定申告書には、(イ)相続税の申告書の写し（第1表・第11表・第11の2表・第14表・第15表）、(ロ)相続財産の取得費に加算される相続税の計算明細書、(ハ)譲渡所得の内訳書（確定申告書付表兼計算明細書【土地・建物用】）などの添付が必要です（措規18の18）。

　上記(ロ)の計算明細書を利用すると、取得費に加算される相続税額を計算することができます。

(3)　**譲渡費用**

　譲渡費用とは、居住用財産である土地や建物を譲渡するために直接かかった費用のことをいい、譲渡費用の主なものは次のとおりです（所基通33-7・33-8）。

　したがって、修繕費や固定資産税などその居住用財産の維持や管理のためにかかった費用などは譲渡費用になりません。

①　居住用財産を譲渡するために支払った仲介手数料

②　印紙税で売主が負担したもの

③　居住用財産である土地などを譲渡するために、その上の建物を取り壊したときの取壊し費用とその建物の損失額

④　既に譲渡契約を締結している居住用財産を更に有利な条件で譲渡するために支払った違約金

　　(注)　これは、居住用財産を譲渡する契約をした後、その居住用財産をより高い価額で他に譲渡するために既契約者との契約解除に伴い支出した違約金のことです。

⑤　居住用財産のうち敷地が借地権である場合において、地主の承諾をもらうために支払った名義書換料など


(4)　**特別控除額**

　土地や建物を譲渡した場合の特別控除額は、次のようになっています（特別控除は一定の要件を満たす場合に適用されます。）。

①　収用等により土地や建物を譲渡した場合　……………………5,000万円

②　居住用財産を譲渡した場合　…………………………………3,000万円

③　特定土地区画整理事業等のために土地を譲渡した場合　……2,000万円

④　特定住宅地造成事業等のために土地を譲渡した場合　………1,500万円

第4章　居住用財産の譲渡に係る税務

⑤　平成21年及び平成22年に取得した土地等を譲渡した場合　…1,000万円

⑥　農地保有の合理化等のために農地等を譲渡した場合　………800万円

(注)1　⑤以外の特別控除額は、長期譲渡所得・短期譲渡所得のいずれからも一定の順序で控除することができます。また、⑤の特別控除額は、長期譲渡所得に限り控除できます。

2　長期譲渡所得とは、譲渡した年の1月1日現在で所有期間が5年を超える土地や建物を、また、短期譲渡所得とは、譲渡した年の1月1日現在で所有期間が5年以下の土地や建物をそれぞれ譲渡したことによる所得をいいます。

3　土地や建物の譲渡所得から差し引く特別控除額の最高限度額は、年間の譲渡所得全体を通じて5,000万円です。

## 3　税額の計算方法（土地や建物を譲渡したとき）

土地や建物の譲渡による所得は、他の所得、例えば給与所得などと合計せず、分離して課税する分離課税制度が採用されており、所得税の額は次のように計算します（措法31・32）。

(1)　長期譲渡所得（措法31①）

　　課税長期譲渡所得金額×15％

(2)　短期譲渡所得（措法32①）

　　課税短期譲渡所得金額×30％

　　※　平成25年から平成49年までは、復興特別所得税として各年分の基準所得税額の2.1％を所得税と併せて申告・納付することになります。

## 4　本制度の留意点

### ⑴　相続や贈与によって取得した居住用財産の取得費と取得の時期

① 　相続や贈与によって取得した資産の取得費

　譲渡した居住用財産の中には、相続や贈与により取得したものもあります。この場合の取得費は、死亡した者や贈与した者がその居住用財産を買い入れたときの購入対価や購入手数料などを基に計算します。

　なお、業務に使われていない居住用財産を相続や贈与により取得した際に相続人や受贈者が支払った登記費用や不動産取得税の金額も取得費に含まれます。

　また、取得費が不明のときは、取得費を譲渡対価の5％相当額とすることができますが、この場合には、相続人などが支払った登記費用などを取得費に含めることはできません。

② 　相続や贈与によって取得した資産の取得時期

　相続や贈与で取得した居住用財産の取得時期は、死亡した者や贈与した者の取得時期がそのまま取得した者に引き継がれます。

　したがって、死亡した者や贈与した者が取得した時から、相続や贈与で取得した者が譲渡した年の1月1日までの所有期間により、長期か短期かを判定することになります。

第4章 居住用財産の譲渡に係る税務

## 【事例】土地の場合

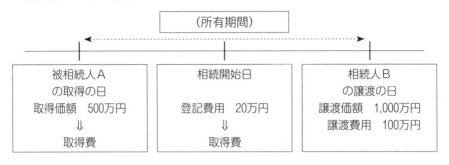

〈譲渡所得の計算〉

　　　(収入金額)　　　(取得費)　　(譲渡費用)　　(譲渡益)
　　　1,000万円 －（520万円 ＋ 100万円） ＝ 380万円

(2) **取得時に土地と建物の価額が区分されていない居住用財産を譲渡した場合**

　例えば、昭和58年10月に5,000万円で取得した居住用財産（新築の建売住宅を購入したもので、土地と建物（200㎡・木造）の価額が区分されていません。）を、平成29年2月に7,000万円で譲渡した場合には、譲渡所得の金額の計算は、次のように行います。

① 土地と建物の区分方法

　取得時の適正な時価で土地と建物を区分すれば、税務上の問題はありませんが、他に次のような方法も考えらます。

　イ　契約書に記載された消費税から逆算して建物の取得価額を算定

　　平成元年以後であれば、建物部分には消費税が課税されているため、取得時の契約書に記載された消費税から逆算して建物の価額を算定することにより、土地と建物の区分が可能になります。

1　譲渡所得に係る税務

　　　ただし、契約書に消費税が記載されていなかったり、平成元年前（昭和の時期）は消費税が導入されていなかったことから、次のロによる算定が考えられます。

ロ　建物の標準的な建築価額表により建物の取得価額を算定

　　　建物の標準的な建築価額表（下記図参照）を基に、建物の取得価額を算定することが認められています。

---

・建物の建築年月日　　　　　　　　　　　昭和58年10月4日
・建物の標準的な建築価額表の建築単価　　102,200円／㎡ ◄
・建物の床面積（延べ床面積）　　　　　　200㎡
・建物の取得価額（102,200円 × 200㎡）　　2,044万円
・土地の取得価額（5,000万円 － 2,044万円）　2,956万円

---

〈建物の標準的な建築価額表（単位：千円／m）〉

| 構造<br>建築年 | 木造・骨格モルタル | 鉄骨鉄筋コンクリート | 鉄筋コンクリート | 鉄骨 | 構造<br>建築年 | 木造・骨格モルタル | 鉄骨鉄筋コンクリート | 鉄筋コンクリート | 鉄骨 | 構造<br>建築年 | 木造・骨格モルタル | 鉄骨鉄筋コンクリート | 鉄筋コンクリート | 鉄骨 |
|---|---|---|---|---|---|---|---|---|---|---|---|---|---|---|
| 昭和34年 | 8.7 | 34.1 | 20.2 | 13.7 | 昭和49年 | 61.8 | 113.0 | 90.1 | 55.7 | 平成元年 | 123.1 | 237.3 | 193.3 | 128.4 |
| 35年 | 9.1 | 30.9 | 21.4 | 13.4 | 50年 | 67.7 | 126.4 | 97.4 | 60.5 | 2年 | 131.7 | 286.7 | 222.9 | 147.4 |
| 36年 | 10.3 | 39.5 | 23.9 | 14.9 | 51年 | 70.3 | 114.6 | 98.2 | 62.1 | 3年 | 137.6 | 329.8 | 246.8 | 158.7 |
| 37年 | 12.2 | 40.9 | 27.2 | 15.9 | 52年 | 74.1 | 121.8 | 102.0 | 65.3 | 4年 | 143.5 | 333.7 | 245.6 | 162.4 |
| 38年 | 13.5 | 41.3 | 27.1 | 14.6 | 53年 | 77.9 | 122.4 | 105.9 | 70.1 | 5年 | 150.9 | 300.3 | 227.5 | 159.2 |
| 39年 | 15.1 | 49.1 | 29.5 | 16.6 | 54年 | 82.5 | 128.9 | 114.3 | 75.4 | 6年 | 156.6 | 262.9 | 212.8 | 148.4 |
| 40年 | 16.8 | 45.0 | 30.3 | 17.9 | 55年 | 92.5 | 149.4 | 129.7 | 84.1 | 7年 | 158.3 | 228.8 | 199.0 | 143.2 |
| 41年 | 18.2 | 42.4 | 30.6 | 17.8 | 56年 | 98.3 | 161.8 | 138.7 | 91.7 | 8年 | 161.0 | 229.7 | 198.0 | 143.6 |
| 42年 | 19.9 | 43.6 | 33.7 | 19.6 | 57年 | 101.3 | 170.9 | 143.0 | 93.9 | 9年 | 160.5 | 223.0 | 201.0 | 141.0 |
| 43年 | 22.2 | 48.6 | 36.2 | 21.7 | 58年 | 102.2 | 168.0 | 143.8 | 94.3 | 10年 | 158.6 | 225.6 | 203.8 | 138.7 |
| 44年 | 24.9 | 50.9 | 39.0 | 23.6 | 59年 | 102.8 | 161.2 | 141.7 | 95.3 | 11年 | 159.3 | 220.9 | 197.9 | 139.4 |
| 45年 | 28.0 | 54.3 | 42.9 | 26.1 | 60年 | 104.2 | 172.2 | 144.5 | 96.9 | 12年 | 159.0 | 204.3 | 182.6 | 132.3 |
| 46年 | 31.2 | 61.2 | 47.2 | 30.3 | 61年 | 106.2 | 181.9 | 149.5 | 102.6 | 13年 | 157.2 | 186.1 | 177.8 | 136.4 |
| 47年 | 34.2 | 61.6 | 50.2 | 32.4 | 62年 | 110.0 | 191.8 | 156.6 | 108.4 | 14年 | 152.8 | 195.2 | 180.5 | 135.0 |
| 48年 | 45.3 | 77.6 | 64.3 | 42.2 | 63年 | 116.5 | 203.6 | 175.0 | 117.3 | 15年 | 152.7 | 187.3 | 179.5 | 131.4 |

（注）　「建築統計年報（国土交通省）」の「構造別：建築物の数、床面積の合計、工事費予定額」表の1㎡当たりの工事費予定額によります。

第4章　居住用財産の譲渡に係る税務

② 建物の償却費相当額の計算

　昭和58年に新築した木造の建物の償却費相当額及び償却費相当額を控除した後の建物の取得費は、次のように計算します。

・建物の償却率　木造　⇒　0.031（定額法）
・経過年数　　昭和58年10月～平成29年2月　33年4か月　⇒　33年
　**（注）**　6か月以上の端数は1年とし、6か月未満の端数は切り捨てます。

・償却費相当額
　　（建物価額）　　　　　　　　　（償却率）　（経過年数）　　（償却費相当額）
　2,044万円　×　0.9　×　0.031　×　33年　＝　18,819,108円
・償却費相当額控除後の建物の取得費
　2,044万円　－　18,819,108円　＝　1,620,892円

③ 譲渡所得の金額の計算

　上記①及び②の計算から、譲渡所得の金額の計算は、次のようになります。

　なお、通常の支出されるべき譲渡経費（収入印紙・仲介手数料等）及び居住用財産に係る各種特例（後述）は、考慮していません。

　（譲渡対価）　　（土地の取得費）　（建物の取得費）　　（譲渡所得の金額）
　7,000万円　－　（2,956万円　＋　1,620,892円）＝　38,819,108円

## 2 居住用財産の譲渡益に係る税務

### 1 居住用財産を譲渡した場合における譲渡所得の課税の特例

個人が居住用財産を譲渡した場合における譲渡所得の課税の特例のうち、主なものは次のとおりです。

| 特 例 | 略 称 | 条 文 |
|---|---|---|
| (1) 居住用財産を譲渡した場合の長期譲渡所得の課税の特例 | 軽減税率の特例 | 措法31の3 |
| (2) 居住用財産の譲渡所得の特別控除 | 3,000万円控除の特例 | 措法35 |
| | （自己の居住用財産の特例） | （措法35②） |
| | （空き家の特例） | （措法35③） |
| (3) 特定の居住用財産の買換えの場合の長期譲渡所得の課税の特例 | 特定の買換え特例 | 措法36の2 |

#### (1) 各種特例の適用関係

居住用財産の特別控除の特例は、所有期間の長短に関係なく適用を受けることができますが、軽減税率の特例と買換え特例は、長期保有資産に限り適用されます。

| 所有期間 | 居住期間 | 軽減税率の特例<br>（措法31の3） | 自己の居住用財産<br>の特例（措法35②） | 買換え特例<br>（措法36の2） |
|---|---|---|---|---|
| 10年超のもの | 10年以上 | ※適用できる | ※適用できる | 適用できる |
| | | | ——選択適用—— | |
| | 10年未満 | ※適用できる | ※適用できる | × |
| 10年以下のもの | | × | 適用できる | × |

225

第4章　居住用財産の譲渡に係る税務

## (2)　各種特例の比較

| | 軽減税率の特例（措法31の3） | 自己の居住用財産の特例（措法35②） | 空き家の特例（措法35③） | 特定の買換え特例（措法36の2） |
|---|---|---|---|---|
| 【譲渡資産】 | ○長期保有資産のみ適用可能<br>○国内にあるものを譲渡した場合に限られます | ○長期及び短期保有資産のいずれも適用可能<br>○所在地の制限なし | ○長期及び短期保有資産のいずれも適用可能<br>○所在地の制限なし<br>○戸建住宅で昭和56年5月31日以前に建築された家屋<br>○譲渡対価は1億円以下であること | ○長期保有資産（所有期間が10年超）であること<br>○国内にあるものを譲渡した場合に限られます<br>○譲渡対価は1億円以下であること<br>○譲渡時に居住期間が10年以上であること |
| 【譲渡範囲】 | 譲渡原因による除外規定なし | 譲渡原因による除外規定なし | 譲渡原因による除外規定なし | 贈与・交換・現物出資及び代物弁済をした場合には適用なし |
| 【連年適用の制限】 | 前年又は前々年に、本特例の適用を受けている場合には適用なし | 前年又は前々年に、本特例又は買換え特例等の適用を受けている場合には適用なし | 連年適用の制限なし<br>※譲渡年に自己の居住用の特例と重複適用する場合は、特別控除の限度額は3,000万円になる | 譲渡年・前年・前々年に、軽減税率の特例・自己の居住用の特別控除の特例の適用を受けている場合には適用なし |
| 【買換資産】 | 買換資産に関する要件なし | 買換資産に関する要件なし | 買換資産に関する要件なし | ○買換資産（国内にあるもの）を一定期限までに取得し、かつ、一定期限までに居住の用に供さなければならない<br>○買換資産の居住部分の床面積が50㎡以上であり、かつ、その敷地面積が500㎡以下のもの |

※　居住用財産を譲渡した場合の譲渡所得の課税の特例において「長期保有資産」とは、譲渡の年の1月1日において所有期間が10年を超えるものをいいます。

## 2 居住用財産（自己の居住用）を譲渡した場合の3,000万円特別控除

### (1) 本特例の概要

　居住用財産（マイホーム）を譲渡した場合には、所有期間の長短に関係なく譲渡所得から最高3,000万円まで控除ができる特例があります（措法35）。

　その特例を、居住用財産を譲渡した場合の3,000万円の特別控除の特例といいます。

### (2) 適用要件

　本特例の適用を受けるためには、次の要件を満たさなければなりません。

① 自己が居住していた家屋又は家屋及びその敷地の譲渡であること

　　自己が住んでいる家屋を譲渡するか、家屋とともにその敷地や借地権を譲渡すること

　　なお、以前に住んでいた家屋や敷地等の場合には、居住しなくなった日から3年目を経過する日の属する年の12月31日までに譲渡すること（措法35②二）

② 家屋を取り壊した場合

　　居住していた家屋又は居住しなくなった家屋を取り壊した場合は、次の要件のすべてに該当する必要があります（措通35-2）。

　イ　その敷地の譲渡契約が、家屋を取り壊した日から1年以内に締結され、かつ、居住しなくなった日から3年目の年の12月31日までに譲渡すること

　ロ　家屋を取り壊してから譲渡契約を締結した日まで、その敷地を貸駐

第4章　居住用財産の譲渡に係る税務

車場などその他の用に供していないこと

③　**連年適用でないこと**

　譲渡した年の前年及び前々年に本特例の適用を受けていないこと（「被相続人の居住用財産に係る譲渡所得の特別控除の特例（空き家の特例）」により本特例の適用を受けている場合を除きます。）（措法35②）

④　**重複して他の特例の適用を受けていないこと**

　譲渡した家屋や敷地について、収用等の場合の特別控除など他の特例の適用を受けていないこと（措法33〜33の4）

　居住用財産の買換えや、居住用財産の譲渡損失についての損益通算及び繰越控除の特例等の適用を受けていないこと（措法35②、36の2、41の5、41の5の2）

⑤　**災害によって家屋が滅失した場合**

　災害によって滅失した家屋の場合は、その敷地に居住しなくなった日から3年目の年の12月31日までに譲渡すること（措法35②二）

⑥　**特殊関係者への譲渡でないこと**

　売手と買手が、親子や夫婦など特別な関係でないこと。特別な関係には、このほか生計を一にする親族・家屋を譲渡した後その譲渡した家屋で同居する親族・内縁関係にある者・特殊な関係のある法人なども含まれます（措令23②）。

## (3)　本特例の適用除外

本特例は、次のような家屋には適用されません。

①　本特例を受けることだけを目的として入居したと認められる家屋

②　居住用家屋を新築する期間中だけ仮住まいとして使った家屋、その他一時的な目的で入居したと認められる家屋

③　別荘などのように主として趣味・娯楽又は保養のために所有する家屋

## (4)　適用を受けるための手続

　本特例の適用を受けるためには、確定申告をすることが必要です。また、確定申告書には、次の書類を添えて提出しなければなりません（措法35⑪）。

　・譲渡所得の内訳書（確定申告書付表兼計算明細書）〔土地・建物用〕

　なお、居住用財産の譲渡契約日の前日において、その居住用財産を譲渡した者の住民票に記載されていた住所とその居住用財産の所在地とが異なる場合などには、戸籍の附票の写し、消除された戸籍の附票の写しその他これらに類する書類でその居住用財産を譲渡した者がその居住用財産を居住の用に供していたことを明らかにするものを、併せて提出しなければなりません（措規18の2①一、②一）。

## (5)　本特例の留意点

### ①　共有の居住用財産を譲渡した場合

　共有の居住用財産を譲渡した場合において、本特例の適用の有無は共有者ごとに判定します。

　譲渡所得の計算は、共有者の所有権持分に応じて行いますが、特別控除額は共有者全員で3,000万円ではなく、本特例の適用を受けることができる共有者一人につき最高3,000万円になります。

　なお、本特例の適用を受けるためには、確定申告を行うことが必要であるため、確定申告書は一人一人が提出しなければなりません。

第4章　居住用財産の譲渡に係る税務

**【参考事例】**

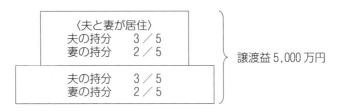

○　譲渡所得の計算

夫　3,000万円（譲渡益）－ 3,000万円（特別控除）

＝ 0 円（課税譲渡所得金額）

妻　2,000万円（譲渡益）－ 2,000万円（特別控除）

＝ 0 円（課税譲渡所得金額）

② 家屋と敷地の所有者が異なるとき

　本特例は、原則として家屋の所有者が家屋とその敷地を譲渡した場合に適用が受けられるものです。

　したがって、家屋は共有でなく敷地だけを共有としている場合には、家屋の所有者以外の者は原則として本特例の適用を受けることはできません。

　しかし、家屋の所有者と敷地の所有者が異なるときでも、次の要件のすべてに該当するときは、敷地の所有者も本特例の適用を受けることができます（措通35-4）。

イ　敷地を家屋と同時に譲渡すること

ロ　家屋の所有者と敷地の所有者とが親族関係にあり、生計を一にしていること

ハ　その敷地の所有者は、その家屋の所有者と一緒にその家屋に住んでいること

2 居住用財産の譲渡益に係る税務

　この場合の特別控除額は、家屋の所有者と敷地の所有者と合わせて3,000万円が限度です。特別控除額を差し引く順序は、まず家屋の所有者、続いて敷地の所有者になります。

　したがって、敷地の所有者が受けることができる特別控除額は、3,000万円から家屋の所有者が受ける特別控除額を差し引いた残りの額になります。

【参考事例】

```
┌─────────────────────────────┐
│     〈夫と妻が居住：譲渡益０円〉      │
│           夫の単独所有             │
│ ┌─────────────────────────┐ │
│ │   〈敷地：譲渡益4,000万円〉      │ │
│ │    夫の持分　　1／2           │ │
│ │    妻の持分　　1／2           │ │
│ └─────────────────────────┘ │
└─────────────────────────────┘
```

○　譲渡所得の計算

　　夫　2,000万円（譲渡益）－ 2,000万円（特別控除）

　　　　　　　　　　　　　　　＝ 0円（課税譲渡所得金額）

　　妻　2,000万円（譲渡益）－ 1,000万円（特別控除※）

　　　　　　　　　　　　　　　＝ 1,000万円（課税譲渡所得金額）

　　※　妻の特別控除　⇒　3,000万円 － 2,000万円（夫の特別控除）

　　　　　　　　　　　　　　　＝ 1,000万円

③　共有で所有している家屋とその敷地を譲渡した場合

　甲が所有する土地の上に甲と乙が共有で所有する家屋があり、家屋に甲は居住していますが乙は別の家屋に居住している状況で、この家屋と敷地を譲渡した場合には、家屋は共有であるとしても、甲はその全部を居住の用に供している家屋の敷地であることから、その土地の全部が居

231

第4章　居住用財産の譲渡に係る税務

住用家屋の敷地と認められます。

　したがって、甲所有の家屋（持分2分の1）とその敷地の全部について、居住用財産の譲渡所得の特別控除の特例を適用することができます（措法35①・②）。

【参考事例】

> 〈甲のみが居住：譲渡益100万円〉
> 　甲の持分　　1／2
> 　乙の持分　　1／2
> 甲の単独所有：譲渡益3,500万円

○　譲渡所得の計算

　　甲　3,550万円（譲渡益：50万円（家屋）＋ 3,500万円（敷地））

　　　　　　－ 3,000万円（特別控除）＝ 550万円（課税譲渡所得金額）

　　乙　50万円（譲渡益）－ 0円（特別控除）

　　　　　　　　　　　　　　　　　　＝ 50万円（課税譲渡所得金額）

④　過去に居住していた居住用財産を譲渡した場合

　　本特例の適用を受けるためには、現に自己が居住していた家屋を譲渡することが要件の一つになっています。

　　しかし、過去に居住していた家屋を譲渡した場合であっても、次のいずれにも該当するときは本特例の適用があります（措法35②）。

　イ　譲渡した家屋は自己が所有者として居住していたものであること

　ロ　自己が居住しなくなった日から3年を経過する年の12月31日までにその家屋を譲渡すること

【参考事例】

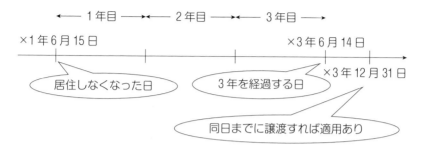

⑤ 居住していた家屋を取り壊した後に敷地を譲渡したとき

　本特例は、原則として家屋の所有者がその家屋を譲渡した場合に適用を受けることができるものです。

　したがって、家屋を取り壊してその敷地だけを譲渡した場合には、原則として本特例の適用を受けることはできません。

　しかし、家屋を取り壊して、その敷地だけを譲渡した場合であっても、次の要件すべてに該当するときは、本特例の適用を受けることができます（措通35-2）。

イ　家屋を取り壊した日から1年以内にその敷地を譲渡する契約をしていること

ロ　その家屋に居住しなくなった日から3年目の年の12月31日までに譲渡すること

ハ　その家屋を取り壊してから、その敷地を譲渡する契約をした日まで、貸付けその他の用に使用していないこと

　ただし、家屋の一部を取り壊してその敷地の一部を譲渡したときに、残った家屋が居住できる状態になっている場合には、本特例の適用を受けることはできません（措通35-2）。

第4章　居住用財産の譲渡に係る税務

## 3　居住用財産を譲渡した場合の軽減税率の特例

### (1)　本特例の概要

　居住用財産を譲渡した場合において、一定の要件に該当するときは長期譲渡所得に係る税率を通常の場合よりも低い税率で計算する軽減税率の特例を受けることができます（措法31の3）。

### (2)　適用要件

　本特例の適用を受けるには、次の要件のすべてに該当する必要があります（措法31の3①・②）。

① 　自己が居住していた家屋又は家屋及びその敷地の譲渡であること

　　日本国内にある自己が居住していた家屋を譲渡するか、家屋とともにその敷地を譲渡すること

　　なお、以前に居住していた家屋や敷地の場合には、居住しなくなった日から3年目の年の12月31日までに譲渡すること

　　また、これらの家屋が災害により滅失した場合には、その敷地を居住しなくなった日から3年目の年の12月31日までに譲渡すること

② 　家屋を取り壊した場合

　　居住していた家屋又は居住しなくなった家屋を取り壊した場合は、次の要件のすべてに該当する必要があります（措通31の3-5）。

　イ　その敷地は、家屋が取り壊された日の属する年の1月1日において所有期間が10年を超えるものであること

　ロ　その敷地の譲渡契約が、家屋を取り壊した日から1年以内に締結され、かつ、住まなくなった日から3年目の年の12月31日までに譲渡すること

ハ　家屋を取り壊してから譲渡契約を締結した日まで、その敷地を貸駐車場などその他の用に供していないこと

③　所有期間が10年超であること

譲渡した年の1月1日において、譲渡した家屋や敷地の所有期間がともに10年を超えていること

④　連年適用でないこと

譲渡した年の前年及び前々年に、本特例を受けていないこと

⑤　重複して他の特例の適用を受けていないこと

譲渡した家屋や敷地について、居住用財産の買換えや交換の特例など他の特例を受けていないこと。ただし、居住用財産を譲渡した場合の3,000万円の特別控除の特例（措法35②）と軽減税率の特例（措法31の3）は、重ねて受けることができます。

⑥　特殊関係者への譲渡でないこと

親子や夫婦など、特別の関係がある者に対して譲渡したものでないこと（措令20の3①）

特別の関係には、このほか生計を一にする親族・家屋を譲渡した後その譲渡した家屋で同居する親族・内縁関係にある者・特殊な関係のある法人なども含まれます。


(3)　**税率**

本特例の適用を受けることができる課税長期譲渡所得金額については、次の所得金額の区分に応じた税率により税額計算を行います（措法31の3①一・二）。

第4章　居住用財産の譲渡に係る税務

| 課税長期譲渡所得金額（A） | 税　　額 |
|---|---|
| 6,000万円以下 | A×10%（住民税4%） |
| 6,000万円超 | (A－6,000万円)×15%（住民税5%）<br>＋600万円（住民税240万円） |

※1　課税長期譲渡所得金額とは、次の算式で求めた金額をいいます。
　　（土地建物の譲渡収入金額）－（取得費＋譲渡費用）－特別控除＝課税長期譲渡所得金額
※2　平成25年から平成49年までは、復興特別所得税として各年分の基準所得税額の2.1%を
　　所得税と併せて申告・納付することになります。

## (4)　適用を受けるための手続

　本特例を受けるためには、次の書類を添えて確定申告をすることが必要
です（措法31の3③）。

①　譲渡所得の内訳書（確定申告書付表兼計算明細書）〔土地・建物用〕

②　譲渡した居住用家屋やその敷地の登記事項証明書

　なお、居住用財産の譲渡契約日の前日において、その居住用財産を譲渡
した者の住民票に記載されていた住所とその居住用財産の所在地とが異な
る場合などには、戸籍の附票の写し、消除された戸籍の附票の写しその他
これらに類する書類でその居住用財産を譲渡した者がその居住用財産を居
住の用に供していたことを明らかにするものを、併せて提出しなければな
りません（措規13の4）。

## (5)　本特例の留意点

### ①　店舗併用住宅を譲渡した場合

　本特例は、自己が居住の用に供している部分の譲渡に限られます（措
令20の3②、23①）。

　具体的な居住用部分の判定は、次の算式により行います（措通31の
3-7、35-6）。

236

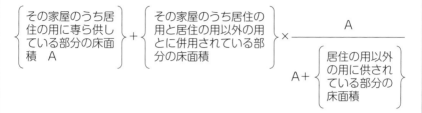

　なお、上記イ又はロの面積の全体に占める割合がおおむね90％以上である場合には、その全部が居住用部分に該当するものとして計算して申告しても差し支えありません（措通31の3-8、35-5）。

　また、居住の用に供されなくなった後において譲渡した場合の居住の用に供している部分の判定は、居住の用に供されなくなった時の直前における利用状況に基づいて行い、その後の利用状況は、上記の判定には関係しません（措通31の3-7（注）、35-6）。

② 居住用家屋を二以上有する場合

　自己の居住の用に供している家屋を二以上有する場合には、主として居住の用に供している一つの家屋のみが本特例の適用対象になります（措令20の3②、23①）。

③ 所有期間の判定

　本特例は、譲渡資産が居住用財産に該当するとともに、その譲渡のあった年の1月1日において所有期間が10年を超えるものに限られています。

第4章 居住用財産の譲渡に係る税務

　この場合における所有期間の判定は、原則として譲渡者が譲渡資産を取得（建設を含みます。）した日の翌日から引き続き所有していた期間をいいます（措法31の3①、31②、措令20①・②）。

　所有期間の計算の起点である「資産の取得の日」は、次の区分に応じてそれぞれ次に掲げる日になります（所基通33-9）。

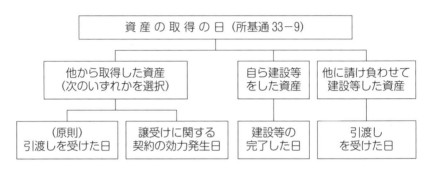

④　家屋の所有期間が異なる場合における軽減税率の適用範囲

　次の【参考事例】のように、甲が居住の用に供している家屋は、15年前に甲の所有する土地に妻と共同で建築したものですが、事情があって5年前に妻からその持分（2分の1）を譲り受けて所有しているものとします。

　この家屋とその敷地を譲渡した場合には、土地の全部が家屋のうち所有期間要件（10年超）を満たす部分（2分の1）の敷地の用に供されている土地であり、所有期間要件を満たすことから、家屋の2分の1と土地の全部について、軽減税率の特例を適用することができます（措法31の3②三）。

2　居住用財産の譲渡益に係る税務

【参考事例】

> 甲の持分1／2 ⇒ 所有期間15年（適用あり）
> 甲の持分1／2 ⇒ 所有期間5年（適用なし）
> 　　　　（5年前に妻から譲受け）

> 甲の単独所有 ⇒ 所有期間15年（適用あり）

## 4　居住用財産（空き家）を譲渡した場合の3,000万円特別控除

### (1)　本特例の概要

　相続又は遺贈により取得した被相続人居住用家屋又は被相続人居住用家屋の敷地等を、平成28年4月1日から平成31年12月31日までの間に譲渡して、一定の要件に該当するときは、譲渡所得の金額から最高3,000万円まで控除することができます。

　これを、被相続人の居住用財産（空き家）を譲渡した場合の3,000万円特別控除の特例といいます（措法35③）。

　なお、「被相続人居住用家屋」及び「被相続人居住用家屋の敷地等」の用語の定義は、次のとおりです。

### ①　被相続人居住用家屋

　被相続人居住用家屋とは、相続の開始の直前において被相続人の居住の用に供されていた家屋で、次の要件のすべてに該当するものをいいます（措法35④、措令23⑥）。

イ　昭和56年5月31日以前に建築されたこと

ロ　区分所有建物登記がされている建物でないこと

ハ　相続の開始の直前において被相続人以外に居住をしていた者がいなかったこと

ニ　主として被相続人の居住の用に供されていた一の建築物であること

239

第4章　居住用財産の譲渡に係る税務

② 被相続人居住用家屋の敷地等

　被相続人居住用家屋の敷地等とは、相続の開始の直前において被相続人居住用家屋の敷地の用に供されていた土地又はその土地の上に存する権利をいいます（措法35④）。

　なお、相続の開始の直前においてその土地が用途上不可分の関係にある2以上の建築物（母屋と離れなど）のある一団の土地であった場合には、その土地のうち、その土地の面積にその2以上の建築物の床面積の合計のうちに一の建築物である被相続人居住用家屋（母屋）の床面積の占める割合を乗じて計算した面積に係る土地の部分に限られます（措令23⑦）。

### (2)　適用要件

① 譲渡者の要件

　譲渡した者が、相続又は遺贈により被相続人居住用家屋及び被相続人居住用家屋の敷地等を取得したこと

② 譲渡資産・譲渡の要件

　次のイ又はロに該当する譲渡資産の譲渡であること（措法35③、措令23⑤）

イ　相続又は遺贈により取得した被相続人居住用家屋を譲渡するか、被相続人居住用家屋とともに被相続人居住用家屋の敷地等を譲渡したこと（措法35③一）

　なお、被相続人居住用家屋は次の(イ)・(ロ)の要件に、被相続人居住用家屋の敷地等は次の(イ)の要件に該当する必要があります。

(イ)　相続の時から譲渡の時まで事業の用・貸付けの用又は居住の用に供されていたことがないこと

㈑　譲渡の時において一定の耐震基準を満たすものであること

ロ　相続又は遺贈により取得した被相続人居住用家屋の全部の取壊し等
　をした後に、被相続人居住用家屋の敷地等を譲渡すること（措法35③
　二）

　　なお、被相続人居住用家屋は次の㈑の要件に、被相続人居住用家屋
　の敷地等は次の㈑及び㈮の要件に該当する必要があります。

　㈑　相続の時から取壊し等の時まで事業の用・貸付けの用又は居住の
　　用に供されていたことがないこと

　㈑　相続の時から譲渡の時まで事業の用・貸付けの用又は居住の用に
　　供されていたことがないこと

　㈮　取壊し等の時から譲渡の時まで建物又は構築物の敷地の用に供さ
　　れていたことがないこと

③　譲渡時期の要件

　相続の開始があった日から、3年目の年の12月31日までに譲渡するこ
と（措法35③）

④　譲渡対価の要件

　譲渡対価は、1億円以下であること（措法35⑤、措令23⑥〜⑧）

　本特例の適用を受ける被相続人居住用家屋と一体として利用していた
部分を別途分割して譲渡している場合や他の相続人が譲渡している場合
における1億円以下であるかどうかの判定は、相続の時から本特例の適
用を受けて被相続人居住用家屋又は被相続人居住用家屋の敷地等を譲渡
した日から3年目の年の12月31日までの間に分割して譲渡した部分や他
の相続人が譲渡した部分も含めた譲渡対価により行います。

　このため、相続の時から被相続人居住用家屋又は被相続人居住用家屋
の敷地等を譲渡した年までの譲渡対価の合計額が1億円以下であること

241

から、本特例の適用を受けていた場合で、被相続人居住用家屋又は被相続人居住用家屋の敷地等を譲渡した日から3年目の年の12月31日までに、本特例の適用を受けた被相続人居住用家屋又は被相続人居住用家屋の敷地等の残りの部分を自宅や他の相続人が譲渡して譲渡対価の合計額が1億円を超えた場合には、その譲渡の日から4か月以内に修正申告書の提出と納税が必要になります。

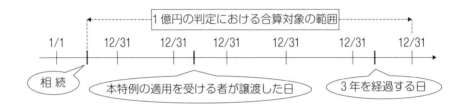

⑤ 重複して他の特例の適用を受けていないこと

譲渡した家屋や敷地等について、相続財産を譲渡した場合の取得費の特例（措法39）や収用等の場合の特別控除など（措法33の4等）他の特例の適用を受けていないこと

また、同一の被相続人から相続又は遺贈により取得した被相続人居住用家屋又は被相続人居住用家屋の敷地等について、本特例の適用を受けていないこと（措法35③）

⑥ 特殊関係者への譲渡でないこと

親子や夫婦など、特別の関係がある者に対して譲渡したものでないこと（措令20の3①）

特別の関係には、このほか生計を一にする親族・家屋を譲渡した後その譲渡した家屋で同居する親族・内縁関係にある者・特殊な関係のある法人なども含まれます。

## 2 居住用財産の譲渡益に係る税務

○ **被相続人の居住用財産に係る譲渡所得の特別控除の特例の概要**

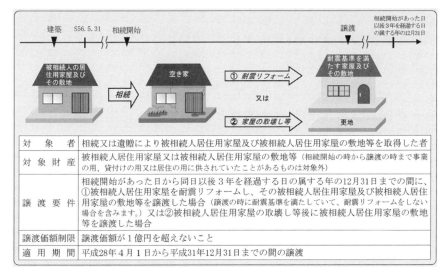

(出所：国税庁資料)

### (3) 適用を受けるための手続

本特例の適用を受けるためには、次に掲げる場合の区分に応じて、それぞれ次に掲げる書類を添えて確定申告をすることが必要です（措法35⑪、措規18の2①二・②二）。

① **被相続人居住用家屋又は被相続人居住用家屋とその敷地等を譲渡した場合**

相続又は遺贈により取得した被相続人居住用家屋を譲渡するか、被相続人居住用家屋とともに被相続人居住用家屋の敷地等を譲渡した場合には、次のイからホに掲げる書類の提出が必要になります。

イ 譲渡所得の内訳書（確定申告書付表兼計算明細書）〔土地・建物用〕

ロ 譲渡資産の登記事項証明書等で次の事項を明らかにするもの

　(イ) 譲渡した者が被相続人居住用家屋及び被相続人居住用家屋の敷地等を被相続人から相続又は遺贈により取得したこと

　(ロ) 被相続人居住用家屋が昭和56年5月31日以前に建築されたこと

*243*

第4章 居住用財産の譲渡に係る税務

(ハ) 被相続人居住用家屋が区分所有建物登記がされている建物でないこと

ハ 譲渡資産の所在地を管轄する市区町村長から交付を受けた「被相続人居住用家屋等確認書」

なお、「被相続人居住用家屋等確認書」とは、市区町村長の次の事項を確認した旨を記載した書類をいいます。

(イ) 相続の開始の直前において、被相続人が被相続人居住用家屋を居住の用に供しており、かつ、被相続人居住用家屋に被相続人以外に居住をしていた者がいなかったこと

(ロ) 被相続人居住用家屋又は被相続人居住用家屋及び被相続人居住用家屋の敷地等が相続の時から譲渡の時まで事業の用・貸付けの用又は居住の用に供されていたことがないこと

ニ 耐震基準適合証明書又は建設住宅性能評価書の写し

ホ 譲渡契約書の写しなど譲渡対価が1億円以下であることを明らかにするもの

② 被相続人居住用家屋の全部の取壊し等をした後に敷地等を譲渡した場合

相続又は遺贈により取得した被相続人居住用家屋の全部の取壊し等をした後に被相続人居住用家屋の敷地等を譲渡した場合には、次のイ・ロに掲げる書類の提出が必要になります。

イ 上記①のイ・ロ及びホに掲げる書類

ロ 譲渡資産の所在地を管轄する市区町村長から交付を受けた「被相続人居住用家屋等確認書」

なお、「被相続人居住用家屋等確認書」とは、市区町村長の次の事項を確認した旨を記載した書類をいいます。

(イ) 相続の開始の直前において、被相続人が被相続人居住用家屋を居

住の用に供しており、かつ、被相続人居住用家屋に被相続人以外に居住をしていた者がいなかったこと

(ロ) 被相続人居住用家屋が相続の時から取壊し等の時まで事業の用・貸付けの用又は居住の用に供されていたことがないこと

(ハ) 被相続人居住用家屋の敷地等が次の要件を満たすこと

　a　相続の時から譲渡の時まで事業の用・貸付けの用又は居住の用に供されていたことがないこと

　b　取壊し等の時から譲渡の時まで建物又は構築物の敷地の用に供されていたことがないこと

## (4)　本特例の留意点

### ①　被相続人居住用家屋の敷地等の範囲

　被相続人居住用家屋の敷地等とは、その相続開始の直前においてその被相続人居住用家屋の敷地の用に供されていた土地又は土地の上に存する権利をいうことから（措法35④）、相続開始の直前において、被相続人居住用家屋の敷地等が用途上不可分の関係にある二以上の建築物のある一団の土地であった場合には、本特例の対象となる範囲は、次の算式により計算した面積に係る土地の部分に限られます（措令23⑦）。

---

特例の対象となる被相続人居住用家屋の敷地等の面積＝ $A \times \dfrac{B}{B+C}$

A：一団の土地の面積

B：相続開始の直前における一団の土地にあった被相続人が主として居住の用に供していた家屋の床面積

C：相続開始の直前における一団の土地にあったB以外の建築物の床面積

---

第4章　居住用財産の譲渡に係る税務

したがって、被相続人が主として居住の用に供していた母屋とは別の建築物である離れ・別棟の倉庫・蔵・車庫などがある場合には、たとえ、その離れ・別棟の倉庫・蔵・車庫などをその母屋と一体として居住の用に供していたときであっても、その母屋部分のみが本特例の対象となる被相続人居住用家屋に該当することになります（措通35-13）。

② 上記①の具体な計算例

相続人は、平成28年に相続した家屋及びその敷地について、平成29年に家屋（母屋）及び離れを取り壊し更地にした後、第三者に譲渡しましたが（本特例の適用あり）、譲渡所得の計算はどのように行うのでしょうか。なお、譲渡価額等の金額は、次のとおりとします。

- ・　譲渡価額　　　　4,000万円　・　取得費　200万円（譲渡価額の5％）
- ・　取壊し費用　　　300万円　　・　仲介料　　　　　　　　120万円
- ・　その他の費用　　20万円　　・　敷地に係る相続税額　　500万円

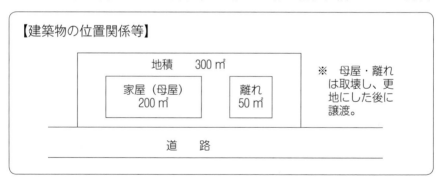

譲渡所得金額の計算は、次のように行います。

イ　一団の土地の面積　　　　300㎡
ロ　被相続人居住用家屋　　　200㎡
ハ　上記以外の離れ　　　　　50㎡

2 居住用財産の譲渡益に係る税務

ニ 被相続人居住用家屋の
敷地等に相当する部分

$$300\text{m}^2 \times \frac{200\text{m}^2}{200\text{m}^2 + 50\text{m}^2} = 240\text{m}^2$$

ホ 被相続人居住用家屋の
敷地等に該当する部分

$$3,360\text{万円}(d) \times \frac{240\text{m}^2}{300\text{m}^2} = 2,688\text{万円}(e)$$

ヘ 上記以外の部分

$$3,360\text{万円}(d) - 2,688\text{万円} = 672\text{万円}(e)$$

ト 取得費加算額
（上記以外の部分）

$$500\text{万円} \times \frac{60\text{m}^2}{300\text{m}^2} = 100\text{万円}(g)$$

| | 合　計 | 被相続人居住用家屋の<br>敷地等（特例対象） | 左記以外の敷地等<br>（特例対象外） |
|---|---|---|---|
| a　譲渡価額 | 4,000万円 | 4,000万円 | |
| b　取得費 | 200万円 | 200万円 | |
| c　譲渡費用 | 440万円 | 440万円 | |
| d　差引金額<br>（a −（b ＋ c）） | 3,360万円 | 3,360万円 | |
| e　被相続人居住用家屋の<br>　　敷地等に該当する部分の<br>　　按分後の金額 | | 2,688万円 | 672万円 |
| f　特別控除額<br>　　（最高3,000万円） | 2,688万円 | 2,688万円 | |
| g　取得費加算額 | 100万円 | | 100万円 |
| h　譲渡所得金額 | 572万円 | 0万円 | 572万円 |

# 5　特定の居住用財産の買換え特例

## ⑴　本特例の概要

　特定の居住用財産（所有期間が10年を超えるマイホーム）を、平成29年12月31日までに譲渡して、代わりの居住用財産に買換えたときは、一定の要

## 第4章 居住用財産の譲渡に係る税務

件のもと、譲渡益に対する課税を将来に繰り延べることができます（譲渡益が非課税となるわけではありません。）。

これを、特定の居住用財産の買換え特例といいます（措法36の２）。

例えば、1,000万円で取得した居住用財産を5,000万円で譲渡し、7,000万円の居住用財産に買い換えたときには、通常の場合、4,000万円の譲渡益が課税対象となりますが、本特例の適用を受ければ、譲渡した年分で譲渡益への課税は行われず、買い換えた居住用財産を将来譲渡したときまで譲渡益に対する課税が繰り延べられます。

本特例を例示すると、次のようになります（例示を簡潔にするため、減価償却などは考慮していません。）。

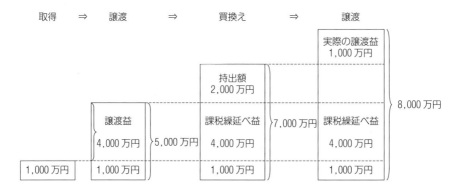

上記の場合において、課税が将来に繰り延べられるとは、買い換えた居住用財産を将来8,000万円で譲渡したときは、譲渡価額8,000万円と買換えによる取得価額7,000万円との差額である1,000万円の譲渡益（実際の譲渡益）に対して課税されるのではなく、本特例の適用を受けて課税が繰り延べられていた4,000万円の譲渡益（課税繰延べ益）を加えた5,000万円が、譲渡益として課税されることになります。

## (2) 適用要件

① 自己が居住していた家屋又は家屋及びその敷地の譲渡であること

本特例の適用を受けるためには、自己が居住していた家屋を譲渡するか、家屋とともにその敷地や借地権を譲渡する必要があります（措法36の2①）。なお、以前に住んでいた家屋や敷地等の場合には、居住しなくなった日から3年目の12月31日までの譲渡であることが必要になります（措法36の2①二）。

② 家屋を取り壊した場合

居住していた家屋又は居住しなくなった家屋を取り壊した場合は、次の要件すべてに該当する必要があります（措通31の3-5）。

イ　その敷地は、家屋が取り壊された日の属する年の1月1日において所有期間が10年を超えるものであること

ロ　その敷地の譲渡契約が、家屋を取り壊した日から1年以内に締結され、かつ、居住しなくなった日から3年目の年の12月31日までに譲渡すること

ハ　家屋を取り壊してから譲渡契約を締結した日まで、その敷地を貸駐車場などその他の用に供していないこと

③ 重複して他の特例の適用を受けていないこと

譲渡した年の前年及び前々年にマイホームを譲渡した場合の3,000万円の特別控除の特例（措置法35条第3項に規定する空き家に係る譲渡所得の特別控除の特例を除きます。）又は居住用財産を譲渡したときの軽減税率の特例若しくは居住用財産の譲渡損失についての損益通算及び繰越控除の特例の適用を受けていないこと（措法36の2①）

④ 居住用財産は国内に所在すること等

譲渡した居住用財産と買い換えた居住用財産は、いずれも日本国内に

第４章　居住用財産の譲渡に係る税務

あるもので、譲渡した居住用財産について、収用等の場合の特別控除など他の特例の適用を受けないこと（措法36の２①）

⑤　譲渡対価の要件

　　譲渡対価が１億円以下であること（措法36の２①）

　　本特例の適用を受ける居住用財産一体として利用していた部分を別途分割して譲渡している場合における１億円以下であるかどうかの判定は、居住用財産を譲渡した年の前々年から翌々年までの５年間に分割して譲渡した部分も含めた譲渡対価により行います。

　　このため、居住用財産を譲渡した年、その前年及びその前々年の譲渡対価の合計額が１億円以下であることから、本特例の適用を受けていた場合で、居住用財産を譲渡した年の翌年又は翌々年に本特例の適用を受けた居住用財産の残りの部分を譲渡して譲渡対価の合計額が１億円を超えた場合には、その譲渡の日から４か月以内に修正申告書の提出と納税が必要になります（措法36の２③・④）。

⑥　居住期間・所有期間の要件

　　譲渡した者の居住期間が10年以上で、かつ、譲渡した年の１月１日において譲渡した家屋やその敷地の所有期間が10年を超えるものであること（措法36の２①）

⑦　買い換えた居住用財産の床面積・地積の要件

　　買い換えた家屋の床面積が50㎡以上のものであり、買い換えた土地の面積が500㎡以下のものであること（措法36の２①、措令24の２③）

⑧　買換資産の取得期間等の要件

　　居住用財産を譲渡した年の前年から翌年までの３年の間に、居住用財産を買い換えること。また、買い換えた居住用財産には、一定期限までに居住すること（措法36の２①・②）

買い換えた居住用財産を居住用として使用を開始する期限は、その居住用財産を取得した時期により次のようになります。

イ　譲渡した年かその前年に取得したときは、譲渡した年の翌年12月31日まで

ロ　譲渡した年の翌年に取得したときは、取得した年の翌年12月31日まで

⑨　**買換資産が中古住宅の場合**

買い換えた居住用財産が、耐火建築物の中古住宅である場合には、取得の日以前25年以内に建築されたものであること（措令24の2③）

ただし、耐火建築物以外の中古住宅及び耐火建築物である中古住宅のうち一定の耐震基準を満たすものについては、建築年数の制限がありません。

⑩　**特殊関係者への譲渡でないこと**

親子や夫婦など、特別の関係がある者に対する譲渡でないこと（措法36の2①、措令24の2①）。特別の関係には、このほか生計を一にする親族・家屋を譲渡した後その譲渡した家屋で同居する親族・内縁関係にある者・特殊な関係のある法人なども含まれます。

## (3)　適用を受けるための手続

本特例を受けるためには、次の書類を添えて確定申告をすることが必要です（措法36の2⑤・⑦、措規18の4②・④・⑤）。

①　譲渡所得の内訳書（確定申告書付表兼計算明細書）［土地・建物用］

②　譲渡資産が次のいずれかの資産に該当する事実を記載した書類

イ　自己が居住している家屋のうち国内にあるもの（家屋の存在する場所に居住していた期間が10年以上であるものに限ります。）

ロ　上記イの家屋で自己が以前に住んでいたもの（居住しなくなった日

第4章　居住用財産の譲渡に係る税務

から3年目の年の12月31日までの間に譲渡されるものに限ります。）

ハ　上記イ又はロの家屋及びその家屋の敷地や借地権

ニ　上記イの家屋が災害により滅失した場合において、その家屋を引き続き所有していたとしたならば、その年の1月1日において所有期間が10年を超えるその家屋の敷地や借地権（災害があった日から3年目の年の12月31日までの間に譲渡したものに限ります。）

③　譲渡資産の所有期間を証明する書類

譲渡資産の登記事項証明書等で所有期間が、10年を超えるものであることを明らかにするもの

④　買換資産の面積を証明する書類

買換資産の登記事項証明書や譲渡契約書の写しで、取得したこと及び買換資産の面積を明らかにするもの

⑤　譲渡対価を証明する書類

譲渡契約書の写しなどで、譲渡対価が1億円以下であることを明らかにするもの

⑥　買換資産が中古住宅の場合における一定の証明書等

買換資産が耐火建築物の中古住宅である場合には、取得の日以前25年以内に建築されたものであることを明らかにする書類、又は耐震基準適合証明書など

なお、次の場合には、それぞれに掲げる書類が必要になります。

イ　譲渡資産に係る譲渡契約を締結した日の前日において住民票に記載されていた住所と譲渡資産の所在地とが異なる場合や譲渡した日の前10年以内において住民票に記載されていた住所を異動したことがある場合その他これらに類する場合には、戸籍の附票の写し等で、譲渡資産が上記②のイからニのいずれかに該当することを明らかにするもの

2 居住用財産の譲渡益に係る税務

ロ　確定申告書の提出の日までに買換資産に居住していない場合には、その旨及び居住用として使用を開始する予定年月日その他の事項を記載したもの

## (4)　本特例の留意点

### ①　譲渡対価より少ない金額で居住用財産を買い換えた場合

　居住用財産の買換え特例の適用を受ける場合において、譲渡対価より買い換えた居住用財産の価額の方が多いときは、所得税の課税が将来に繰り延べられ、譲渡した年については譲渡所得がなかったものとされます（措法36の2①、措令24の2⑤）。

　しかし、譲渡対価より買い換えた居住用財産の価額の方が少ないときは、その差額を収入金額として譲渡所得の金額の計算を行うことになりますが、譲渡所得の計算は次のように行います。

〈事例〉

　譲渡した居住用財産の価額が1億円（取得費1,000万円）、買い換えた居住用財産の価額が7,000万円、譲渡経費が500万円の場合とします。

*253*

第4章　居住用財産の譲渡に係る税務

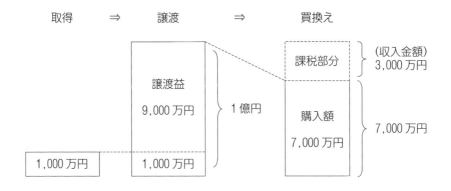

イ　収入金額の計算

　　１億円（譲渡対価）－ 7,000万円（買換資産の価額）＝ 3,000万円

ロ　必要経費の計算

$$(\underset{(\text{取得費})}{1,000万円} + \underset{(\text{譲渡費用})}{500万円}) \times \frac{3,000万円（収入金額：上記イ）}{1億円（譲渡対価）} = 450万円$$

ハ　譲渡所得の計算

　　3,000万円(イ) － 450万円(ロ) ＝ 2,550万円

② 居住用財産の買換えの特例を受けて買い換えた資産の取得価額とされる金額の計算

　居住用財産の買換えの特例を受けた場合には、譲渡した居住用財産（旧居住用財産）の譲渡益に対する課税が将来に繰り延べられることになり、買い換えた居住用財産に譲渡した居住用財産の取得価額が引き継がれることとなっています。

　この買い換えた居住用財産を、将来、譲渡した場合における譲渡所得の計算上の取得価額は、その買い換えた居住用財産の実際の購入価額で

はなく、譲渡した旧居住用財産から引き継がれた取得価額となります（措法36の4、措令24の3）。

この取得価額の引継ぎとは、具体的には次の事例のようになります。

〈事例１〉 居住用財産の譲渡対価と買い換えた居住用財産の購入額が同じ場合

- 譲渡対価：5,000万円
- 譲渡費用：100万円
- 譲渡した居住用財産の取得価額：3,000万円（土地及び減価償却後の家屋の合計）
- 買い換えた居住用財産の購入額：5,000万円（土地3,500万円、家屋1,500万円）
- 引き継ぐ取得価額の計算：3,000万円 ＋ 100万円 ＝ 3,100万円(a)
- 引き継ぐ取得価額の土地と家屋への配分の計算

（土地）

$$3,100万円(a) \times \frac{3,500万円（土地の購入額）}{5,000万円（購入額）} = 2,170万円$$

第4章 居住用財産の譲渡に係る税務

（家屋）

$$3,100万円(a) \times \frac{1,500万円（家屋の購入額）}{5,000万円（購入額）} = 930万円$$

※ したがって、将来、買い換えた居住用財産を譲渡した場合の取得価額は、実際の購入額ではなく、上記のとおり、土地については2,170万円、家屋については930万円から譲渡時までの償却費相当額を控除した後の価額となります。

〈事例２〉 居住用財産の譲渡対価より買い換えた居住用財産の購入額の方が多い場合

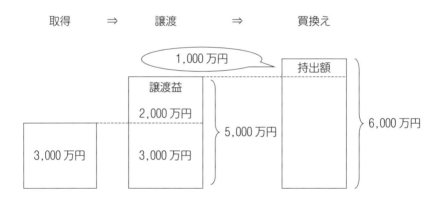

・ 譲渡対価：5,000万円
・ 譲渡費用：100万円
・ 譲渡した居住用財産の取得価額：3,000万円（土地及び減価償却後の家屋の合計）
・ 買換えた居住用財産の購入額：6,000万円（土地4,200万円、家屋1,800万円）
・ 引き継ぐ取得価額の計算：（3,000万円 ＋ 100万円）
　　　　　　　　　　　　　＋（6,000万円 － 5,000万円）＝ 4,100万円(b)

## 2 居住用財産の譲渡益に係る税務

- 引き継ぐ取得価額の土地と家屋への配分の計算

（土地）

$$4,100万円_{(b)} \times \frac{4,200万円（土地の購入額）}{6,000万円（購入額）} = 2,870万円$$

（家屋）

$$4,100万円_{(b)} \times \frac{1,800万円（家屋の購入額）}{6,000万円（購入額）} = 1,230万円$$

※ したがって、将来、買い換えた居住用財産を譲渡した場合の取得価額は、実際の購入額ではなく、上記のとおり、土地については2,870万円、家屋については1,230万円から譲渡時までの償却費相当額を控除した後の価額となります。

〈事例３〉 居住用財産の譲渡対価より買い換えた居住用財産の購入額の方が少ない場合

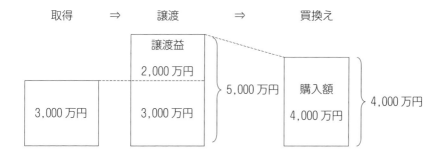

- 譲渡対価：5,000万円
- 譲渡費用：100万円
- 譲渡した居住用財産の取得価額：3,000万円（土地及び減価償却後の家屋の合計）
- 買い換えた居住用財産の購入額：4,000万円（土地2,500万円、家屋1,500万円）

第4章　居住用財産の譲渡に係る税務

・　引き継ぐ取得価額の計算：

$$(3,000万円 + 100万円) \times \frac{4,000万円（買換資産の購入額）}{5,000万円（譲渡対価）} = 2,480万円(c)$$

・　引き継ぐ取得価額の土地と家屋への配分の計算

（土地）

$$2,480万円(c) \times \frac{2,500万円（土地の購入額）}{4,000万円（購入額）} = 1,550万円$$

（家屋）

$$2,480万円(c) \times \frac{1,500万円（家屋の購入額）}{4,000万円（購入額）} = 930万円$$

※　したがって、将来、買い換えた居住用財産を譲渡した場合の取得価額は、実際の購入額ではなく、上記のとおり、土地については1,550万円、家屋については930万円から譲渡時までの償却相当額を控除した後の価額となります。

③　共有の居住用財産を譲渡した場合

　甲（父）と乙（長男）が共有の居住用財産を譲渡し、買換資産として家屋は甲名義・その敷地は乙名義により取得した場合において、譲渡資産である居住用家屋とその敷地の共有者に親族関係にあり、かつ、これらの者がその家屋に同居し、生計を一にしているときは、一の生活共同体の居住用財産ということができます。

　下図のように、買換資産につき家屋は甲・土地は乙の単独所有としたとしても、その買換資産を譲渡資産と同様に一の生活共同体の居住用財産とみることができるのであれば（措通36の2-19に掲げる要件を満たすのであれば）、買換家屋を取得した甲だけでなく、買換資産として敷地のみを取得した乙についても、本特例の適用が認められます。

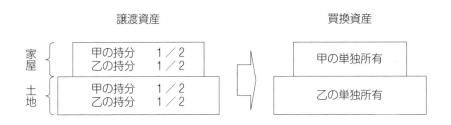

④ 買換資産の範囲

丙は、下図のように居住用財産の買換えを行いましたが、新たに取得した宅地を本特例の対象となる買換資産とする場合には、宅地の上に建築された家屋のうち丙の持分4分の1（持分4分の3は丁（丙の夫が取得））に対応する面積に相当する部分の宅地のみが買換資産となるのかという疑問が生じます。

しかし、宅地の所有者がその宅地の上に建築されている家屋の全部を居住の用に供しており、かつ、その家屋の持分を有しているときは、その宅地の所有者は、その宅地の全部を居住の用に供しているものとして取り扱われます（措法36の2）。

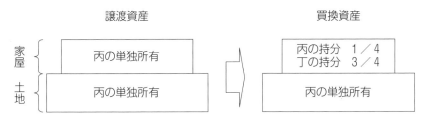

⑤ 譲渡した年に買換えができなかったとき

居住用財産を譲渡した年に買い換えることができなかったときは、譲渡した年の翌年の12月31日までに買い換えることができれば、本特例の

第4章　居住用財産の譲渡に係る税務

適用を受けることができます（措法36の2②）。

　この場合には、買い換えた年の翌年の12月31日までに買換えた居住用財産に居住することが必要になります。

　譲渡した年の翌年に買い換える場合の申告の手続は、次のようになります。

　確定申告書に、取得する予定の買換資産についての取得予定年月日及び取得価額の見積額その他の明細を記載した「買換（代替）資産の明細書」を添付します。

　この場合の譲渡所得の計算は、添付した取得価額の見積額に基づいて行います。

　買い換える居住用財産を実際に取得した場合には、購入した資産の購入対価などの支払明細などを提出して精算することになります。

　実際に取得した居住用財産の金額が見積額と異なり、譲渡所得の税額に変動を生じたときは次によります（措法36の3）。

| イ　実際に購入した金額が見積額より大きいため譲渡所得に係る税額が減少する場合 | 譲渡所得の税額を減少させるためには、更正の請求をすることが必要です。<br>　更正の請求は、居住用財産を購入した日から4か月以内に提出することができます。 |
|---|---|
| ロ　実際に購入した金額が見積額より少ないため譲渡所得に係る税額が増加する場合 | この場合には、修正申告と納税が必要です。<br>　修正申告と納税は、居住用財産を譲渡した年の翌年の12月31日から4か月以内に行います。 |

## 6　特定の居住用財産の交換の特例

### (1)　本制度の概要

　本制度は、平成29年12月31日までの間に、所有期間が10年を超える居住

2 居住用財産の譲渡益に係る税務

用財産と、代わりの居住用財産との交換をした場合には、一定の要件のもとに、交換に係る譲渡益に対する課税を将来に繰り延べることができる特例です。

　本制度を、特定の居住用財産の交換の特例といいますが（措法36の5）、その仕組みは前記5の「特定の居住用財産の買換え特例」と同様になっています。

## (2)　特定の居住用財産の交換の具体例

### ①　交換差金がない場合

　「特定の居住用財産の買換え特例」の適用対象となる譲渡資産に該当するもの（以下「交換譲渡資産」といいます。）と、同じく「特定の居住用財産の買換え特例」の適用対象となる買換資産に該当するもの（以下「交換取得資産」といいます。）との交換をした場合には、次のようにみなして、「特定の居住用財産の買換え特例」の規定を適用します（措法36の5）。

　イ　交換譲渡資産の取扱い

　　交換譲渡資産は、その交換があった日において、その交換の日における資産の価額（時価）に相当する金額で譲渡があったものとみなします。

　ロ　交換取得資産の取扱い

　　交換取得資産は、その交換があった日において、その交換の日における資産の価額（時価）に相当する金額で取得したものとみなします。

*261*

第4章 居住用財産の譲渡に係る税務

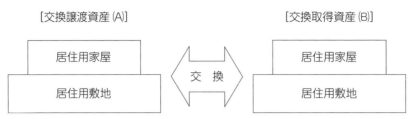

（注） 交換譲渡資産(A)を時価で譲渡し、その譲渡対価により交換取得資産(B)を時価で取得したものとみなして、特定の居住用財産の買換え特例を適用することができます。

② 交換差金がある場合

　交換譲渡資産と、交換取得資産以外の資産との交換をした場合には、交換差金に対応する部分について、次のようにみなして、「特定の居住用財産の買換え特例」の規定を適用します（交換差金に対応する部分以外の部分（交換取得資産以外の資産(C)に対応する部分）は、特定の居住用財産の買換え特例の適用を受けることはできません。）（措法36の5）。

イ　交換譲渡資産の取扱い

　交換譲渡資産（交換差金に対応する部分に限られます。）は、その交換があった日において、その交換の日における資産の価額（時価）に相当する金額で譲渡があったものとみなします。

ロ　交換取得資産の取扱い

　交換取得資産は、その交換があった日において、その交換の日における資産の価額（時価）に相当する金額で取得したものとみなします。

2 居住用財産の譲渡益に係る税務

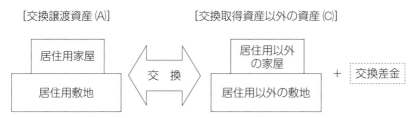

（注） 交換譲渡資産(A)のうち、交換差金に対応する部分（次の算式により計算）は、時価で譲渡したものとみなされ、取得した交換差金により居住用財産を取得すれば、「特定の居住用財産の買換え特例」の適用を受けることができます。

$$(A)の価額 \times \frac{交換差金の額}{交換差金の額 + (C)の価額}$$

(3) 適用要件及び適用を受けるための手続

前記５の「特定の居住用財産の買換え特例」と同様です。

## 7　立体買換えの特例

(1) 本制度の概要

本制度は、個人が一定の要件を満たす譲渡資産を譲渡して、所定の期間内に一定の要件を満たす買換資産を取得し、かつ、その取得の日から１年以内に買換資産をその個人の居住の用に供したとき又は供する見込みであるときは、譲渡資産と買換資産の取得価額との差額について、長期（短期）譲渡所得の課税が行われる特例です（譲渡資産の譲渡価額と買換資産の取得価額が同額であれば、譲渡所得の課税はありません。）（措法37の５①）。

本特例の正式名称は、「既成市街地等内にある土地等の中高層耐火建築物等の建設のための買換え及び交換の場合の譲渡所得の課税の特例（措置法第37条５関係)」といいますが、略称として「立体買換えの特例」の名称が用いられることが多いことから、本特例を以下「立体買換えの特例」と

第４章　居住用財産の譲渡に係る税務

いいます。

立体買換えの特例は、具体的には次の３項目の規定をいいます。

- ・　特定民間再開発事業の施行地区内における土地建物等から中高層耐火建築物への買換えの場合の特例（措法37の５①一）
- ・　やむを得ない事情により特定民間再開発事業の施行地外に転出する場合の居住用財産の軽減税率の特例（措法37の５⑤）
- ・　既成市街地等内にある土地等の中高層の耐火共同住宅の建設のための買換えの場合の特例（措法37の５①二）

## ⑵　特定民間再開発事業の施行地区内における土地建物等から中高層耐火建築物への買換えの場合の特例

### ①　適用要件

本特例は、次のイからへのすべての要件を満たす場合に限り適用を受けることができます（措法37の５①一）。

イ　譲渡資産の範囲

譲渡資産は、既成市街地等の区域等（他に７区域（地区））内で行われる特定民間再開発事業の用に供するための土地等・建物又は構築物（棚卸資産等は除きます。）をいい、譲渡した土地等・建物の用途は問わず（事業の用に供しているものは除きます。）、短期譲渡所得となる所得であっても対象となります（措法37の５①・37①、措令20の２⑭二・25①・25の４③）。

ロ　買換資産の範囲

買換資産は、特定民間再開発事業の施行により、譲渡した土地等の上に建築された地上階数４以上の中高層耐火建築物（その敷地の用に

264

供されている土地等を含みます。）等で、かつ、その取得の日から1年以内に居住の用（親族の居住の用も含みます。）に供する又は供する見込みのもの等が対象になります（措法37の5①、措令25の4③・④）。

ハ　特定民間再開発事業の範囲

　特定民間再開発事業とは、民間が行う再開発事業のうち、次の(イ)から(ニ)までのすべての要件を満たすもので、その事業に係る中高層耐火建築物の建築主の申請に基づき、都道府県知事等の認定を受けたものをいいます（措令25の4②、措規18の6①）。

(イ)　既成市街地等の区域等（他に7区域（地区））内で行われること

(ロ)　その事業の施行される土地の区域の面積が1,000㎡以上であること

(ハ)　その事業の施行区域内において、都市計画法に定める都市計画施設又は地区施設の用に供される土地又は建築基準法施行令で定める空地が確保されていること

(ニ)　その事業の施行地区内の利用の共同化に寄与するものとして、次のいずれの要件も満たすこと

・　その事業の施行地区内の土地につき所有権を有する者又はその施行地区内の土地につき借地権を有する者の数が2以上であること

・　その中高層耐火建築物の建築後におけるその施行地区内の土地に係る所有権又は借地権が、所有権者若しくは借地権者又はこれらの者及びその中高層耐火建築物を所有することになる者の2以上の者により共有されるものであること

第4章　居住用財産の譲渡に係る税務

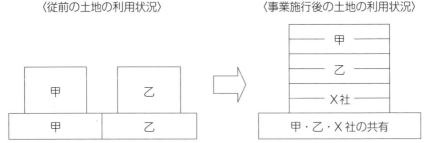

(注)　甲及び乙 ⇒ 従前からの地権者、X社 ⇒ 事業施行業者

ニ　譲渡資産の譲渡の範囲

譲渡資産の譲渡が、贈与・交換・出資による譲渡である場合又は次の特例の適用を受ける場合には、本特例の適用を受けることはできません（措法37の5①）。

・　居住用財産の特別控除の特例（措法35）
・　特定の居住用財産の買換え特例（措法36の2）
・　特定の居住用財産の交換の特例（措法36の5）等

ホ　買換資産の取得の範囲

買換資産の取得が、贈与・交換・出資による取得又は所有権移転外リース取引による場合には、本特例の適用を受けることはできません（措法37の5①）。

ヘ　買換資産の取得期間

買換資産の取得期間は、原則として譲渡した年中ですが、所轄税務署長へ承認申請を行うことにより取得期間が延長されます（措法37の5②）。

② 適用を受けるための手続

中高層耐火建築物等を取得する場合において本特例の適用を受けよう

とするときは、次の手続を行う必要があります（措法37の5②・37⑥、措令25の4、措規18の6②一イ）。

イ　確定申告書の「特例適用条文」欄に「措法37条の5」と記載します。

ロ　確定申告書に次の書類を添付します。

- 　「譲渡所得の内訳書（確定申告書付表兼計算明細書）【土地・建物用】」
- 　譲渡資産の所在地において行われる事業が、特定民間再開発事業として認定されたものである旨の都道府県知事又は国土交通大臣の証明書
- 　買換資産として取得した土地・建物等に関する登記事項証明書その他これらの資産を取得した旨を証する書類


## (3)　やむを得ない事情により特定民間再開発事業の施行地外に転出する場合の居住用財産の軽減税率の特例

### ①　本特例の概要

特定民間再開発事業の用に供するため、個人が自己の居住用家屋又はその敷地である土地等で、その譲渡の年の1月1日現在において所有期間が10年以下であるものを譲渡した場合において、特定民間再開発事業の施行により建築された中高層耐火建築物を取得することが困難である特別な事情があるため、その事業の施行地区外に転出する場合には、譲渡した資産の所有期間が10年以下であっても、措置法第31条の3第2項に規定する居住用財産に該当する資産については、居住用財産の軽減税率の特例（措法31の3）の適用を受けることができます（措法37の5⑤）。

第 4 章　居住用財産の譲渡に係る税務

② **適用要件**

　本特例は、次のイ及びロの要件を満たす場合に限り適用を受けること
ができます（措法37の5⑤）。

イ　譲渡資産の範囲

　　譲渡資産は、次の(イ)から(ハ)のいずれにも該当する資産をいいます。

　(イ)　特定民間再開発事業の施行地区内にあって、その事業の用に供す
　　るために譲渡されたもの（措法37の5①一）

　(ロ)　措置法第31条の3第2項の各号に規定する居住用財産のうち、そ
　　の年の1月1日において所有期間が10年以下のもの（措法37の5⑤）

　(ハ)　譲渡資産の譲渡が、特定民間再開発事業により建築される中高層
　　耐火建築物に係る建築確認済証の交付のあった日の翌日から、同日
　　以後6か月を経過する日までの間に行われた場合で、その譲渡資産
　　の一部について措置法第37条の5第1項の適用を受けていないもの
　　（措令25の4⑲）

ロ　中高層耐火建築物の取得が困難である特別な事情

　　中高層耐火建築物の取得が困難である特別な事情とは、譲渡資産に
該当する資産を譲渡した者及び中高層耐火建築物の建築主の申請に基
づき、譲渡資産に該当する資産を譲渡した者が、次の(イ)から(ハ)までに
掲げるいずれかの事情に該当し、特定民間再開発事業により建築され
る中高層耐火建築物を取得してそれらを居住の用に供することが困難
であると都道府県知事が認定した場合をいいます（措令25の4⑰、措
規18の6⑤）。

　(イ)　その者又はその者と同居を常況とする者が老齢であるか又はその
　　者に身体上の障害があること

　(ロ)　特定民間再開発事業により建築される中高層耐火建築物が専ら業

務の用に供する目的で設計されたものであること

(ハ)　中高層耐火建築物が住宅の用に供するのに不適当な構造・配置及び利用状況にあると認められるものであること

③　適用を受けるための手続

本特例の適用を受けようとするときは、次の手続を行う必要があります（措令25の4⑱、措規13の4・18の6⑥）。

イ　確定申告書の「特例適用条文」欄に「措法37条の5⑤」と記載します。

ロ　確定申告書に次の書類を添付します。

・　「譲渡所得の内訳書（確定申告書付表兼計算明細書）【土地・建物用】」

・　譲渡資産に関する登記事項証明書

・　譲渡資産の所在地において行われる事業が、特定民間再開発事業として認定されたものである旨の都道府県知事又は国土交通大臣の証明書

・　譲渡者について特別の事情があるとして認定したものである旨の都道府県知事の証明書等

## ⑷　既成市街地等内にある土地等の中高層の耐火共同住宅の建設のための買換えの場合の特例

①　適用要件

既成市街地等内にある土地等の中高層の耐火共同住宅の建設のための買換えの特例は、次のイからハのすべての要件を満たす場合に限り適用を受けることができます（措法37の5①二）。

第4章　居住用財産の譲渡に係る税務

イ　譲渡資産の範囲

　　譲渡資産は、次の(イ)から(ハ)に掲げる区域内にある土地等・建物又は構築物（棚卸資産等は除きます。）をいい、譲渡した土地等・建物の用途は問わず、短期譲渡所得となる所得であっても対象となります（措法37の5①二、措通37の5-1）。

　(イ)　既成市街地等の区域

　(ロ)　既成市街地等に準ずる区域として指定された区域

　(ハ)　中心市街地共同住宅供給事業の区域

ロ　買換資産の範囲

　　買換資産は、譲渡した土地等又は建物若しくは構築物の敷地の用に供されている土地等の上に建築された地上階数3以上の中高層の耐火共同住宅（その敷地の用に供されている土地等を含みます。）の全部又は一部で、次の(イ)から(ハ)に掲げる要件のすべてに該当するものをいいます（措令25の4⑤）。

　(イ)　中高層の耐火共同住宅は、譲渡資産を取得した者又は譲渡資産を譲渡した者が建築したものであること

　(ロ)　中高層の耐火共同住宅は、耐火建築物又は準耐火建築物であること

　(ハ)　中高層の耐火共同住宅の床面積の2分の1に相当する部分が、専ら居住の用に供されるものであること

ハ　譲渡及び取得の範囲等

　　譲渡の範囲・取得の範囲及び買換資産の取得期間は、前記「(2)特定民間再開発事業の施行地区内における土地建物等から中高層耐火建築物への買換えの場合の特例」の場合と同様になります。

2　居住用財産の譲渡益に係る税務

② 適用を受けるための手続

　本特例の適用を受けようとするときは、次の手続を行う必要があります（措法37の5②・37⑥、措令25の4⑨、措規18の6②二）。

イ　確定申告書の「特例適用条文」欄に「措法37条の5」と記載します。

ロ　確定申告書に次の書類を添付します。

　・　「譲渡所得の内訳書（確定申告書付表兼計算明細書）【土地・建物用】」

　・　譲渡資産の所在地が既成市街地等内である旨を証する書類等

　・　譲渡資産に関する登記事項証明書

　・　買換資産に該当する中高層の耐火共同住宅に係る建築基準法に規定する検査済証の写し

　・　中高層の耐火共同住宅に係る事業概況書等で中高層の耐火共同住宅に該当するものであることを明らかにする書類

　・　登記事項証明書その他の買換資産の取得を証する書類

*271*

第4章　居住用財産の譲渡に係る税務

# 3 居住用財産の譲渡損に係る税務

## 1　居住用財産を譲渡して譲渡損失が生じた場合

　個人が、土地又は建物を譲渡して長期譲渡所得又は短期譲渡所得の金額の計算上、譲渡損失の金額が生じた場合には、その損失の金額を他の土地又は建物の譲渡所得の金額から控除することはできますが、その控除をしてもなお控除しきれない損失の金額は、事業所得や給与所得など他の所得と損益通算することはできません（所法69）。

　ただし、長期譲渡所得に該当する場合で、居住用財産を譲渡したときに生じた譲渡損失の金額については、一定の要件を満たす場合に限り（次の2又は3に該当する場合に限り）、譲渡をした年に事業所得や給与所得など他の所得との損益通算をすることができ、これらの通算を行ってもなお控除しきれない損失の金額については、その譲渡の年の翌年以後3年間にわたり繰り越して控除することができます（措法41の5、41の5の2）。

## 2　居住用財産の買換え等の場合の譲渡損失の損益通算及び繰越控除

### (1)　本特例の概要

　居住用財産（旧居宅）を平成29年12月31日までに譲渡して、新たに居住用財産（新居宅）を購入した場合に、旧居宅の譲渡による損失（譲渡損失）が生じたときは、一定の要件を満たすものに限り、その譲渡損失をその年の事業所得や給与所得など他の所得から控除（損益通算）することができます。さらに、損益通算を行っても控除しきれなかった譲渡損失は、譲渡の年の翌年以後3年内に繰り越して控除（繰越控除）することが認めら

*272*

れ、この特例を居住用財産の買換え等の場合の譲渡損失の損益通算及び繰越控除の特例といいます（措法41の5）。

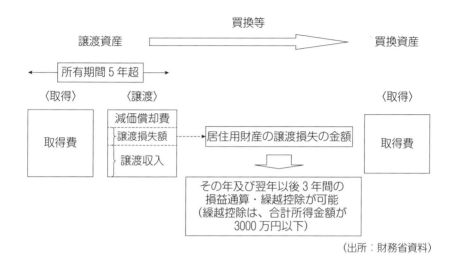

（出所：財務省資料）

(2) **適用要件**

本特例の適用対象となる「譲渡資産」及び「買換資産」の範囲は、次のとおりです。

〈譲渡資産の範囲〉

本特例の適用対象となる「譲渡資産」とは、個人が有する家屋又は土地等（土地又は土地の上に存する権利をいいます。）で譲渡した年の1月1日において所有期間が5年を超えるもののうち、次に掲げるものをいいます（措法41の5⑦一、措令26の7⑨）。

① 国内に所在する居住用家屋

譲渡する個人が居住の用に供している家屋で国内に所在するもの（居住の用に供している家屋を2以上有する場合には、主として居住の用に供し

ている一の家屋に限られ、また、譲渡する家屋のうちに居住の用以外の用に
供している部分がある場合には、居住の用に供している部分に限られます。)

② **居住の用に供されなくなった一定の居住用家屋**

上記①の家屋でその個人の居住の用に供されなくなったもの（その個
人の居住の用に供されなくなった日から同日以後3年を経過する日の属する
年の12月31日までの間に譲渡されるものに限られます。)

③ **居住用家屋及びその敷地**

上記①又は②の家屋及びその家屋の敷地の用に供されている土地等

④ **居住用家屋を取り壊した場合**

居住していた家屋又は居住しなくなった家屋を取り壊した場合は、次
の要件すべてに該当する必要があります。

イ　その敷地は、家屋が取り壊された日の属する年の1月1日において
所有期間が5年を超えるものであること

ロ　その敷地の譲渡契約が、家屋を取り壊した日から1年以内に締結さ
れ、かつ、居住しなくなった日から3年目の年の12月31日までに譲渡
すること

ハ　家屋を取り壊してから譲渡契約を締結した日まで、その敷地を貸駐
車場などその他の用に供していないこと

⑤ **居住用家屋が滅失した場合におけるその敷地**

譲渡する個人の上記①の家屋が災害により滅失した場合において、そ
の個人がその家屋を引き続き所有していたならば、譲渡した年の1月1
日において所有期間が5年を超えることとなるその家屋の敷地の用に供
されていた土地等（その災害があった日から同日以後3年を経過する日の
属する年の12月31日までの間に譲渡されるものに限られます。）であること

⑥　特定譲渡も含まれる

　本特例には、通常の譲渡のほか、特定譲渡（借地権の設定などの譲渡所得の基因となる不動産等の貸付け）を含みますが、その個人の親族等に対する譲渡及び贈与又は出資による譲渡は除かれます。


〈買換資産の範囲〉

　本特例の適用対象となる「買換資産」とは、次に掲げるものをいいます（措法41の5⑦一、措令26の7⑤）。

①　国内に所在する居住用家屋

　譲渡資産を譲渡した個人が居住の用に供する家屋で次に掲げるもの（居住の用に供する家屋を2以上有する場合には、これらの家屋のうちその者が主としてその居住の用に供すると認められる一の家屋に限ります。）又はその家屋の敷地の用に供する土地等で、国内にあるもの

②　居住の用に供する家屋の床面積

　一棟の家屋の床面積のうちその個人が居住の用に供する部分の床面積が50㎡以上であるものをいい、一棟の家屋のうち、独立部分を区分所有する場合には、その独立部分の床面積のうちその個人が居住の用に供する部分の床面積が50㎡以上であるものに限られます。


## (3)　特例の適用除外（措法41の5、措令26の7）

①　損益通算及び繰越控除の両方が適用できない場合

　イ　旧居宅の譲渡者と購入者が、親子や夫婦など特別の関係にある場合

　　　特別の関係には、このほか生計を一にする親族・家屋を譲渡した後その譲渡した家屋で同居する親族・内縁関係にある者・特殊な関係にある法人なども含まれます。

第4章　居住用財産の譲渡に係る税務

ロ　旧居宅を譲渡した年の前年及び前々年に次の特例を適用している場合

　　㈤　居住用財産を譲渡した場合の長期譲渡所得の軽減税率の特例（措法31の3）

　　㈥　居住用財産の譲渡所得の3,000万円の特別控除（ただし、措置法第35条第3項の規定により適用する場合を除きます。）

　　㈦　特定の居住用財産の買換えの場合の長期譲渡所得の課税の特例（措法36の2）

　　㈨　特定の居住用財産を交換した場合の長期譲渡所得の課税の特例（措法36の5）

ハ　旧居宅を譲渡した年又はその年の前年以前3年内における資産の譲渡について、特定居住用財産の譲渡損失の損益通算の特例（措法41の5の2①）の適用を受ける場合又は受けている場合

ニ　譲渡の年の前年以前3年内の年において生じた他の居住用財産の譲渡損失の金額について居住用財産を買い換えた場合の譲渡損失の特例を受けている場合

②　**繰越控除が適用できない場合**

イ　旧居宅の敷地の面積が500㎡を超える場合

　　旧居宅の敷地の面積が500㎡を超える場合は、500㎡を超える部分に対応する譲渡損失の金額については適用できません。

ロ　住宅借入金等がない場合

　　繰越控除を適用する年の12月31日において、新居宅について償還期間10年以上の住宅借入金等がない場合

ハ　合計所得金額が3,000万円を超える場合

　　合計所得金額が3,000万円を超える年がある場合は、その年に限り

適用できません。

## ⑷ 適用を受けるための手続

### ① 居住用財産の譲渡損失の金額が生じた年分

本特例の適用を受けるためには、居住用財産の譲渡損失が生じた年分の所得税について、本特例の適用を受けようとする旨の記載があり、かつ、次の書類の添付がある確定申告書を提出する必要があります（措法41の5②、措規18の25①）。

イ　居住用財産の譲渡損失の金額の明細書（確定申告書付表）

ロ　居住用財産の譲渡損失の損益通算及び繰越控除の対象となる金額の計算書

ハ　譲渡した資産が次のいずれかの資産に該当する事実を記載した書類

　(イ)　自己が居住している家屋のうち国内にあるもの

　(ロ)　上記(イ)の家屋で自己が以前に居住していたもの（居住しなくなった日から3年目の年の12月31日までの間に譲渡されるものに限られます。）

　(ハ)　上記(イ)又は(ロ)の家屋及びその家屋の敷地や借地権

　(ニ)　上記(イ)の家屋が災害により滅失した場合において、その家屋を引き続き所有していたとしたならば、その年の1月1日において所有期間が5年を超えるその家屋の敷地や借地権（災害があった日から3年目の年の12月31日までの間に譲渡したものに限られます。）

ニ　譲渡資産に係る登記事項証明書、譲渡契約書の写しその他これらに類する書類で、次のことを明らかにするもの

　(イ)　譲渡した年の1月1日において、譲渡資産の所有期間が5年を超えること

　(ロ)　譲渡資産のうちに土地等が含まれている場合のその面積

第4章 居住用財産の譲渡に係る税務

ホ 譲渡した時において住民票に記載されていた住所と譲渡資産の所在地とが異なる場合その他これらに類する場合には、戸籍の附票の写し等で、譲渡資産が上記ハの(イ)から(ニ)のいずれかに該当することを明らかにするもの

ヘ 買換資産に係る登記事項証明書、譲渡契約書の写しその他の書類で、次のことを明らかにするもの

(イ) 買換資産を取得したこと

(ロ) 買換資産の取得をした年月日

(ハ) 買換資産に係る家屋の床面積のうち居住の用に供する部分の床面積が50㎡以上であること

ト 取得をした買換資産に係る住宅借入金等の残高証明書

チ 確定申告書の提出の日までに買換えた資産に居住していない場合には、その旨及び居住用として使用を開始する予定年月日その他の事項を記載したもの

　また、本特例を適用して確定申告書を提出する者は、上記ヘからチに掲げる書類を、居住用財産を譲渡した年の年末までに買換資産を取得する場合にはその確定申告書の提出の日までに、また、居住用財産を譲渡した年の翌年中に買換資産を取得する場合には、その翌年分の所得税の確定申告書の提出期限までに提出しなければなりません。

② **居住用財産の譲渡損失の金額が生じた年分の翌年分以後の年分**

　本特例の適用を受けるためには、居住用財産の譲渡損失の金額が生じた年分の所得税について、上記①の書類の添付がある確定申告書をその提出期限までに提出することに加え、その後の年分において連続して確定申告書を提出し、かつ、その確定申告書に買換資産に係る住宅借入金等の残高証明書など次の書類を添付する必要があります（措法41の5

⑤、措規18の25②・③)。

イ　繰越控除の特例の適用を受けようとする各年の12月31日における買換資産に係る住宅借入金等の残高証明書

ロ　通算後譲渡損失の金額及びその金額の計算の基礎その他参考となるべき事項を記載した明細書

## ⑸　本特例の留意点

### ①　居住用財産を買換えた場合の譲渡損失に係る損益通算の順序

イ　まず、その年分の経常所得の金額(利子・配当・不動産・事業・給与・雑所得の金額をいいます。)について、損益通算の規定による控除を行います。

ロ　次に、本特例の譲渡損失の金額を次の(イ)から(ト)の所得金額から順次控除します。

　(イ)　総合短期譲渡所得の金額

　(ロ)　総合長期譲渡所得の金額

　(ハ)　一時所得の金額

　(二)　土地等に係る事業所得等の金額

　(ホ)　経常所得の金額

　(ヘ)　山林所得の金額

　(ト)　退職所得の金額

ハ　その上で、その年の前年以前3年内に純損失の金額がある場合には、純損失の繰越控除を行います(繰越控除は、最も古い年分に生じた純損失の金額から順次控除します。)。

二　更に、その年の前年以前3年内に雑損失の金額がある場合には、雑損失の繰越控除を行います(繰越控除は、最も古い年分に生じた雑損失

第 4 章　居住用財産の譲渡に係る税務

の金額から順次控除します。）。

② **居住用財産を買換えた場合の譲渡損失に係る繰越控除の順序**

イ　まず、その年分の損益通算の規定による控除を行います。

ロ　次に、その年の前年以前 3 年内に純損失の金額がある場合には、純損失の繰越控除を行います（繰越控除は、最も古い年分に生じた純損失の金額から順次控除します。）。

ハ　その上で、本特例による繰越控除を行いますが、この場合、次の(イ)から(ヘ)の所得金額から順次控除します。

　(イ)　分離長期譲渡所得の金額

　(ロ)　分離短期譲渡所得の金額

　(ハ)　総所得金額

　(ニ)　土地等に係る事業所得等の金額

　(ホ)　山林所得金額

　(ヘ)　退職所得金額

　(ト)　更に、その年の前年以前 3 年内に雑損失の金額がある場合には、雑損失の繰越控除を行います（繰越控除は、最も古い年分に生じた雑損失の金額から順次控除します。）。

③ **居住用財産を買換えた場合の譲渡損失の損益通算及び繰越控除を適用した後の修正申告**

　本特例を適用して所得税の確定申告書を提出していた者が、居住用財産（譲渡資産）を譲渡した年の翌年末までに新たに居住用財産（買換資産）を取得しない場合（281頁ケース A）、買換資産を取得した年の年末においてその買換資産に係る住宅借入金等の金額を有しない場合（282頁ケース B）又は買換資産を取得した年の翌年末までにその買換資産をその者の居住の用に供しない場合（282頁ケース C・D）には、それぞれ

損益通算の規定を適用することができないことから、譲渡資産を譲渡した年の翌年末又は買換資産の取得をした年の翌年末から4か月以内に損益通算をした年分の所得税について修正申告書を提出し、かつ、その期限内に修正申告書の提出により納付すべき税額を納付しなければなりません。

また、居住用財産を買い換えた場合の譲渡損失の繰越控除の規定を適用し所得税の確定申告書を提出していた者が、買換資産を取得した年の翌年末までにその買換資産をその者の居住の用に供しない場合（282頁ケースD）には、同日から4か月以内に繰越控除をした年分の所得税について修正申告書を提出し、かつ、その期限内に修正申告書の提出により納付すべき税額を納付しなければなりません。

なお、修正申告書の提出期限までに修正申告書を提出しその期限内に納付すべき税額を納付すれば、加算税や延滞税は賦課されません。

［修正申告書の提出が必要な場合］

### ケースA　譲渡した年の翌年末までに買換資産を取得しない場合

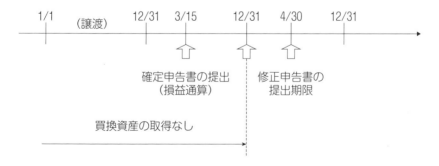

第4章　居住用財産の譲渡に係る税務

**ケースB　買換資産を取得した年の年末に住宅借入金等を有しない場合**

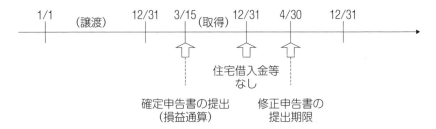

**ケースC　買換資産を居住の用に供しない場合（譲渡した年に買換資産を取得した場合）**

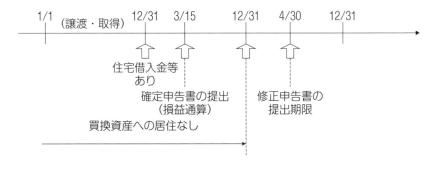

**ケースD　買換資産を居住の用に供しない場合（譲渡した年の翌年に買換資産を取得した場合）**

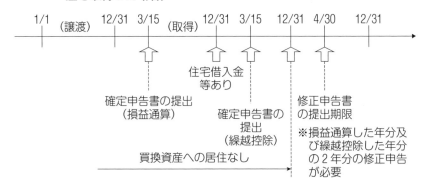

## 3　特定居住用財産の譲渡損失の損益通算及び繰越控除

### ⑴　本特例の概要

　平成29年12月31日までに住宅借入金等のある居住用財産を住宅借入金等の残高を下回る価額で譲渡して損失（譲渡損失）が生じたときは、一定の要件を満たすものに限り、その譲渡損失をその年の事業所得や給与所得など他の所得から控除（損益通算）することができます。

　さらに損益通算を行っても控除しきれなかった譲渡損失は、譲渡の年の翌年以後3年内に繰り越して控除（繰越控除）することができます。

　これらの特例を、特定居住用財産の譲渡損失の損益通算及び繰越控除の特例といいます（措法41の5の2）。

　なお、本特例は、新たな居住用財産（買換資産）を取得しない場合であっても適用することができます。

### ⑵　譲渡損失の損益通算限度額

　居住用財産の譲渡契約日の前日における住宅借入金等の残高から譲渡価額を差し引いた残りの金額が、損益通算の限度額となります（次頁図参照）（措法41の5の2⑦）。

第4章　居住用財産の譲渡に係る税務

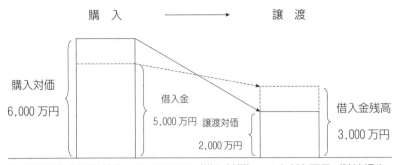

2,000万円（譲渡対価）－6,000万円（購入対価）＝△4,000万円（譲渡損失の金額）
3,000万円（借入金残高）－2,000万円（譲渡対価）＝1,000万円（損益通算限度額）
4,000万円＞1,000万円
※　1,000万円（特定居住用財産譲渡損失の金額）← 損益通算ができる金額

※　説明を簡潔にするため、減価償却などは考慮していません。

(3) 適用要件

　本特例の適用を受けることができる「譲渡資産の範囲（措法41の5の2⑦一、措令26の7の2）」及び「住宅借入金等の範囲（措法41の5の2⑦四、措令26の7の2⑨、措規18の26④～⑩）」は、次のとおりです。

① 居住用財産の譲渡

　本制度の適用を受けるためには、自己の居住用財産（譲渡資産）を譲渡することが必要になります。

　なお、以前に居住していた家屋の場合には、居住しなくなった日から3年目の12月31日までに譲渡することとされています。

　また、この譲渡には譲渡所得の基因となる不動産等の貸付けが含まれ、親族等への譲渡は除外されます。

② 家屋を取り壊した場合

　居住していた家屋又は居住しなくなった家屋を取り壊した場合は、次

の要件すべてに該当する必要があります。

イ　その敷地は、家屋が取り壊された日の属する年の1月1日において所有期間が5年を超えるものであること

ロ　その敷地の譲渡契約が、家屋を取り壊した日から1年以内に締結され、かつ、住まなくなった日から3年目の年の12月31日までに譲渡すること

ハ　家屋を取り壊してから譲渡契約を締結した日まで、その敷地を貸駐車場などその他の用に供していないこと

③　国内に所在する長期所有の居住用財産

譲渡の年の1月1日における所有期間が5年を超える居住用財産（譲渡資産）で日本国内にあるものの譲渡であること

④　譲渡資産に係る一定の住宅借入金等

譲渡した居住用財産の譲渡契約日の前日において、その居住用財産に係る償還期間10年以上の住宅借入金等の残高があり、居住用財産の譲渡価額がその住宅借入金等の残高を下回っていること


⑷　**特例の適用除外**（措法41の5の2、措令26の7の2）

①　損益通算及び繰越控除の両方が適用できない場合

イ　親子や夫婦など特別の関係がある人に対して居住用財産を譲渡した場合

特別の関係には、このほか生計を一にする親族・家屋を譲渡した後その譲渡した家屋で同居する親族・内縁関係にある者・特殊な関係にある法人なども含まれます。

ロ　居住用財産を譲渡した年の前年及び前々年に次の特例を適用している場合

第4章　居住用財産の譲渡に係る税務

　　㈥　居住用財産を譲渡した場合の長期譲渡所得の軽減税率の特例（措
　　　　法31の３）

　　㈤　居住用財産の譲渡所得の3,000万円の特別控除（措法35）（「被相続
　　　　人の居住用財産に係る譲渡所得の特別控除の特例」によりこの特例の適
　　　　用を受けている場合を除きます。）

　　㈦　特定の居住用財産の買換えの場合の長期譲渡所得の課税の特例
　　　　（措法36の２）

　　㈢　特定の居住用財産を交換した場合の長期譲渡所得の課税の特例
　　　　（措法36の５）

　ハ　居住用財産を譲渡した年の前年以前３年以内の年において生じた他
　　　の居住用財産の譲渡損失の金額について、特定の居住用財産の譲渡損
　　　失の損益通算の特例を適用している場合

　ニ　居住用財産を譲渡した年又はその年の前年以前３年内における資産
　　　の譲渡について、居住用財産を買い換えた場合の譲渡損失の損益通算
　　　及び繰越控除の特例（措法41の５①）の適用を受ける場合又は受けて
　　　いる場合

　　※　本特例と、住宅借入金等特別控除制度は併用できます。

②　繰越控除が適用できない場合

　　合計所得金額が3,000万円を超える年がある場合は、その年のみ適用
　ができません。


**⑸　特例の適用手続**

①　損益通算の場合

　　確定申告書に、次の書類を添付する必要があります（措法41の５の２

②、措規18の26①・②)。

　なお、居住用財産の譲渡契約日の前日においてその居住用財産を譲渡した者の住民票に記載されていた住所とその居住用財産の所在地とが異なる場合などには、戸籍の附票の写し、消除された戸籍の附票の写しその他これらに類する書類でその居住用財産を譲渡した者がその居住用財産を居住の用に供していたことを明らかにするものを、併せて提出しなければなりません。

イ　特定居住用財産の譲渡損失の金額の明細書（確定申告書付表）

ロ　特定居住用財産の譲渡損失の損益通算及び繰越控除の対象となる金額の計算書（租税特別措置法第41条の５の２用）

ハ　譲渡した居住用財産に関する次の書類

　(イ)　登記事項証明書や譲渡契約書の写しなどで所有期間が５年を超えることを明らかにするもの

　(ロ)　譲渡資産に係る住宅借入金等の残高証明書（譲渡契約日の前日のもの）

②　繰越控除の場合

　次の書類の添付等が必要です（措法41の５の２⑤、措規18の26③）。

イ　損益通算の適用を受けた年分について、上記①のすべての書類の添付がある期限内申告書を提出したこと

ロ　損益通算の適用を受けた年分の翌年分から繰越控除を適用する年分まで連続して確定申告書（損失申告用）を提出すること

# 第 5 章
# 居住用財産の相続に係る税務

第5章 居住用財産の相続に係る税務

# 1 相続税の課税方式

## 1 相続税の仕組み

　相続税は、相続や遺贈によって取得した財産及び相続時精算課税の適用を受けて贈与により取得した財産の価額の合計額（債務などの金額を控除し、相続開始前3年以内の贈与財産の価額を加算します（正味の遺産額)。）が基礎控除額を超える場合に、その超える部分（課税遺産総額）に対して課税されます（相法11）。

## 2 基礎控除額と正味の遺産額

　正味の遺産額が基礎控除額を超える場合には、相続税が課税されることから、相続税の申告及び納税が必要になります。

　正味の遺産額とは、次のイメージ図のとおり、遺産総額と相続時精算課税の適用を受ける贈与財産の合計から、非課税財産・葬式費用及び債務を控除し、相続開始前3年以内の贈与財産を加えたものになります（相法11の2〜15）。

*290*

1 相続税の課税方式

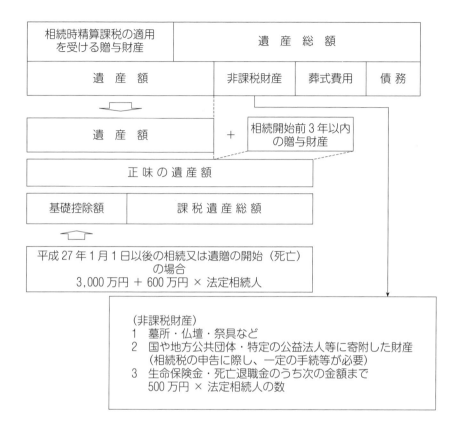

## 3 相続税の納税義務者と課税財産

　相続税が課税される者（納税義務者）及び相続税の課税される財産の範囲は、次のようになっています（相法1の3、2）。

第 5 章　居住用財産の相続に係る税務

| 相続税の納税義務者 | 相続税が課税される財産の範囲 |
|---|---|
| (1)　相続や遺贈で財産を取得した者で、財産を取得した時に日本国内に住所を有している者（その者が一時居住者である場合には、被相続人が一時居住被相続人又は非居住被相続人である場合を除きます。） | 取得したすべての財産 |
| (2)　相続や遺贈で財産を取得した者で、財産を取得した時に日本国内に住所を有しない次に掲げる者<br>　イ　財産を取得した時に日本国籍を有している者の場合は、次のいずれかの者<br>　　(イ)　相続の開始前10年以内に日本に住所を有していたことがある者<br>　　(ロ)　相続の開始前10年以内に日本に住所を有していたことがない者（被相続人が一時居住被相続人又は非居住被相続人である場合を除きます。）<br>　ロ　財産を取得した時に日本国籍を有していない者（被相続人が一時居住被相続人、非居住被相続人又は非居住外国人である場合を除きます。） | 取得したすべての財産 |
| (3)　相続や遺贈で日本国内にある財産を取得した者で、財産を取得した時に日本国内に住所を有している者（(1)に掲げる者を除きます。） | 日本国内にある財産 |
| (4)　相続や遺贈で日本国内にある財産を取得した者で、財産を取得した時に日本国内に住所を有しない者（(2)に掲げる者を除きます。） | 日本国内にある財産 |
| (5)　上記(1)～(4)のいずれにも該当しない者で贈与により相続時精算課税の適用を受ける財産を取得した者 | 相続時精算課税の適用を受ける財産 |

(注)
1　一時居住者の定義
　　一時居住者とは、相続開始の時に在留資格（出入国管理及び難民認定法別表第一（在留資格）上欄の在留資格をいいます。）を有する者で、その相続の開始前15年以内に日本国内に住所を有していた期間の合計が10年以下の者をいいます。

2 一時居住被相続人の定義

　一時居住被相続人とは、相続開始の時に在留資格（出入国管理及び難民認定法別表第一（在留資格）上欄の在留資格をいいます。）を有し、かつ、日本国内に住所を有していた被相続人で、その相続の開始前15年以内に日本国内に住所を有していた期間の合計が10年以下の者をいいます。

3 非居住被相続人

　非居住被相続人とは、相続開始の時に日本国内に住所を有していなかった被相続人で、①相続の開始前10年以内に日本国内に住所を有していたことがある者のうち、その相続の開始前15年以内に日本国内に住所を有していた期間の合計が10年以下の者（その期間引き続き日本国籍を有していなかった者に限ります。）又は、②その相続の開始前10年以内に日本国内に住所を有していたことがない者をいいます。

4 非居住外国人の定義

　非居住外国人とは、平成29年4月1日から相続又は遺贈の時まで引き続き日本国内に住所を有しない者で日本国籍を有しない者をいいます。

## 4　相続税の申告及び納税

　相続税の申告及び納税が必要になる者は、相続又は遺贈により取得した財産（被相続人の死亡前3年以内に被相続人から贈与により取得した財産を含みます。）及び相続時精算課税の適用を受けて贈与により取得した財産の額の合計額が遺産に係る基礎控除額を超える場合です。

　したがって、その遺産に係る基礎控除額の範囲内であれば申告及び納税は不要になります。

## 5　相続税の申告期限

　相続税の申告は被相続人が死亡したことを知った日の翌日から10か月以内に行うことになっています（相法27）。

　例えば、1月6日に死亡した場合には、その年の11月6日が申告期限になります。

　相続税の申告書の提出先は、被相続人の死亡の時における住所が日本国

第5章　居住用財産の相続に係る税務

内にある場合は、被相続人の住所地を所轄する税務署であり、財産を取得した者の住所地を所轄する税務署ではありません（相法附則3、相基通27-3）。

## 6　相続税の納税

　相続税の納税は、上記5の申告期限までに行うことになっています（相法33）。

　税金は金銭で一度に納めるのが原則ですが、相続税については、特別な納税方法として延納と物納制度があります（相法38、40）。

　延納・物納を希望する者は、申告書の提出期限までに税務署に申請書などを提出して許可を受ける必要があります（相法39、41）。

(注)1　延納

　　国税は、金銭で一時に納付することが原則ですが、相続税額が10万円を超え、金銭で納付することを困難とする事由がある場合には、納税者の申請により、その納付を困難とする金額を限度として、担保を提供することにより、年賦で納付することができます。

　　なお、この延納期間中は利子税の納付が必要となります。

　2　物納

　　相続税については、延納によっても金銭で納付することを困難とする事由がある場合には、納税者の申請により、その納付を困難とする金額を限度として一定の相続財産による物納が認められています。

## 2　特定居住用宅地等（小規模宅地等）の減額特例

### 1　本特例の概要

#### (1)　小規模宅地等の特例の概要

　本特例は、個人が、相続又は遺贈により取得した財産のうち、その相続開始の直前において被相続人等（被相続人又は被相続人と生計を一にする親族をいいます。）の事業の用に供されていた宅地等又は被相続人等の居住の用に供されていた宅地等（下記「(3)特例対象宅地等の範囲」参照）のうち、一定の選択をしたもので限度面積までの部分（以下「小規模宅地等」といいます。）について、相続税の課税価格に算入すべき価額の計算上、一定の割合（80％又は50％）を減額する制度です（措法69の4）。

#### (2)　特例の適用対象者

　本特例の適用を受けることができる者は、上記(1)のとおり相続又は遺贈により特例対象宅地等を取得した個人をいうことから、相続人だけでなく相続人以外の者が遺贈により取得した場合であっても、本特例の適用を受けることができます（措法69の4①）。

　ただし、相続開始前3年以内に贈与により宅地等を取得した者や相続時精算課税に係る贈与により宅地等を取得した者については、本特例の適用を受けることはできません（措通69の4-1）。

#### (3)　特例対象宅地等の範囲

　本特例の対象となる宅地等とは、特定事業用宅地等・特定同族会社事業

第5章　居住用財産の相続に係る税務

用宅地等・貸付事業用宅地等及び特定居住用宅地等（以下「特例対象宅地等」といいます。）のいずれかに該当するものをいいます（措法69の4③）。

なお、宅地等とは、土地又は土地の上に存する権利（借地権）で、一定の建物又は構築物の敷地の用に供されているものをいい、棚卸資産及びこれに準ずる資産に該当しないものに限られます。

### (4)　特例対象宅地等の限度面積及び減額割合

#### ①　限度面積及び減額割合

平成27年1月1日以後に相続開始があった被相続人に係る相続税について、小規模宅地等については、相続税の課税価格に算入すべき価額の計算上、次の表に掲げる区分ごとに一定割合が減額されます（措法69の4②）。

| 特例対象宅地等の区分 | | 限度面積 | 減額割合 |
|---|---|---|---|
| 特定事業用宅地等 | 特定事業用宅地等 | 400㎡ | 80% |
| | 特定同族会社事業用宅地等 | 400㎡ | 80% |
| 貸付事業用宅地等 | | 200㎡ | 50% |
| 特定居住用宅地等 | | 330㎡ | 80% |

#### ②　相続開始の直前の利用区分による限度面積及び減額割合

上記①の特例対象宅地等の区分による限度面積及び減額割合をさらに詳解すると、次のようになります。

被相続人等の事業の用に供されていた宅地等及び居住の用に供されていた宅地等のうち、相続開始の直前において、特定事業用宅地等・特定同族会社事業用宅地等・貸付事業用宅地等及び特定居住用宅地等に該当する宅地等である場合には、次頁の表に掲げる区分ごとに一定の割合が減額されます。

2 特定居住用宅地等（小規模宅地等）の減額特例

| 相続開始の直前における<br>宅地等の利用区分 | | | 要　件 | | 限度面積 | 減額割合 |
|---|---|---|---|---|---|---|
| 被相続人等の事業の用に供されていた宅地等 | 貸付事業以外の事業用の宅地等 | | (イ) | 特定事業用宅地等に該当する宅地等 | 400㎡ | 80% |
| | 貸付事業用の宅地等 | 一定の法人に貸し付けられ、その法人の事業（貸付事業を除きます。）用の宅地等 | (ロ) | 特定同族会社事業用宅地等に該当する宅地等 | 400㎡ | 80% |
| | | | (ハ) | 貸付事業用宅地等に該当する宅地等 | 200㎡ | 50% |
| | | 一定の法人に貸し付けられ、その法人の貸付事業用の宅地等 | (ニ) | 貸付事業用宅地等に該当する宅地等 | 200㎡ | 50% |
| | | 被相続人等の貸付事業用の宅地等 | (ホ) | 貸付事業用宅地等に該当する宅地等 | 200㎡ | 50% |
| 被相続人等の居住の用に供されていた宅地等 | | | (ヘ) | 特定居住用宅地等に該当する宅地等 | 330㎡ | 80% |

**(注)** 1　「貸付事業」とは、「不動産貸付業」・「駐車場業」・「自転車駐車場業」及び事業と称するに至らない不動産の貸付けその他これに類する行為で相当の対価を得て継続的に行う「準事業」をいいます（以下「不動産貸付業等」といいます。）。

　　　2　「一定の法人」とは、相続開始の直前において被相続人及び被相続人の親族等が法人の発行済株式の総数又は出資の総額の50％超を有している場合におけるその法人（相続税の申告期限において清算中の法人を除きます。）をいいます。

　　　3　平成25年度改正により、平成27年1月1日以後から限度面積が次のように拡充されました。

*297*

第5章　居住用財産の相続に係る税務

　イ　特定居住用宅地等の限度面積の拡充

　ロ　特定事業用宅地等と特定居住用宅地等を併用する場合の限度面積の拡充

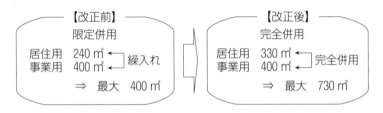

③　特例の適用を選択する宅地等が次のいずれに該当するかに応じて、限度面積を判定します。

　イ　特定事業用等宅地等（(イ)又は(ロ)）を選択する場合又は特定居住用宅地等（(ヘ)）を選択する場合

⇒　((イ)+(ロ)) ≦ 400㎡であること。また、(ヘ) ≦ 330㎡であること

　ロ　貸付事業用宅地等（(イ)、(ロ)又は(ホ)）及びそれ以外の宅地等（(イ)、(ロ)又は(ヘ)）を選択する場合

⇒　((イ)+(ロ)) × 200/400 + (ヘ) × 200/330 + ((ハ) + (ニ) + (ホ))
　　≦ 200㎡であること

## 2 特定居住用宅地等に係る小規模宅地等の減額特例

### (1) 特定居住用宅地等とは

① 一定の要件を満たす宅地等

　相続開始の直前において被相続人等の居住の用に供されていた宅地等で、次の区分に応じ、それぞれに掲げる要件のすべてに該当する被相続人の親族が相続又は遺贈により取得したものをいいます。

イ　被相続人の居住の用に供されていた宅地等

　被相続人の居住の用に供されていた宅地等で、次の(イ)又は(ロ)及び(ハ)のいずれかに該当する被相続人の親族が相続等により取得したものをいいます（措法69の4③二イ・ロ）。

(イ)　配偶者が取得した場合

　被相続人の居住の用に供されていた宅地等を被相続人の配偶者が取得した場合には、次の(ロ)及び(ハ)の要件は不要になります。

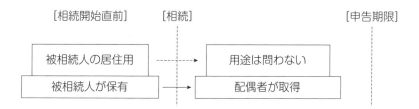

(ロ)　同居親族が取得した場合

　被相続人の居住の用に供されていた宅地等を被相続人の同居親族が取得した場合には、次の「居住継続要件」及び「保有継続要件」を満たすものをいいます。

第5章　居住用財産の相続に係る税務

| 居住継続要件 | 相続開始直前において、その宅地等の上に存する家屋に被相続人と同居しており、かつ、相続税の申告期限まで引き続きその家屋に居住していること |
|---|---|
| 保有継続要件 | その宅地等を相続税の申告期限まで有していること |

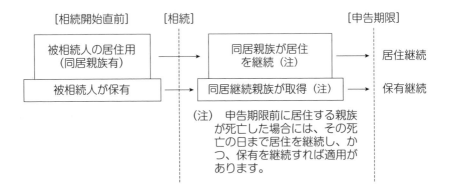

(ハ)　非同居親族が取得した場合

　被相続人の居住の用に供されていた宅地等を被相続人の非同居親族が取得した場合には、次の「人的構成要件」・「家屋所有及び非居住要件」及び「保有継続要件」を満たすものをいいます。

| 人的構成要件 | 被相続人の配偶者又は相続開始直前に被相続人の居住の用に供されていた家屋に居住していた親族（被相続人の民法に規定する相続人をいう）がいないこと |
|---|---|
| 家屋所有及び非居住要件 | 相続開始前3年以内に国内にある自己又は自己の配偶者の所有する家屋に居住したことがないこと |
| 保有継続要件 | その宅地等を相続税の申告期限まで有していること |

2 特定居住用宅地等（小規模宅地等）の減額特例

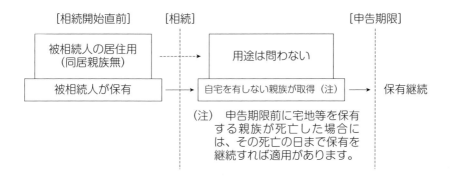

ロ　被相続人と生計を一にする親族の居住の用に供されていた宅地等

被相続人と生計を一にする親族の居住の用に供されていた宅地等で、次の(イ)又は(ロ)のいずれかに該当する被相続人の親族が相続等により取得したものをいいます（措法69の4③二ハ）。

(イ)　配偶者が取得した場合

被相続人と生計を一にする親族の居住の用に供されていた宅地等を被相続人の配偶者が取得した場合には、次の(ロ)の要件は不要になります。

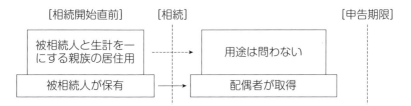

(ロ)　生計を一にする親族が取得した場合

被相続人と生計を一にする親族の居住の用に供されていた宅地等を被相続人と生計を一にする親族が取得した場合には、次の「居住継続要件」及び「保有継続要件」を満たすものをいいます。

第5章 居住用財産の相続に係る税務

| 居住継続要件 | 相続開始直前から相続税の申告期限まで引き続きその家屋に居住していること |
|---|---|
| 保有継続要件 | その宅地等を相続税の申告期限まで有していること |

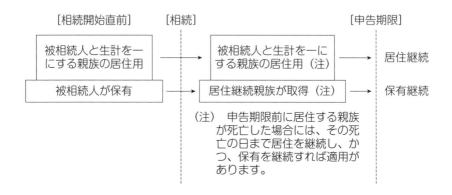

② 居住用宅地等が2以上ある場合

　被相続人等の居住の用に供されていた宅地等が2以上ある場合には、そのうち被相続人等が主として居住の用に供していた一の宅地等に特例が適用されます。

　相続財産に、被相続人の居住の用に供されていた宅地等と被相続人と生計一親族の居住の用に供されていた宅地等があれば、限度面積の範囲内において、それぞれの宅地等について特例が適用されます（措令40の2⑧）。

　具体的には、次のようになります。

イ　被相続人の居住の用に供されていた宅地等が2以上ある場合（ハに掲げる場合を除きます。）

　　被相続人が主としてその居住の用に供していた宅地等がB宅地であれば、B宅地に対して特例が適用されます。

2 　特定居住用宅地等（小規模宅地等）の減額特例

| A宅地　　被相続人 | B宅地　（主）被相続人 |
|---|---|

ロ　被相続人と生計を一にしていた親族の居住の用に供されていた宅地
　等が2以上ある場合（ハに掲げる場合を除きます。）

　　被相続人と生計を一にしていた親族が2人以上ある場合には、限度
　面積の範囲内において、その親族ごとにそれぞれ主としてその居住の
　用に供していた一の宅地等に対し特例が適用されます（親族甲はB宅
　地、親族乙はC宅地に適用されます。）。

| A宅地<br>親族　甲 | B宅地<br>（主）親族　甲 | C宅地<br>（主）親族　乙 | D宅地<br>親族　乙 |
|---|---|---|---|

ハ　被相続人及び被相続人と生計を一にしていた親族の居住の用に供さ
　れていた宅地等が2以上ある場合

　㈤　被相続人が主としてその居住の用に供していた一の宅地等と生計
　　を一にしていた親族が主としてその居住の用に供していた宅地等と
　　が同一である場合には、限度面積の範囲内において、B宅地に対し
　　特例が適用されます。

| A宅地<br>被相続人 | B宅地<br>（主）被相続人<br>（主）親族　甲 | C宅地<br>被相続人<br>親族　甲 | D宅地<br>親族　甲 |
|---|---|---|---|

　㈥　㈤に掲げる以外の場合

　　　被相続人が主としてその居住の用に供していた一の宅地等（B宅
　　地）及び生計を一にしていた親族が主としてその居住の用に供して
　　いた一の宅地等（C宅地）に、限度面積の範囲内において、特例が

303

第5章　居住用財産の相続に係る税務

適用されます。

| A 宅地 | B 宅地 | C 宅地 | D 宅地 |
|---|---|---|---|
| 被相続人 | （主）被相続人 | （主）親族 甲 | 被相続人、親族 甲 |

## (2)　特定居住用宅地等の範囲

### ①　被相続人等以外の者が所有する建物があるとき

　被相続人が所有する宅地等の上に存する建物の所有者が、被相続人及び被相続人の親族以外の者である場合には、その建物に被相続人等が居住していたとしても、その宅地等は特定居住用宅地等に該当しません。

### ②　被相続人等が所有する建物があるとき

　被相続人が所有する宅地等の上に存する建物の所有者が、被相続人又は被相続人の親族である場合には、建物の貸借形態（有償又は無償）により、次のようになります。

イ　被相続人が所有する建物がある場合

　(イ)　被相続人が居住の用に供している場合

　　被相続人が宅地等及びその宅地等の上に存する建物を所有し、その建物を被相続人が居住の用に供していた場合には、建物の所有者と使用者が同一であることから、賃料（家賃）の支払いが発生しないため建物の貸借形態は存在せず、その宅地等は特定居住用宅地等（減額割合80％）に該当します（次頁表(イ)参照）。

　(ロ)　生計を一にする親族が居住の用に供している場合

　　被相続人が宅地等及びその宅地等の上に存する建物を所有し、その建物を被相続人と生計を一にする親族が居住の用に供していた場

合には、建物の所有者と使用者が異なるため、建物の貸借形態の相違が特定居住用宅地等の範囲に影響します。

被相続人と生計を一にする親族が、被相続人に対し賃貸借契約に基づき相当の対価（家賃）を支払っている場合には、その宅地等は特定居住用宅地等に該当しませんが、貸付事業用宅地等（減額割合50％）には該当することになります（下表(ロ)参照）。

また、被相続人と生計を一にする親族が被相続人に対し相当の対価（家賃）を支払っていなかった場合（無償）には、特定居住用宅地等（減額割合80％）に該当します（下表(ハ)参照）。

［相続開始直前］

| 居住の用に供していた者 | 建物の貸借形態 | 減額割合 |
|---|---|---|
| 被相続人 | な し | (イ) 80％ |
| 生計を一にする親族 | 有 償 | (ロ) 50％ |
| | 無 償 | (ハ) 80％ |

建物は被相続人が所有
宅地等は被相続人が所有

ロ　被相続人と生計を一にする親族が所有する建物がある場合

(イ)　生計を一にする親族が居住の用に供している場合

被相続人が宅地等を所有し、その宅地等の上に存する建物を被相続人と生計を一にする親族が所有し、その建物を被相続人と生計を一にする親族が居住の用に供していた場合には、建物の所有者と使用者が同一であることから、賃料（家賃）の支払いが発生しないため建物の貸借形態は存在せず（土地の貸借形態は無償とします。）、その宅地等は特定居住用宅地等（減額割合80％）に該当します（下表

*305*

第5章　居住用財産の相続に係る税務

(イ)参照)。

(ロ)　被相続人が居住の用に供している場合

被相続人が宅地等を所有し、その宅地等の上に存する建物を被相続人と生計を一にする親族が所有し、その建物を被相続人が居住の用に供していた場合には、建物の所有者と使用者が異なるため、建物の貸借形態の相違が特定居住用宅地等の範囲に影響します（土地の貸借形態は無償とします。）。

被相続人が、被相続人と生計を一にする親族に対し賃貸借契約に基づき相当の対価（家賃）を支払っている場合には、特定居住用宅地等に該当しませんが、貸付事業用宅地等（減額割合50％）には該当します（下表(ロ)参照）。

また、被相続人が被相続人と生計を一にする親族に対し相当の対価（家賃）を支払っていなかった場合（無償）には、特定居住用宅地等（減額割合80％）に該当します（下表(ハ)参照）。

［相続開始直前］

| 居住の用に供していた者 | 建物の貸借形態 | 減額割合 |
|---|---|---|
| 生計を一にする親族 | な　し | (イ)　80％ |
| 被相続人 | 有　償 | (ロ)　50％ |
| | 無　償 | (ハ)　80％ |

建物は被相続人と生計を一にする親族が所有

宅地等は被相続人が所有

ハ　被相続人と生計を別にする親族が所有する建物がある場合

(イ)　生計を別にする親族が居住の用に供している場合

被相続人が宅地等を所有し、その宅地等の上に存する建物を被相

続人と生計を別にする親族が所有し、その建物を被相続人と生計を別にする親族が居住の用に供していた場合には、建物の所有者と使用者が同一であることから、賃料（家賃）の支払いが発生しないため建物の貸借形態は存在せず（土地の貸借形態は無償とします。）、その宅地等は特定居住用宅地等に該当しません（下表(イ)参照）。

(ロ)　被相続人等が居住の用に供している場合

　被相続人が宅地等を所有し、その宅地等の上に存する建物を被相続人と生計を別にする親族が所有し、その建物を被相続人等が居住の用に供していた場合には（土地の貸借形態は無償とします。）、建物の所有者と使用者が異なるため、建物の貸借形態の相違が特定居住用宅地等の範囲に影響します。

　被相続人等が、被相続人と生計を別にする親族に対し賃貸借契約に基づき相当の対価（家賃）を支払っている場合には、特定居住用宅地等には該当しません（下表(ロ)参照）。

　しかし、被相続人等が被相続人と生計を別にする親族に対し相当の対価（家賃）を支払っていなかった場合（無償）には、特定居住用宅地等（減額割合80％）に該当します（下表(ハ)参照）。

[相続開始直前]

| 居住の用に供していた者 | 建物の貸借形態 | 減額割合 | |
|---|---|---|---|
| 生計を別にする親族 | な　し | (イ) | 適用なし |
| 被相続人又は被相続人と生計を一にする親族 | 有　償 | (ロ) | 適用なし |
| | 無　償 | (ハ) | 80% |

建物は被相続人と生計を別にする親族が所有

宅地等は被相続人が所有

第5章　居住用財産の相続に係る税務

## (3)　特定居住用宅地等の判定

　次の①から④の具体例（Ｑ＆Ａを含みます。）により、特定居住用宅地等の判定を行います。

### ①　生活の拠点を置いていた建物の敷地

　イ　生活の拠点を置いていた建物の敷地の判定

　　　被相続人等がその宅地等の上に存する建物に生活の拠点を置いていたかどうかの判定は、その者の日常生活の状況・その建物への入居目的・その建物の構造及び設備の状況・生活の拠点となるべき他の建物の有無その他の事実を総合勘案して判定します。

　　　したがって、次のような建物の敷地は、被相続人等が居住していた事実があったとしても、被相続人等が生活の拠点を置いていた建物の敷地に該当しません。

---

(イ)　居住の用に供する建物の建築期間中だけの仮住まいである建物

(ロ)　他に生活の拠点と認められる建物がありながら、小規模宅地等の特例の適用を受けるためのみの目的その他の一時的な目的で入居した建物

(ハ)　主として趣味、娯楽又は保養の用に供する目的で有する建物

---

　ロ　入院により空き家となっていた建物の敷地の判定

　　　被相続人は、相続開始前に病気治療のために入院し、退院することなく亡くなり、被相続人が入院前まで居住していた建物は相続開始直前まで空き家となっていましたが、退院したとすれば従前どおり居住の用に供することができる状況にあったとします。

　　　このような場合には、病院の機能等を踏まえると、被相続人がそれまで居住していた建物で起居しないのは、一時的なものと認められる

308

ことから、その建物が入院後他の用途に供されたような特段の事情のない限り、被相続人の生活の拠点はなおその建物に置かれていると解するのが実情に合致するものと考えられます。

したがって、その建物の敷地は、空き家となっていた期間の長短を問わず、相続開始直前において被相続人の居住の用に供されていた宅地等に該当します。

② 老人ホームへの入所により空き家となっていた建物の敷地

> Q 被相続人甲は、要介護認定を受けたため、居住していた建物を離れて老人ホームに入所しましたが(終身利用権を取得)、平成29年5月に老人ホームで亡くなりました。
>
> 被相続人甲が老人ホームへの入所前まで居住していた建物は、相続開始の直前まで空き家となっていましたが、この建物の敷地は、相続開始の直前において被相続人の居住の用に供されていた宅地等として、特定居住用宅地等に該当するのでしょうか。

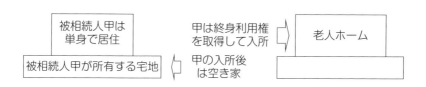

A 被相続人甲が所有していた建物の敷地は、相続開始の直前において被相続人の居住の用に供されていた宅地等に該当し、特定居住用宅地等(減額割合80%、限度面積330㎡)の適用を受けることができます(措令40の2②)。

第5章　居住用財産の相続に係る税務

解説

イ　平成25年12月31日以前の取扱い

　　平成25年12月31日以前は、被相続人が老人ホームに入所したため、相続開始の直前においても、それまで居住していた建物を離れていた場合において、次に掲げる状況が客観的に認められるときには、被相続人が居住していた建物の敷地は、相続開始の直前においても被相続人の居住の用に供されていた宅地等に該当するものと考えられていました。

(イ)　介護の必要のために入所したものであること
(ロ)　貸付けなど他の者の居住の用に供した事実がないこと
(ハ)　空き家はいつでも生活できるように維持管理されていること
(ニ)　所有権又は終身利用権を取得していないこと

　　事例では、被相続人甲は終身利用権を取得して老人ホームに入所しているため（上記(ニ)の要件を満たさないため）、被相続人の居住の用に供されていた宅地等に該当せず、特定居住用宅地等の適用を受けることはできませんでした。

ロ　平成26年1月1日以後の取扱い（要件緩和）

　　平成25年度改正により、相続開始の直前において被相続人の居住の用に供されていなかった宅地等の場合であっても、次の要件を満たすときには、その被相続人により老人ホームに入所する直前まで居住の用に供されていた宅地等については、被相続人等の居住の用に供されていた宅地等に当たることとされ、平成26年1月1日以後に相続又は遺贈により取得する場合について適用されています。

310

## 2 特定居住用宅地等（小規模宅地等）の減額特例

(イ) 介護の必要のために入居したものであること

(ロ) 貸付けなど他の者の居住の用に供した事実がないこと

※ 平成25年12月31日以前の取扱いにおける(ハ)と(ニ)が削除されました。

　なお、上記(イ)の介護について、被相続人が要介護認定等を受けていたかどうかは、被相続人が相続開始の直前において要介護認定等を受けていたかにより判定します。

　したがって、平成26年1月1日以後は、老人ホームに入所をする時点において要介護認定等を受けていない場合であっても、その被相続人が相続開始の直前において要介護認定等を受けていれば、老人ホームに入所をする直前まで被相続人の居住の用に供されていた建物の敷地は、相続開始の直前においてその被相続人の居住の用に供されていた宅地等に該当することになりました。

ハ　相続開始の日以後に要介護認定等があった場合

　老人ホームに入所していた被相続人が要介護認定等の申請中に相続が開始した場合において、その被相続人の相続開始の日以後に要介護認定等があったときは、要介護認定等はその申請のあった日にさかのぼってその効力が生ずることとなります。

　要介護認定等が行われる場合、市町村は被相続人の生前に心身の状況等の調査を行っていることから、被相続人が相続開始の直前において介護又は支援を必要とする状態にあったことは明らかであると認められます。

　したがって、被相続人は相続開始の直前において要介護認定等を受けていた者に該当するものとされます。

311

第5章　居住用財産の相続に係る税務

### ③　二世帯住宅の敷地

> Q　被相続人乙は、乙が所有する宅地に二世帯住宅を建設し、その二
> 世帯住宅の２階部分を配偶者とともに居住の用に供し、１階部分は
> 生計を別にする長男家族が居住の用に供していました（建物は区分
> 登記されていません。）。
>
> 　被相続人乙は、平成29年５月に死亡したため、相続人である配偶
> 者及び長男は、乙が所有していた二世帯住宅の建物の敷地を各２分
> の１共有持分を相続により取得することになりました。
>
> 　この場合において、配偶者及び長男が取得した建物の敷地は、相
> 続開始の直前において被相続人の居住の用に供されていた宅地等と
> して、特定居住用宅地等に該当するのでしょうか。

**A**　二世帯住宅の建物が区分所有建物である旨の登記がされていな
いため、宅地のすべてが被相続人等の居住の用に供されていた
宅地等に該当し、特定居住用宅地等（減額割合80％、限度面積330㎡）の
適用を受けることができます（措令40の２④）。

解説

　イ　平成26年１月１日以後における二世帯住宅の見直し

　　　平成25年12月31日以前は、一棟の二世帯住宅で構造上区分のあるも
のについて、被相続人及び被相続人の親族が各独立部分に居住してい
た場合において、その親族が相続等により取得した二世帯住宅の敷地
の用に供されていた宅地等の特定居住用宅地等の判定は、次頁表
（「改正前」欄参照）のように、二世帯住宅の内部で行き来が可能か否

312

2 特定居住用宅地等（小規模宅地等）の減額特例

かにより行われていました（内部で行き来が可能であれば、その宅地等は特定居住用宅地等の適用を受けることができます。）。

しかし、平成25年度改正により、平成26年1月1日以後は二世帯住宅が区分所有建物の登記がされているか否かにより判定することになりました（区分所有建物の登記がされていなければ、その宅地等は特定居住用宅地等の適用を受けることができます。）。

| 改　正　前 | 改　正　後 |
|---|---|
| (ｲ)　内部での行き来が可能な場合 <br> ……　同居扱い（80％減額） | 同居扱い（80％減額） |
| (ﾊ)　内部での行き来が不可能な場合 <br> ……　別居扱い（適用なし） | 同居扱い（80％減額） |

**(注)**　改正後は、二世帯住宅の内部で行き来が可能であるか否かにかかわらず、区分所有建物の登記がされていなければ、その宅地等は特定居住用宅地等の適用を受けることができます。

ロ　配偶者及び長男の特定居住用宅地等の判定

(ｲ)　配偶者の特定居住用宅地等の判定

　　事例の二世帯住宅は、区分所有建物である旨の登記がされていないことから、敷地全体が被相続人等の居住の用に供されていた宅地等に該当します。

　　したがって、配偶者が取得した上記の宅地等の共有持分2分の1のすべてについて、特定居住用宅地等の適用を受けることができます。

(ﾛ)　長男の特定居住用宅地等の判定

　　事例の二世帯住宅が区分所有建物である旨の登記がされていないことから、長男は相続人の要件の一つである「同居の親族」に該当することになり、長男が取得した上記の宅地等の共有持分2分の1

第5章　居住用財産の相続に係る税務

のすべてについて、特定居住用宅地等の適用を受けることができます。

④　二世帯住宅の敷地の計算例

> Q　被相続人丙は、自己の所有する宅地の上に一棟の建物を所有し、丙とその配偶者及び生計を別にする長男の居住の用に供していました（建物は、区分所有建物である旨の登記がなく、丙の単独名義です。）。
> 　配偶者及び長男は、その宅地の2分の1の持分を各々相続により取得し、申告期限まで引き続き所有し、かつ、居住の用に供していました。
> 　被相続人丙の所有していた宅地は、特定居住用宅地等に該当するのでしょうか。
>
>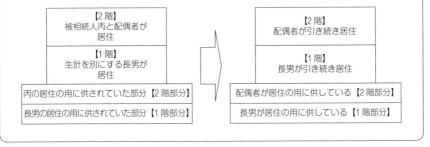

A　区分所有建物である旨の登記がなければ、配偶者及び長男が相続により取得した宅地のすべて（200㎡）は、相続開始の直前において被相続人丙の居住の用に供されていた宅地等に該当し、特定居住用宅地等（減額割合80％、限度面積330㎡）の適用を受けることができます。

しかし、区分所有建物である旨の登記がされている場合には、特定居住用宅地等の適用を受けることができる宅地等の範囲が縮減します（措

2 特定居住用宅地等（小規模宅地等）の減額特例

令40の2④）。

解説

イ 区分所有建物である旨の登記がされていない場合

　区分所有建物である旨の登記がなければ、敷地全体が被相続人の居住の用に供されていた宅地等に該当します。

　したがって、次の(イ)及び(ロ)に掲げるように配偶者及び長男が相続により取得した宅地のすべて（200㎡）について、特定居住用宅地等（減額割合80％、限度面積330㎡）の適用を受けることができます。

(イ) 配偶者の特定居住用宅地等の判定

　配偶者が取得した、【1階部分】（100㎡）及び【2階部分】（100㎡）の持分割合（2分の1）に応ずる部分の宅地（100㎡）は、特定居住用宅地等に該当します。

[【1階部分】（100㎡）＋【2階部分】（100㎡）]×1／2＝100㎡

(ロ) 長男の特定居住用宅地等の判定

　長男は、被相続人丙の居住の用に供されていた一棟の建物の「被相続人の親族の居住の用に供されていた部分」に居住していた者であって、相続開始から申告期限まで、被相続人等の居住の用に供されていた宅地等を有し、かつ、その建物に居住していることから、「同居の親族」に該当します。

　したがって、長男が取得した、【1階部分】（100㎡）及び【2階部分】（100㎡）の持分割合（2分の1）に応ずる部分の宅地（100㎡）は、特定居住用宅地等に該当します。

315

第5章　居住用財産の相続に係る税務

> ［【１階部分】（100㎡）＋【２階部分】（100㎡）］ × １／２ ＝100㎡

ロ　区分所有建物である旨の登記がされている場合

　　区分所有建物である旨の登記がされている場合には、被相続人丙の居住の用に供されていた部分（【２階部分】）だけが、特定居住用宅地等に該当し、生計を別にする長男の居住の用に供されていた部分（【１階部分】）は、特定居住用宅地等に該当しません。

(イ)　配偶者の特定居住用宅地等の判定

　　配偶者は、【１階部分】（100㎡）及び【２階部分】（100㎡）の持分割合（２分の１）を取得していますが、特定居住用宅地等に該当する部分は、【２階部分】のみです。

　　したがって、配偶者が取得した【２階部分】（100㎡）の持分割合（２分の１）に応ずる部分（50㎡）が、特定居住用宅地等に該当することになります。

> 【２階部分】（100㎡）× １／２ ＝50㎡

(ロ)　長男の特定居住用宅地等の判定

　　長男は、被相続人丙の居住の用に供されていた一棟の建物の「被相続人の居住の用に供されていた部分」に居住していた者に該当しないことから「同居の親族」に該当しません。

　　また、長男は、自ら所有する建物に居住し、かつ、被相続人と生計を一にしていないため、「非同居親族」・「生計一親族」にも該当しません。

　　したがって、長男が取得した、【１階部分】（100㎡）及び【２階部分】（100㎡）の持分割合（２分の１）に応ずる部分の宅地（100㎡）

2 特定居住用宅地等（小規模宅地等）の減額特例

は、すべて特定居住用宅地等に該当しないことになります。

---

#### ※　特定居住用宅地等の判定の参考となる事前照会

回答年月日：平成28年8月22日　　回答者：関東信越国税局審理課長

庭先部分を相続した場合の小規模宅地等についての相続税の課税価格の計算の特例（租税特別措置法第69条の4）の適用について

#### 1　事前照会の趣旨及び事実関係

　被相続人甲が居住の用に供していた家屋（被相続人甲所有）の敷地は、次頁図のようにX部分の土地とY部分の土地の二筆から構成されており、相続人A（甲の子）と相続人B（甲の養子であり、Aの子）とでこれらの土地をそれぞれ相続により取得することとしました（次頁図参照）。

　ここで、被相続人甲とともに当該家屋に居住していた相続人Aが、X部分の土地を相続により取得し、申告期限まで引き続きX部分の土地を有し、かつ当該家屋に居住することとした場合、相続人Aが当該相続により取得したX部分の土地について、特定居住用宅地等（措法69の4③二イ）に該当するとして、小規模宅地等の相続税の課税価格の計算の特例（措法69の4）の適用を受けることができますか。

　なお、当該家屋はY部分の土地とともに相続人Bが相続により取得しますが、当該家屋には、今後も継続して相続人Aが居住する予定です。

第5章　居住用財産の相続に係る税務

（図）

```
┌─────────────────────────────────────────────────┐
│  ┌ ─ ─ ─ ─ ─ ─ ─ ─ ─ ─ ─ ─ ─ ─ ─ ─ ─ ─ ─ ─ ┐    │
│  │ 居住用家屋                                 │    │
│  │   相続人Bが相続により取得し、             │    │
│  │   相続人Aが継続して居住                   │    │
│  └ ─ ─ ─ ─ ─ ─ ─ ─ ─ ─ ─ ─ ─ ─ ─ ─ ─ ─ ─ ─ ┘    │
│                                                   │
│  Y部分                    ┌──────────────────────┤
│    相続人Bが相続により取得│  X部分               │
│                           │    相続人Aが相続により取得│
└───────────────────────────┴──────────────────────┘
```

## 2　事前照会者の求める見解となることの理由

　被相続人の居住の用に供されていた宅地等で一定のものについては、本件特例の対象となる宅地等となるところ（措法69の4①）、この「被相続人の居住の用に供されていた宅地等」とは、相続開始の直前において、被相続人等の居住の用に供されていた家屋で被相続人が所有していたものの敷地の用に供されていた宅地等をいうこととされています（租税特別措置法（相続税法の特例関係）の取扱いについて（法令解釈通達）69の4-7）。

　そして、被相続人の居住の用に供されていた一棟の建物に居住していた親族が、その被相続人の居住の用に供されていた宅地等を相続により取得し、相続開始時から申告期限まで引き続きその宅地等を有し、かつ、その建物に居住している場合には、その相続により取得した被相続人の居住の用に供されていた宅地等については、「特定居住用宅地等」に該当し、本件特例の適用を受けることができることとされています（措法69の4③二イ）。

　ところで、本件特例の趣旨は、「被相続人等の居住の用に供されていた小規模な宅地等については、一般に、それが相続人等の生活基盤の維持のために欠くことのできないものであって、相続人において居住の用を廃してこれを処分することについて相当の制約を受けるのが通常であることか

318

ら、相続税の課税価格に算入すべき価額を計算する上において、政策的な観点から一定の減額をすることとした」（東京地裁平成23年8月26日判決等）ことにあると解されています。

本件において、被相続人甲と同居していた相続人Aが相続により取得するX部分の土地は、相続開始の直前において、被相続人甲の居住の用に供されていた家屋で、被相続人甲が所有していたものの敷地ですが、X部分の土地の上に当該家屋が存しないため、居住の用を廃することなく、X部分の土地のみを処分することが可能であることからすると、上記の本件特例の趣旨に照らし、本件特例の適用は認められないのではないかとの疑問が生じるところです。

しかしながら、相続人Aが相続により取得するX部分の土地と相続人Bが相続により取得するY部分の土地は、事実関係に記載のとおり、一体として「相続の開始直前において被相続人の居住の用に供されていた家屋で被相続人が所有していたものの敷地の用に供されていた宅地」であることからすると、居住の用を廃する必要があるかどうかにかかわらず、X部分の土地は、「相続の開始直前において被相続人の居住の用に供されていた家屋で被相続人が所有していたものの敷地の用に供されていた宅地」に該当すると考えます。

また、相続人Aは、被相続人甲の親族であり、「相続開始の直前において被相続人の居住の用に供されていた一棟の建物に居住していた者」に該当します。

したがって、相続人AがX部分の土地を相続により取得し、申告期限まで引き続きX部分の土地を有し、かつ、家屋に居住している場合には、X部分の土地は、「特定居住用宅地等」として、本件特例の対象になると考えられます。

第5章　居住用財産の相続に係る税務

## 3　特例の適用を受けるための手続

### ⑴　適用を受けるための手続

　小規模宅地等の特例は、相続税の申告書（期限後申告書及び修正申告書を含みます。）に、本特例の適用を受ける旨の記載及び計算に関する明細書その他の財務省令で定める小規模宅地等の特例の区分（特定事業用宅地等・特定同族会社事業用宅地等・貸付事業用宅地等・特定居住用宅地等）に応じた次の書類の添付がある場合に適用されます（措法69の4⑥、措規23の28）。

　なお、税務署長は、申告書の提出がなかった場合又は記載若しくは添付がない申告書の提出があった場合においても、やむを得ない事情があると認めるときは、本特例の適用を認めることができます（措法69の4⑦）。

| 小規模宅地等の特例の区分 | | 根拠規定 | 減額割合 | 添付書類 | | |
|---|---|---|---|---|---|---|
| | | | | 戸籍謄本（注1） | 遺言書の写し又は遺産分割協議書の写し（注2） | その他 |
| 事業用宅地等 | 特定事業用宅地等 | 措置法69の4③一 | 80% | ○ | ○ | |
| | 特定同族会社事業用宅地等 | 措置法69の4③三 | 80% | ○ | ○ | （注3） |
| | 貸付事業用宅地等 | 措置法69の4③四 | 50% | ○ | ○ | |

320

## 2 特定居住用宅地等（小規模宅地等）の減額特例

| 居住用宅地等 | 特定居住用宅地等 | 配偶者 | 措置法69の4③二 | 80% | ○ | ○ | |
|---|---|---|---|---|---|---|---|
| | | その他の者 | 二号イ | | ○ | ○ | （注4） |
| | | | 二号ロ | | ○ | ○ | （注5） |
| | | | 二号ハ | | ○ | ○ | （注4） |

（注）1　戸籍謄本は、相続開始の日から10日を経過した日以後に作成されたもの
　　　2　遺産分割協議書に押印した印鑑証明書の添付も必要になります。
　　　3　その法人の定款の写し及びその法人の発行済株式総数・被相続人等の有する株式総数等を証明するもの
　　　4　その親族が個人番号を有しない場合には、その親族が小規模宅地等を自己の居住の用に供していることを明らかにする書類
　　　5　その親族が個人番号を有しない場合には、相続開始の日の３年前の日から相続開始の日までの間におけるその親族の住所等を明らかにする書類及び相続開始の日の３年前の日から相続開始の直前までの間にその親族が居住していた家屋がその者又は配偶者が所有するものでないことを明らかにする登記事項証明書等の書類

## (2)　特例対象宅地等の分割

　小規模宅地等の特例は、相続税の申告期限までに相続人等によって分割されていない特例対象宅地等には適用されません（措法69の4④）。

　ただし、申告期限までに分割されていない宅地等が、次のいずれかに該当することとなったときは、特例を適用することができます（措令40の2⑯、措規23の2⑨）。

### ①　申告期限後３年以内に分割された場合

　　（注）　申告期限までに分割されていない宅地等について、申告期限後に分割され特例の適用を受けるときは、その旨及び分割されていない事情及び分割の見込みの詳細を記載した書類（「申告期限後３年以内の分割見込書」）を相続税の申告書に添付して提出する必要があります。

第5章　居住用財産の相続に係る税務

② 申告期限後3年以内に分割できないことについてやむを得ない事情があり、所轄税務署長の承認を受けた場合で、分割できることとなった日として定められた日の翌日から4月以内に分割されたとき

(注) 所轄税務署長の承認を受けようとするときは、相続税の申告期限後3年を経過する日の翌日から2月を経過する日までに申請書（「遺産が未分割であることについてやむを得ない事由がある旨の承認申請書」）を税務署長に提出する必要があります。

　　なお、「やむを得ない事情」とは、次のような場合をいいます。
・ その相続等に関して訴えの提起がされた場合
・ その相続等に関する和解、調停又は審判の申立てがされている場合
・ 民法の規定に基づき遺産の分割が禁止されているなどの場合
・ その他税務署長においてやむを得ない事情があると認められる場合

## (3)　申告期限後3年以内に分割された場合における更正の請求

　相続税の申告期限までに分割されていた特例対象宅地等について小規模宅地等の特例の適用を受けるためには、原則として期限内申告書等によらなければなりませんが、申告期限までに特例対象宅地等の全部又は一部が分割されなかったことにより、特例対象宅地等の選択ができず、特例の適用を受けていなかった場合において、上記(2)①（注）の「申告期限後3年以内の分割見込書」を提出しているときは、申告期限から3年以内に特例対象宅地等の全部又は一部が分割されたことにより、その選択された特例対象宅地等について、更正の請求により小規模宅地等の特例の適用を受けることができます（措法69の4④・⑤）。

## (4)　特例の適用に係る同意

　小規模宅地等の特例の適用を受ける場合において、特例対象宅地等を相続等により取得した個人が2人以上いるときは、小規模宅地等の特例の適

2 特定居住用宅地等（小規模宅地等）の減額特例

用を受けようとする特例対象宅地等の選択について、その取得した個人全員の同意が必要になります（措令40の2⑤）。

---

※　特例の同意に係る裁判例

平成28年7月22日東京地裁判決（原告敗訴　⇒　控訴）

（平成29年1月26日東京高裁判決（棄却））

〈相続税の小規模宅地等の特例について、特例適用対象土地を取得した相続人全員の同意を証する書類の提出がないことから、同特例の適用はないとした事例〉（TAINS　Z888-2017）

⑴　事案の概要

　本件は、原告が、相続財産中の土地の持分（R区土地相続分）について、その母（被相続人）と生計を一にしていた原告の事業の用に供されていた宅地等であるとして、措置法（平成22年法律第6号による改正前のもの。）69条の4第1項に規定する小規模宅地等についての相続税の課税価格の計算の特例（本件特例）の適用があるものとして相続税の申告書を提出したところ、小石川税務署長から、本件特例の適用は認められないなどとして、更正処分等を受けたことから、その取消しを求める事案である。

⑵　原告の主張

　特例対象宅地等を相続させる旨の遺言が存在する場合に、申告時点での選択同意書の添付を要件とすると、措置法69条の4第4項ただし書の適用が不能となるから、同要件は、技術的細目要件としての機能を超えて、実体要件としての機能を有するに至ってしまうとして、措置法施行令40条の

*323*

第5章　居住用財産の相続に係る税務

2第3項3号は、相続させる旨の遺言の対象となった特例対象宅地等に対し適用される限りにおいて、租税法律主義（憲法84条）に違反した違憲無効な規定となる旨を主張する。

**⑶　判示**

**①　相続財産には未分割財産も含まれる**

　措置法69条の4第1項は、相続税法11条の2に規定する相続税の課税価格を計算する際の特例として定められたものであるところ、相続税の計算に当たっては、同一の被相続人に係る全ての相続人等に係る相続税の課税価格（相続税法11条の2）に相当する金額の合計額を基にするものとしているのであって、課税価格の算定の基礎となる「相続又は遺贈により取得した財産」には、未分割財産が含まれるものというべきであるから、措置法69条の4第1項の「相続又は遺贈により取得した財産」についても、未分割財産が含まれるものというべきである。

**②　R区土地及びQ市土地は特例対象宅地等に該当**

　R区土地相続分及びQ市土地相続分は、被相続人又は被相続人と生計を一にしていたその長男である原告の事業の用に供されていた宅地等であって、措置法69条の4第1項にいう財務省令（措置法施行規則23条の2第1項）で定める建物の敷地の用に供されているもので政令（措置法施行令40条の2第2項）で定めるものに該当することは明らかであり、Q市土地相続分のような未分割財産も特例対象宅地等に含まれることは上記のとおりであるから、R区土地相続分及びQ市土地相続分は、いずれも特例対象宅地等に該当するというべきである。

**③　選択同意書の添付が必要**

　Q市土地相続分は、相続税の申告期限の時点において未分割財産であ

り、被相続人の共同相続人である本件相続人らの共有に属していたことになるから、相続により、R区土地相続分及びQ市土地相続分から成る特例対象宅地等を取得したのは、本件相続人ら全員ということになる。

したがって、本件相続において、特例対象宅地等の選択をして本件特例の適用を受けるためには、特例対象宅地等を取得した全ての相続人である本件相続人らの選択同意書を相続税の申告書に添付してしなければならないということになる（措置法施行令40条の2第3項本文）。

④　選択同意書の添付がなければ特例の適用なし

原告は、本件申告において、本件相続人らの選択同意書を添付していないのであるから、R区土地相続分について、本件特例を適用することはできないというべきである。

⑤　租税法律主義に反しない

措置法69条の4第1項は、選択特例対象宅地等を、同一の被相続人に係る全ての相続人等に係る全ての特例対象宅地等の中から選択したものと定め、全ての相続人等間で統一された選択をすることを要求しているものというべきであって、措置法施行令40条の2第3項は、これを受けて、特例対象宅地等のうち、本件特例の適用を受けるものの選択は、特例対象宅地等を取得した個人が1人である場合を除き、当該特例対象宅地等を取得した全ての個人の選択同意書を相続税の申告書に添付することを定めているのであるから、措置法69条の4第1項に規定する「政令で定めるところにより選択」との文言を受けて、その委任に基づき具体的手続を定めた規定であることが明らかである。

したがって、措置法40条の2第3項3号が租税法律主義（憲法84条）に違反する旨の原告の主張は、採用することができない。

第5章　居住用財産の相続に係る税務

## 第11・11の2表の付表1　小規模宅地等についての課税価格の計算明細書

この表では、母（国税花子）が相続した自宅のある土地（宅地）について、小規模宅地等の特例を適用して課税価格に算入する価額を計算します。

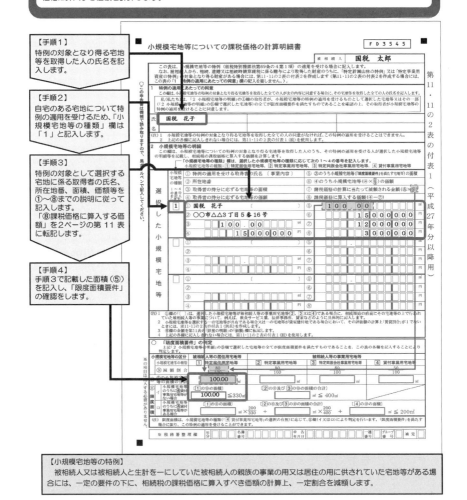

【小規模宅地等の特例】
　被相続人又は被相続人と生計を一にしていた被相続人の親族の事業の用又は居住の用に供されていた宅地等がある場合には、一定の要件の下に、相続税の課税価格に算入すべき価額の計算上、一定割合を減額します。

（出所：国税庁資料）

326

3 貸家建付地と貸付事業用宅地等における空室の取扱い

## 3 貸家建付地と貸付事業用宅地等における空室の取扱い

## 1 貸家建付地（財産評価）の評価における空室の取扱い

### (1) 財産評価の原則

　相続税法で特別の定めのあるものを除くほか、相続・遺贈又は贈与により取得した財産の価額は、その財産の取得の時における時価により評価します（相法22）。

### (2) 貸家建付地の評価

　貸家の敷地の用に供されている宅地（以下「貸家建付地」といいます。）の価額は、次の算式により計算した価額によって評価します（評基通26）。

$$
\begin{array}{l}
貸家建付 \\ 地の価額
\end{array}
=
\begin{array}{l}
自用地とし \\ ての価額
\end{array}
-
\left[
\begin{array}{l}
自用地とし \\ ての価額
\end{array}
\times
\begin{array}{l}
借地権 \\ 割　合
\end{array}
\times
\begin{array}{l}
借家権 \\ 割　合
\end{array}
\times
\begin{array}{l}
賃　貸 \\ 割　合
\end{array}
\right]
$$

　この算式における「借地権割合」及び「賃貸割合」は、それぞれ次によります。

① 借地権割合

　借地権割合は、財産評価基本通達27の定めによるその宅地に係る借地権割合によります。

② 賃貸割合

　賃貸割合は、その貸家に係る各独立部分（構造上区分された数個の部分の各部分をいいます。）がある場合に、その各独立部分の賃貸の状況に基づいて、次の算式により計算した割合によります。

第5章　居住用財産の相続に係る税務

$$
\text{賃貸割合} = \frac{\text{Aのうち課税時期において賃貸されている各独立部分の床面積の合計}}{\text{その貸家の各独立部分の床面積の合計（A）}}
$$

イ　各独立部分

　　上記算式の「各独立部分」とは、建物の構成部分である隔壁・扉・階層（天井及び床）等によって他の部分と完全に遮断されている部分で、独立した出入口を有するなど独立して賃貸その他の用に供することができるものをいいます。

　　したがって、例えば、ふすま・障子又はベニヤ板等の堅固でないものによって仕切られている部分及び階層で区分されていても、独立した出入口を有しない部分は「各独立部分」には該当しません。

　　なお、外部に接する出入口を有しない部分であっても、共同で使用すべき廊下・階段・エレベーター等の共用部分のみを通って外部と出入りすることができる構造となっているものは、上記の「独立した出入口を有するもの」に該当します。

ロ　賃貸されている各独立部分

　　前記算式の「賃貸されている各独立部分」には、継続的に賃貸されていた各独立部分で、課税時期において、一時的に賃貸されていなかったと認められるものを含むこととして差し支えありません。

## (3)　「継続的に賃貸されてきたもので、課税時期において、一時的に賃貸されていなかったと認められる」部分の範囲

　貸家の一部に空室がある場合の一時的な空室部分が、「継続的に賃貸されてきたもので、課税時期において、一時的に賃貸されていなかったと認

3 貸家建付地と貸付事業用宅地等における空室の取扱い

められる」部分に該当するかどうかは、次のような事実関係から総合的に判断します（国税庁：質疑応答事例）。

① 各独立部分が課税時期前に継続的に賃貸されてきたものかどうか
② 賃借人の退去後速やかに新たな賃借人の募集が行われたかどうか
③ 空室の期間、他の用途に供されていないかどうか
④ 空室の期間が課税時期の前後の例えば1か月程度であるなど一時的な期間であったかどうか
⑤ 課税時期後の賃貸が一時的なものではないかどうか

(4) 事例による判定

〈事　例〉

甲は平成29年2月に死亡しましたが、相続財産に次の貸家及びその敷地がありました。

貸家は、相続開始時に2階と3階が空室でしたが、その空室部分は貸家建付地として評価して差し支えないでしょうか（各階の床面積は同じとします。）。

また、貸家の敷地は、空室部分を含め貸付事業用宅地等として小規模宅地等の減額特例を適用することが可能でしょうか。

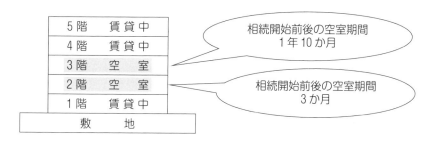

第5章　居住用財産の相続に係る税務

**(1) 貸家建付地の評価について**

　前頁(3)表④から、「空室の期間が課税時期の前後の例えば1か月程度であるなど一時的な期間」であれば、相続開始時に貸家が空室であって貸家建付地として評価して差し支えないことになります。

　しかし、事例では、2階が相続開始前後の空室期間3か月・3階が1年10か月であり、いずれの階も1か月程度を超えていることから、貸家建付地として評価することはできないものと考えられます（次の裁決を前提としていいます。）。

---

〈平成27年11月11日　大裁（諸）平27-24〉

　……本件各独立部分に係る本件相続開始日前後の空室期間は、最も短いものでも約3か月、長いものでは約1年10か月に及んでおり、国税庁タックスアンサーで示された期間（空室の期間が、課税時期前後例えば1か月程度であるなど、一時的な期間であること）を大幅に上回っているのであって、社会通念に照らしても、これが一時的なものにすぎないとは認め難く、本件各独立部分の従前の賃貸状況等の諸事情を踏まえても、本件各独立部分が「一時的に賃貸されていなかったと認められるもの」に該当すると認めることができない。

---

**(2) 小規模宅地等の減額特例について**

　小規模宅地等の減額特例のうち、貸付事業用宅地等の判定においては「1か月程度」という空室期間の制約がないことから、貸家建付地として評価できないとしても、貸付事業用宅地等の要件を満たせば、小規模宅地等の減額特例の適用を受けることができます（333頁(4)参照）。

*330*

## 2 貸付事業用宅地等（小規模宅地等）における空室の取扱い

　小規模宅地等の特例のうち貸付事業用宅地等は、「被相続人の貸付事業の用に供されていた宅地等」と「被相続人と生計を一にする親族の貸付事業の用に供されていた宅地等」に区分され、次に掲げる一定の要件を満たす宅地等をいいます。

### ⑴　一定の要件を満たす宅地等

　相続開始の直前において被相続人等の事業（不動産貸付業・駐車場業・自転車駐車場業及び準事業に限ります。）の用に供されていた宅地等で、次の①・②の区分に応じ、それぞれに掲げる要件のすべてに該当する被相続人の親族が相続又は遺贈により取得したものをいいます。

### ①　被相続人の貸付事業の用に供されていた宅地等

　被相続人の貸付事業の用に供されていた宅地等で、被相続人の親族が相続等により取得し、次の「事業承継要件」及び「保有継続要件」を満たすものをいいます。

| | |
|---|---|
| 事業承継要件 | その宅地等の上で営まれていた被相続人の貸付事業を相続税の申告期限までに承継し、かつ、申告期限までその事業を営んでいること |
| 保有継続要件 | その宅地等を相続税の申告期限まで有していること |

第5章　居住用財産の相続に係る税務

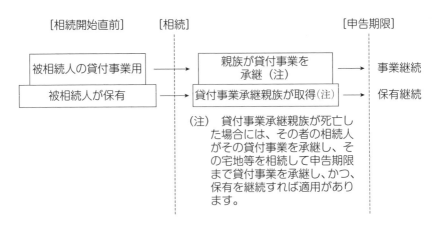

② 被相続人と生計を一にする親族の貸付事業の用に供されていた宅地等

被相続人と生計を一にする親族の貸付事業の用に供されていた宅地等で、次の「事業継続要件」及び「保有継続要件」を満たす、その貸付事業を行っていた親族が取得したものをいいます。

| 事業継続要件 | 相続開始の直前から相続税の申告期限まで、その宅地等の上で貸付事業を営んでいること |
|---|---|
| 保有継続要件 | その宅地等を相続税の申告期限まで有していること |

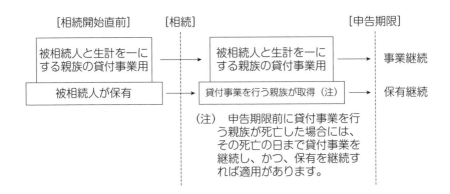

332

## (3) 貸付事業とは

　貸付事業とは、「不動産貸付業」・「駐車場業」・「自転車駐車場業」及び事業と称するに至らない不動産の貸付けその他これに類する行為で相当の対価を得て継続的に行う「準事業」をいい、事業規模は問いません。

　ただし、本特例の対象となる不動産の貸付けは、相当の対価を得て継続的に行うものに限られているため、使用貸借により貸し付けられている宅地等は対象になりません。

## (4) 空室がある場合における貸付事業用宅地等の判定

　貸付事業用宅地等の判定において、貸家建付地の評価における「空室の期間が課税時期の前後の例えば1か月程度であるなど一時的な期間であったかどうか」という制約はなく、次のような事実関係から「一時的に賃貸されていなかったと認められる部分」は貸付事業用宅地等の範囲に含まれます（資産課税課情報 第18号 平成22年7月13日 国税庁資産課税課）。

> ……例えば、相続開始の直前に空室となったアパートの1室については、空室となった直後から不動産業者を通じて新規の入居者を募集しているなど、いつでも入居可能な状態に空室を管理している場合は、相続開始時においても被相続人の貸付事業の用に供されているものと認められ、また、申告期限においても相続開始時と同様の状況にあれば被相続人の貸付事業は継続されているものと認められます。
>
> 　したがって、そのような場合は、空室部分に対応する敷地部分も含めて、アパートの敷地全部が貸付事業用宅地等に該当することとなります。

第5章 居住用財産の相続に係る税務

## (5) 事例の判定

　前頁の資産課税課情報では、「1か月程度」という空室期間の制約がないことから、貸室が空室となった直後から不動産業者を通じて新規の入居者を募集しているなど、いつでも入居可能な状態に空室を管理している場合は、相続開始時においても被相続人の貸付事業の用に供されているものと認められ、空室部分に対応する敷地部分も含めて敷地全部が貸家建付地等に該当するものと考えられます（平成6年7月22日東京地裁判決、平成7年7月19日横浜地裁判決）。

〈空室における要件の比較〉

| 貸家建付地 | 小規模宅地等（貸付事業用宅地等） |
|---|---|
| ①　各独立部分が課税時期前に継続的に賃貸されてきたものかどうか<br>②　賃借人の退去後速やかに新たな賃借人の募集が行われたかどうか<br>③　空室の期間、他の用途に供されていないかどうか<br>④　空室の期間が課税時期の前後の例えば1か月程度であるなど一時的な期間であったかどうか<br>⑤　課税時期後の賃貸が一時的なものではないかどうか | ①　空室となった直後から不動産業者を通じて新規の入居者を募集していること<br>②　いつでも入居可能な状態に空室を管理していること<br><br>⬇<br><br>③　上記①・②から相続開始時においても被相続人の貸付事業の用に供されているものと認められ、<br>④　上記①・②から申告期限においても相続開始時と同様の状況にあれば被相続人の貸付事業は継続されているものと認められる。 |

# 第 6 章
# 居住用財産の贈与に係る課税実務

第6章　居住用財産の贈与に係る課税実務

# 1 贈与税の課税方式

　贈与税の課税方法には、「暦年課税」と「相続時精算課税」の２つがあり、一定の要件に該当する場合には、「相続時精算課税」を選択することができます。

〈贈与税の課税方式（暦年課税と相続時精算課税）の比較〉

| 区　分 | 暦年課税 | 相続時精算課税<br>（相続税・贈与税の一体化措置） |
|---|---|---|
| 贈与者・<br>受贈者 | 親族間のほか、第三者からの贈与を含みます。 | 60歳以上の者から<br>20歳以上の推定相続人及び孫への贈与 |
| 選　択 | 不要 | 必要（贈与者ごと、受贈者ごとに選択）<br>→ 一度選択すれば、相続時まで継続適用 |
| 課税時期 | 贈与時<br>（その時点の時価で課税） | 同左 |
| 控　除 | 基礎控除（毎年）：110万円 | 特別控除（限度額まで複数回 使用可）：<br>2,500万円 |
| 税　率 | 10%～55%の８段階 | 一律 20% |
| 相続時 | 相続開始前３年以内の贈与は相続財産に合算（相続税額を超えて納付した贈与税は還付されません） | 贈与財産を贈与時の時価で相続財産に合算（相続税額を超えて納付した贈与税は還付） |

## 1　暦年課税

　贈与税は、一人の者がその年の１月１日から12月31日までの１年間に贈与を受けた財産の合計額から基礎控除額の110万円を差し引いた残りの額

に対して課税されます（相法21の5、措法70の2の4）。

　したがって、1年間に贈与を受けた財産の合計額が110万円以下であれば贈与税は課税されません（この場合、贈与税の申告は不要になります。）。


## (1)　贈与税の計算

　贈与税の計算は、まず、その年の1月1日から12月31日までの1年間に贈与により取得した財産の価額を合計します。

　続いて、その合計額から基礎控除額110万円を差し引き、その残額に税率を乗じて税額を計算します。

　計算に便利な速算表の利用に当たっては、基礎控除額の110万円を差し引いた後の金額を当てはめて計算します。


## (2)　贈与税の税率

　平成27年以後の贈与税の税率は、次のとおり、「一般贈与財産」と「特例贈与財産」に区分されています。

### ①　一般贈与財産用（一般税率）

　この速算表は、「特例贈与財産用」に該当しない場合の贈与税の計算に使用します（相法21の7）。

　例えば、兄弟間の贈与・夫婦間の贈与・親から子への贈与で子が未成年者の場合などに使用します。

| 基礎控除後の課税価格 | 200万円以下 | 300万円以下 | 400万円以下 | 600万円以下 | 1,000万円以下 | 1,500万円以下 | 3,000万円以下 | 3,000万円超 |
|---|---|---|---|---|---|---|---|---|
| 税　率 | 10% | 15% | 20% | 30% | 40% | 45% | 50% | 55% |
| 控除額 | － | 10万円 | 25万円 | 65万円 | 125万円 | 175万円 | 250万円 | 400万円 |

*337*

第6章 居住用財産の贈与に係る課税実務

② 特例贈与財産用（特例税率）

この速算表は、直系尊属（祖父母や父母など）から、その年の1月1日において20歳以上の者（子・孫など）への贈与税の計算に使用します（措法70の2の5）。

例えば、祖父から孫への贈与・父から子への贈与などに使用します。

| 基礎控除後の課税価格 | 200万円以下 | 400万円以下 | 600万円以下 | 1,000万円以下 | 1,500万円以下 | 3,000万円以下 | 4,500万円以下 | 4,500万円超 |
|---|---|---|---|---|---|---|---|---|
| 税率 | 10% | 15% | 20% | 30% | 40% | 45% | 50% | 55% |
| 控除額 | － | 10万円 | 30万円 | 90万円 | 190万円 | 265万円 | 415万円 | 640万円 |

| 基礎控除後の課税価格 | 特例贈与財産（直系尊属からの贈与） 税率 | 特例贈与財産（直系尊属からの贈与） 控除額 | 一般贈与財産（左記以外の者からの贈与） 税率 | 一般贈与財産（左記以外の者からの贈与） 控除額 |
|---|---|---|---|---|
| 200万円以下 | 10% | 0万円 | 10% | 0万円 |
| 300万円以下 | 15% | 10万円 | 15% | 10万円 |
| 400万円以下 | 15% | 10万円 | 20% | 25万円 |
| 600万円以下 | 20% | 30万円 | 30% | 65万円 |
| 1,000万円以下 | 30% | 90万円 | 40% | 125万円 |
| 1,500万円以下 | 40% | 190万円 | 45% | 175万円 |
| 3,000万円以下 | 45% | 265万円 | 50% | 250万円 |
| 4,500万円以下 | 50% | 415万円 | （3,000万円超）55% | 400万円 |
| 4,500万円超 | 55% | 640万円 | （3,000万円超）55% | 400万円 |

## 2 相続時精算課税

相続時精算課税を選択した場合には、贈与者ごとに、その年の1月1日から12月31日までの1年間に贈与を受けた財産の価額の合計額から2,500万円の特別控除額を控除した残額に対して20%の税率により贈与税が課税されます（相法21の9～21の12）。

なお、この特別控除額は贈与税の期限内申告書を提出する場合のみ控除することができます。

また、前年以前に特別控除の適用を受けた金額がある場合には、2,500万円からその金額を控除した残額がその年の特別控除限度額になります。

## 3 申告と納税

贈与税が課税される場合及び相続時精算課税を適用する場合には、財産の贈与を受けた者が申告と納税をする必要があり、申告と納税は、財産の贈与を受けた年の翌年2月1日から3月15日までに行わなければなりません（相法28、33）。

なお、相続時精算課税を適用する場合には、納税額がないときであっても財産の贈与を受けた年の翌年2月1日から3月15日までに申告を行う必要があります。

## 4 暦年課税及び相続時精算課税の留意点

### ⑴ 父所有の家屋に子が増築した場合の贈与税の課税関係

甲名義の木造2階建住宅に、甲の子乙が増築をしたとします（増築費用は1,000万円）。

その建築に係る部分については、旧家屋（時価は1,000万円）の部分と区

第6章　居住用財産の贈与に係る課税実務

分して登記することが困難なため、次の方法で増築後の家屋の名義を甲、乙それぞれ2分の1としました。

つまり、旧家屋の持分2分の1を甲から乙に時価で譲渡し、その譲渡代金は、乙が支出した増築費用のうち甲が負担すべき部分の金額500万円（1,000万円×1／2）と相殺することとしました。

上記の場合であれば、贈与税の課税関係は生じません。なお、家屋の敷地は、甲の所有するものであり、乙は無償でその土地を使用することになります。

## (2)　賃貸アパートの贈与に係る負担付贈与通達の適用関係

父親は、長男に対して賃貸アパート（建物）の贈与をしましたが、その贈与に当たって、賃借人から預かった敷金に相当する現金200万円の贈与も同時に行っている場合には、負担付贈与通達（平成元年3月29日付直評5外）の適用について、次のように取り扱われます。

| 〈父親から長男に対する贈与財産〉 | | |
|---|---|---|
| 賃貸アパート（建物）　○○○万円 | 敷金（賃借人） | 200万円 |
| 現金（敷金相当額）　　　200万円 | | |

## ①　敷金の法的性格

敷金とは、不動産の賃借人が、賃料その他の債務を担保するために契約成立の際、あらかじめ賃貸人に交付する金銭（権利金と異なり、賃貸借契約が終了すれば賃借人に債務の未払いがない限り返還されます。）であり、その法的性格は、停止条件付返還債務である（判例・通説）とされています。

また、賃貸中の建物の所有権の移転があった場合には、旧所有者に差し入れた敷金が現存する限り、たとえ新旧所有者間に敷金の引継ぎがなくても、賃貸中の建物の新所有者は当然に敷金を引き継ぐ（判例・通説）とされています。

② 　負担付贈与通達の適用の有無

　上記のように、旧所有者（父親）が賃借人に対して敷金返還義務を負っている状態で、新所有者（長男）に対し賃貸アパートを贈与した場合には、法形式上は、負担付贈与に該当しますが、敷金返還義務に相当する現金の贈与を同時に行っている場合には、一般的に敷金返還債務を承継させ（す）る意図が贈与者・受贈者間においてなく、実質的な負担はないと認定することができます。

　したがって、上記の場合については、実質的に負担付贈与に当たらないと解するのが相当であることから、負担付贈与通達の適用はありません。

第 6 章　居住用財産の贈与に係る課税実務

## 2　贈与税の配偶者控除（2,000万円）の特例

### 1　本特例の概要

　配偶者間の贈与については、婚姻期間20年以上である配偶者から一定の居住用不動産又は居住用不動産を取得するための金銭を贈与により取得した場合には、次に掲げる理由から、その財産に係る贈与税の課税価格から基礎控除（110万円）の他に、2,000万円を控除（配偶者控除額）することができます。

---

①　同一世代間の贈与が多いこと

②　贈与の認識が希薄であること

③　夫の死亡後の妻の生活保障の意図で行われること

---

### 2　適用要件

　本特例の適用を受けるためには、次のすべての要件を満たさなければなりません（相法21の 6 ）。

---

①　夫婦の婚姻期間が20年を過ぎた後に贈与が行われたこと

②　配偶者から贈与された財産が、自己が住むための国内の居住用不動産であること又は居住用不動産を取得するための金銭であること

③　贈与を受けた年の翌年 3 月15日までに、贈与により取得した国内の居住用不動産又は贈与を受けた金銭で取得した国内の居住用不動産に、贈与を受けた者が現実に住んでおり、その後も引き続き住む

---

342

見込みであること

(注) 配偶者控除は同一の配偶者からの贈与については、一生に一度しか適用を受けることができません。

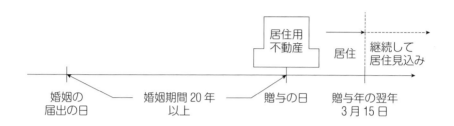

(1) **婚姻期間の判定**

婚姻期間の判定は、婚姻の届出（民法739①）があった日から居住用不動産又は金銭の贈与があった日までの期間により計算しますが、その期間中に配偶者でなかった期間がある場合には、その期間は除かれます（相法21の6④、相令4の6②）。

婚姻期間を計算する場合において、その計算した婚姻期間に1年未満の端数があるときであっても、その端数を切り上げないことから、その婚姻期間が19年を超え20年未満であるときは、贈与税の配偶者控除の適用がありません（相基通21の6-7）。

(2) **居住用不動産の贈与**

本特例の対象となる居住用財産は、国内にある専ら居住の用に供する土地若しくは借地権又は家屋に限られますが、次の場合にも本特例の対象になります。

第6章　居住用財産の贈与に係る課税実務

① **居住用家屋の存する土地等のみを取得した場合**

受贈配偶者（妻）がその者の専ら居住の用に供する家屋の存する土地等のみを取得した場合で、家屋の所有者が受贈配偶者（妻）の配偶者（夫）又は受贈配偶者（妻）と同居する親族であるときにおけるその土地等は、居住用不動産に該当するものとして差し支えありません（相基通21の6-1(2)）。

なお、この場合における土地等には、受贈配偶者（妻）の配偶者（夫）又は受贈配偶者（妻）と同居するその者の親族の有する借地権の設定されている土地（いわゆる底地）が含まれます（次頁の③において同じです。）（相基通21の6-1(2)なお書き）。

```
┌──────────────────┐              ┌──────────────────┐
│〈居住用家屋の所有者〉│              │〈居住用家屋の所有者〉│
│ 夫又は妻の同居親族  │              │ 夫又は妻の同居親族  │
├──────────────────┤  土地の贈与   ├──────────────────┤
│    所有者：夫      │  ────────→   │    所有者：妻      │
└──────────────────┘              └──────────────────┘
```

┌─────────────────────────────────────────────┐
│　　〈他の具体例（相法21の6、相基通21の6-1）〉　　　│
│                                                         │
│ イ　妻が居住用家屋を所有していて、夫が敷地を所有しているとき │
│ 　　に、妻が夫からその敷地の贈与を受ける場合                │
│ ロ　夫婦と子供が同居していて、その居住用家屋の所有者が子供で敷 │
│ 　　地の所有者が夫であるときに、妻が夫からその敷地の贈与を受ける │
│ 　　場合                                                   │
│ ハ　居住用家屋の敷地の一部の贈与である場合                  │
│ ニ　居住用家屋の敷地が借地権のときに金銭の贈与を受けて、地主か │
│ 　　ら底地を購入した場合                                    │
│ 　　（相法21の6、相基通21の6-1）                        │
└─────────────────────────────────────────────┘

② 店舗兼住宅の居住部分が90％以上の場合

　受贈配偶者が取得した土地等又は家屋で、例えば、その取得の日の属する年の翌年3月15日現在において、店舗兼住宅及び店舗兼住宅の敷地の用に供されている土地等のように、その専ら居住の用に供している部分と居住の用以外の用に供されている部分がある場合における居住の用に供している部分の土地等及び家屋の90％以上であるときは、その土地等又は家屋の全部を居住用不動産に該当するものとして差し支えありません（相基通21の6－1(1)）。

③ 店舗兼住宅の土地等のみを取得した場合

　受贈配偶者（妻）が店舗兼住宅の用に供する家屋の存する土地等のみを取得した場合で、受贈配偶者（妻）がその家屋のうち住宅の部分に居住し、かつ、その家屋の所有者が受贈配偶者（妻）の配偶者（夫）又は受贈配偶者（妻）と同居する親族であるときにおける居住の用に供している部分の土地等は、居住用不動産に該当するものとして差し支えありません（相基通21の6－1(3)）。

④ 店舗兼住宅等の居住用部分の判定

　受贈配偶者の居住の用に供している家屋のうち、居住の用以外の用に供されている部分のある家屋及びその家屋の敷地の用に供されている土地等（以下「店舗兼住宅等」といいます。）に係る相続税法基本通達21の6－1に定めるその居住の用に供している部分は、次により判定します（相基通21の6－2）。

第6章　居住用財産の贈与に係る課税実務

イ　家屋のうちその居住の用に供している部分は、次の算式により計算した面積に相当する部分とします。

$$\left[\begin{array}{l}\text{家屋のうち居住の用に}\\\text{専ら供している部分の}\\\text{床面積（A）}\end{array}\right] + \left[\begin{array}{l}\text{家屋のうち居住の用と居住}\\\text{の用以外の用とに併用され}\\\text{ている部分の床面積（B）}\end{array}\right] \times \dfrac{A}{\text{家屋の}\\\text{床面積} - B}$$

ロ　その土地等のうちその居住の用に供している部分は、次の算式により計算した面積に相当する部分とします。

$$\left[\begin{array}{l}\text{土地等のうち居住の}\\\text{用に専ら供している}\\\text{部分の面積}\end{array}\right] + \left[\begin{array}{l}\text{土地等のうち居住の用と}\\\text{居住の用以外の用とに併}\\\text{用されている部分の面積}\end{array}\right] \times \dfrac{\text{家屋の面積のうち上記}\\\text{イにより計算した面積}}{\text{家屋の床面積}}$$

〈具体例〉

　婚姻期間20年以上の夫婦間で、夫名義の次の店舗兼住宅のすべてを妻に贈与した場合において、贈与税の配偶者控除の対象となる居住用不動産の価額及び贈与税の課税価格は次のように計算します。

| | 家　屋<br>（店舗兼住宅） | 土　地 |
|---|---|---|
| 1　総面積 | 144㎡ | 210㎡ |
| (1)　専ら居住の用に供している部分の面積 | 80㎡ | 110㎡ |
| (2)　居住用と店舗用に併用されている部分の面積 | 24㎡ | 36㎡ |
| (3)　店舗の部分の面積 | 40㎡ | 64㎡ |
| 2　価額 | 240万円 | 2,520万円 |

## 2 贈与税の配偶者控除（2,000万円）の特例

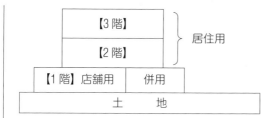

1 家屋

(1) 居住の用に供している家屋の面積

$$80㎡ + 24㎡ \times \frac{80㎡}{144㎡ - 24㎡} = 96㎡$$

(2) 居住の用に供している家屋の価額

$$240万円 \times \frac{96㎡}{144㎡} = 160万円$$

2 土地

(1) 居住の用に供している土地の面積

$$110㎡ + 36㎡ \times \frac{96㎡}{144㎡} = 134㎡$$

(2) 居住の用に供している土地の価額

$$2,520万円 \times \frac{134㎡}{210㎡} = 1,608万円$$

3 贈与財産の価額

　　（家屋）　　　（土地等）
　　240万円 ＋ 2,520万円 ＝ 2,760万円

4 贈与税の配偶者控除の対象となる居住用不動産の価額

　　（家屋）　　　（土地）
　　160万円 ＋ 1,608万円 ＝ 1,768万円

第6章　居住用財産の贈与に係る課税実務

5　贈与税の配偶者控除額

1,768万円（1,768万円 ＜ 2,000万円）

6　贈与税の課税価格

　　　　　　　（配偶者控除額）　（基礎控除額）

2,760万円 － 1,768万円 － 110万円 ＝ 882万円

⑤　店舗兼住宅等の持分の贈与があった場合の居住用部分の判定

イ　原則

　　配偶者から店舗兼住宅等の持分の贈与を受けた場合には、前記④により求めた店舗兼住宅等の居住の用に供している部分の割合にその贈与を受けた持分の割合を乗じて計算した部分を居住用不動産に該当するものとします（相基通21の6-3）。

ロ　特例

　　ただし、その贈与を受けた持分の割合が前記④により求めた店舗兼住宅等の居住の用に供している部分（居住の用に供している部分に受贈配偶者とその配偶者との持分の割合を合わせた割合を乗じて計算した部分をいいます。）の割合以下である場合において、その贈与を受けた持分の割合に対応する店舗兼住宅等の部分を居住用不動産に該当するものとして申告があったときは、本特例の適用に当たってはこれが認められます。

　　また、贈与を受けた持分の割合が前記④により求めた店舗兼住宅等の居住の用に供している部分の割合を超える場合における居住の用に供している部分についても同様とします（相基通21の6-3ただし書き）。

〈具体例〉

　婚姻期間20年以上の夫婦間で、夫名義の次の店舗兼住宅のうち、2

348

2 贈与税の配偶者控除(2,000万円)の特例

分の1の持分を妻に贈与した場合において、贈与税の配偶者控除の対象となる居住用不動産の価額及び贈与税の課税価格は次のように計算します。

|  | 家　屋<br>(店舗兼住宅) | 土　地 |
|---|---|---|
| 1　総面積<br>　(1)　専ら居住の用に供している部分の面積<br>　(2)　店舗の部分の面積 | 240㎡<br>160㎡<br>80㎡ | 200㎡ |
| 2　価額 | 600万円 | 3,000万円 |

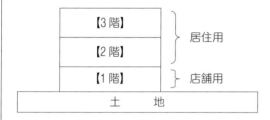

1　原則

(1) 居住の用に供している部分の価額

$$家屋\quad 600万円 \times \frac{160㎡}{240㎡} \times \frac{1}{2} = 200万円$$
$$土地\quad 3,000万円 \times \frac{160㎡}{240㎡} \times \frac{1}{2} = 1,000万円$$

　　　　　　　　　　　　　　　　　　　　1,200万円

(2) 店舗の用に供している部分の価額　　　　　　　　　　　　　1,800万円

$$家屋\quad 600万円 \times \frac{80㎡}{240㎡} \times \frac{1}{2} = 100万円$$
$$土地\quad 3,000万円 \times \frac{80㎡}{240㎡} \times \frac{1}{2} = 500万円$$

　　　　　　　　　　　　　　　　　　　　600万円

第6章　居住用財産の贈与に係る課税実務

2　特例

(1)　特例が適用できるか否かの判定

イ　贈与を受けた持分の割合　　2分の1

ロ　居住の用に供している部分の割合に夫と妻の持分の割合を乗じて計算した割合

$$\frac{160\,㎡}{240\,㎡} \times \left( \frac{1}{2} + \frac{1}{2} \right) = \frac{2}{3}$$

※　夫と妻の持分の割合（3分の2）が、贈与を受けた割合（2分の1）を上回るため、居住用財産の2分の1まで優先的に贈与を受けたものとして、本制度の適用を受けることができます。

(2)　居住の用に供している家屋及び土地の価額

家屋　600万円 $\times \dfrac{1}{2}$ = 300万円

土地　3,000万円 $\times \dfrac{1}{2}$ = 1,500万円

$\Bigg\}$ 1,800万円

3　贈与税の配偶者控除額

1,800万円（1,800万円　＜　2,000万円）

4　贈与税の課税価格

（配偶者控除額）

1,800万円　－　1,800万円　＝　0万円

※　本特例の特例を受けたあと、相当期間経過後に贈与を受けた店舗兼住宅の譲渡があった場合には、居住用部分について特例の適用（優先的に居住用を判定）はなく、原則に戻り居住用部分と店舗部分の面積の判定を行います。

350

## (3) 居住用不動産を取得するための金銭贈与

　居住用不動産を取得するための金銭の贈与を受け、その金銭の贈与を受けた年の翌年3月15日までに居住用不動産の取得に充て、かつ、その取得した居住用不動産を3月15日までに受贈配偶者の居住の用に供し、その後も引き続き居住の用に供する見込みであれば、本特例の適用を受けることができます（相法21の6①）。

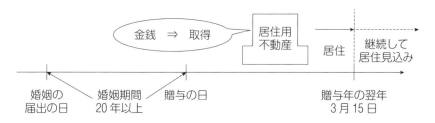

〈具体例〉

　婚姻期間20年以上の夫婦間で、妻は夫から現金2,110万円の贈与を受けましたが、居住用家屋は1,600万円で取得できたことから、残額510万円は株式の取得に充てた場合において、贈与税の配偶者控除の対象となる価額及び贈与税の課税価格は、次のように計算します。

〈居住用不動産と同時に居住用不動産以外の財産を取得した場合〉

　配偶者から贈与により取得した金銭及び当該金銭以外の資金をもって、居住用不動産と同時に居住用不動産以外の財産を取得した場合には、法第21条の6第1項の規定の適用上、金銭はまず居住用不動産の取得に充てられたものとして取り扱うことができるものとする（相基通21の6-5）。

第6章　居住用財産の贈与に係る課税実務

---

1　贈与税の配偶者控除額

　1,600万円（1,600万円 ＜ 2,000万円）

2　贈与税の課税価格

　（居住用財産充当額）（配偶者控除額）　　（株式充当額）　　（基礎控除額）

　（1,600万円 － 1,600万円）＋ 510万円 － 110万円 ＝ 400万円

---

## ⑷　適用を受けるための手続

　本特例の適用を受けるためには、次の書類を添付して、贈与税の申告をしなければなりません（相規9）。

①　財産の贈与を受けた日から10日を経過した日以後に作成された戸籍謄本又は抄本

②　財産の贈与を受けた日から10日を経過した日以後に作成された戸籍の附票の写し

③　居住用不動産の登記事項証明書その他の書類で贈与を受けた者がその居住用不動産を取得したことを証するもの

　上記の書類のほかに、金銭ではなく居住用不動産の贈与を受けた場合は、その居住用不動産を評価するための書類（固定資産評価証明書など）が必要になります。

　　※　平成28年分以後の贈与税の申告書には、住民票の写しの添付は不要です（平成27年改正規則附則2①）。

## 3　本特例の留意点

## ⑴　重複適用の排除

　その年の前年以前のいずれかの年において、贈与により「その配偶者」

から取得した財産に係る贈与税につき本特例の適用を受けた者については、本特例の適用を受けることはできません（相法21の6①かっこ書き）。

上記の「その配偶者」とは、今回の贈与者である配偶者をいいます（相基通21の6-8）。

## (2)　3年以内の贈与加算との関係

相続等により財産を取得した者が、その相続開始前3年以内に、その相続に係る被相続人から贈与により財産を取得している場合には、その贈与により取得した財産の価額は、その贈与を受けた相続人等の相続税の課税価格に加算されることになっています（相法19）。

したがって、本特例の適用を受けた者（妻）の配偶者（夫）が、その贈与から3年以内に死亡した場合には、本特例の適用を受けた居住用不動産は相続税の課税価格に加算されますが、贈与税の配偶者控除額を控除した後の価額で加算されます。

## (3)　居住用不動産の居住の用に供する時期

婚姻期間が20年以上である配偶者から土地及び金銭の贈与を受け、その金銭をもってその土地の上に居住用の家屋を建築し、贈与の日の翌年3月15日までに受贈者がその家屋に居住する予定でした。

しかし、建築工事の請負人が病気になったことから当初の予定より遅れて、翌年3月15日以前に家屋の建築工事に着手し、かつ、その家屋の完成後は、受贈者が居住の用に供することが確実と認められるときは、贈与税の配偶者控除を適用することができるか疑問が生じます。

上記のようなやむを得ない事情により家屋の建築工事が遅れた場合においては、贈与の日の翌日から翌年3月15日までにその家屋について屋根及

び周壁が完成しているなど表示登記のできる状態まで進行しており、その後速やかにその家屋の建築が完成し、居住の用に供されることが確実であると認められるときは、贈与税の配偶者控除の適用が認められます。

### (4) 贈与税の配偶者控除の対象となる居住用不動産の範囲

夫の所有する居住用家屋の敷地がA、B2筆となっていた場合において、A土地には、その一部に家屋が建っているのみですが、A土地のみを妻に贈与した場合、贈与税の配偶者控除の対象となる居住用不動産に該当すると考えてよいのでしょうか。

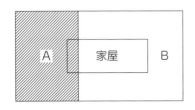

上記の場合には、社会通念に照らして、居住用家屋の敷地として一体として使用されていると認められる部分については、居住用不動産として取り扱われることなっています（相基通21の6-1）。

## 3 直系尊属から住宅取得等資金の贈与を受けた場合の非課税

### 1 本特例の概要

　平成27年1月1日から平成33年12月31日までの間に、父母や祖父母など直系尊属からの贈与により、自己の居住の用に供する住宅用の家屋の新築・取得又は増改築等（以下「新築等」といいます。）の対価に充てるための金銭（以下「住宅取得等資金」といいます。）を取得した場合において、一定の要件を満たすときは、次の2の非課税限度額までの金額について、贈与税が非課税になります。

### 2 非課税限度額

　受贈者ごとの非課税限度額は、次頁の(1)又は(2)の表のとおり、新築等をする住宅用の家屋の種類ごとに、受贈者が最初に非課税の特例の適用を受けようとする住宅用の家屋の新築等に係る契約の締結日に応じた金額になります（措法70の2②六・七）。

第 6 章　居住用財産の贈与に係る課税実務

## (1)　次の(2)以外の場合

| 住宅用家屋の取得等に係る契約の締結日 | 省エネ等住宅 | 左記以外の住宅 |
|---|---|---|
| ～平成27年12月31日 | 1,500万円 | 1,000万円 |
| 平成28年 1 月 1 日～平成32年 3 月31日 | 1,200万円 | 700万円 |
| 平成32年 4 月 1 日～平成33年 3 月31日 | 1,000万円 | 500万円 |
| 平成33年 4 月 1 日～平成33年12月31日 | 800万円 | 300万円 |

## (2)　住宅用の家屋の新築等に係る対価等の額に含まれる消費税等の税率が10%である場合

| 住宅用家屋の取得等に係る契約の締結日 | 省エネ等住宅 | 左記以外の住宅 |
|---|---|---|
| 平成31年 4 月 1 日～平成32年 3 月31日 | 3,000万円 | 2,500万円 |
| 平成32年 4 月 1 日～平成33年 3 月31日 | 1,500万円 | 1,000万円 |
| 平成33年 4 月 1 日～平成33年12月31日 | 1,200万円 | 700万円 |

**(注)**　1　既に非課税の特例の適用を受けて贈与税が非課税となった金額がある場合には、その金額を控除した残額が非課税限度額になります。ただし、上記(2)の表における非課税限度額は、平成31年 3 月31日までに住宅用の家屋の新築等に係る契約を締結し、既に非課税の特例の適用を受けて贈与税が非課税となった金額がある場合でも、その金額を控除する必要はありません。

　　　　また、平成31年 4 月 1 日以後に住宅用の家屋の新築等に係る契約を締結して非課税の特例の適用を受ける場合の受贈者ごとの非課税限度額は、上記(1)及び(2)の表の金額のうちいずれか多い金額となります。

　　　2　「省エネ等住宅」とは、省エネ等基準（①断熱等性能等級 4 若しくは一次エネルギー消費量等級 4 以上であること、②耐震等級（構造躯体の倒壊等防止） 2 以上若しくは免震建築物であること又は③高齢者等配慮対策等級（専用部分） 3 以上であること）に適合する住宅用の家屋であることにつき、一定の書類により証明されたものをいいます。

3　直系尊属から住宅取得等資金の贈与を受けた場合の非課税

## 住宅取得等資金に係る贈与税の非課税措置（平成27年〜）

| 非課税枠 | | | | | （単位：万円） |
|---|---|---|---|---|---|
| 住宅取得等の<br>契約の締結期間 | 〜H27.12 | H28.1〜<br>H31.3 | H31.4〜<br>H32.3 | H32.4〜<br>H33.3 | H33.4〜<br>H33.12 |
| 消費税率10%で<br>住宅取得等の契約をした者 | − | − | 3,000 | 1,500 | 1,200 |
| 上記以外の者 | 1,500 | 1,200 | 1,200 | 1,000 | 800 |

○受贈者：２０歳以上の者
　合計所得金額2,000万円以下
○贈与者：受贈者の直系尊属（年齢要件なし）
○暦年課税適用者と相続時精算課税適用者
　の双方が利用可能

※上記は、良質な住宅用家屋（耐震・省エネ・バリアフリーの基準を満たした住宅）向けの非課税枠。
　上記以外の一般住宅の非課税枠は500万円減。（例：31年4月〜32年3月に消費税率10%で住宅取得等の契約をした者であれば、2,500万円）
（良質な住宅用家屋の範囲）
・耐震住宅…耐震等級2以上又は免震建築物に該当する住宅（柱・屋根の接合部強化、基礎の強化　等）
・エコ住宅…断熱等性能等級4又は一次エネルギー消費量等級4以上の住宅　（窓は複層ガラス・二重サッシの住宅、太陽光パネル等の導入　等）
・バリアフリー住宅…高齢者等配慮対策等級3以上の住宅（手すりの設置、床の段差が小さい　等）

（注１）住宅取得等資金に係る相続時精算課税の特例（贈与者の年齢が60歳未満の場合でも相続時精算課税の適用が可能）についても、33年12月末まで継続。
（注２）相続時精算課税を選択した場合、相続時に他の相続財産と合わせて相続財産として相続税で精算する必要がある。
（注３）床面積50㎡以上240㎡以下の住宅用家屋が対象。原則として贈与を受けた年の翌年3月15日までに住宅を取得する必要がある。

（出所：財務省資料）

# 3　受贈者の要件

　次の要件のすべてを満たす受贈者が、非課税の特例の対象になります（措法70の2①・②一、相法1の4一・二）。

(1)　贈与を受けた時に、贈与者の直系卑属（贈与者は受贈者の直系尊属）であること

　（注）　配偶者の父母（又は祖父母）は直系尊属には該当しませんが、養子縁組をしている場合は直系尊属に該当します。

(2)　贈与を受けた年の1月1日において、20歳以上であること

*357*

第6章　居住用財産の贈与に係る課税実務

(3) 贈与を受けた年の年分の所得税に係る合計所得金額が、2,000万円以下であること

(4) 平成21年分から平成26年分までの贈与税の申告で「住宅取得等資金の非課税」の適用を受けたことがないこと

(5) 自己の配偶者・親族などの一定の特別の関係がある人から住宅用の家屋の取得をしたものではないこと、又はこれらの方との請負契約等により新築若しくは増改築等をしたものではないこと

(6) 贈与を受けた年の翌年3月15日までに住宅取得等資金の全額を充てて住宅用の家屋の新築等をすること

　（注）　受贈者が「住宅用の家屋」を所有する（共有持分を有する場合も含まれます。）ことにならない場合は、本特例の適用を受けることはできません。

(7) 贈与を受けた時に日本国内に住所を有していること（平成29年4月1日以後に住宅取得資金の贈与を受けた場合には、受贈者が一時居住者であり、かつ、贈与者が一時居住贈与者又は非居住贈与者である場合を除きます。）（注）

　（注）①　一時居住者の定義
　　　　　　一時居住者とは、贈与の時において在留資格（出入国管理及び難民認定法別表第1の上欄の在留資格をいいます。）を有する者で、その贈与前15年以内に日本国内に住所を有していた期間の合計が10年以下である者をいいます。
　　　　②　一時居住贈与者の定義
　　　　　　一時居住贈与者」とは、贈与の時において在留資格を有する者で、その贈与前15年以内に日本国内に住所を有していた期間の合計が10年以下である者をいいます。
　　　　③　非居住贈与者
　　　　　　非居住贈与者とは、贈与の時に日本国内に住所を有していなかっ

た贈与者で、①その贈与前10年以内に日本国内に住所を有したことがある贈与者のうちその贈与前15年以内に日本国内に住所を有していた期間の合計が10年以下である贈与者（この期間引き続き日本国籍を有していなかった贈与者に限ります。）又は②その贈与前10年以内に日本国内に住所を有したことがない贈与者をいいます。

(8) 贈与を受けた年の翌年3月15日までにその家屋に居住すること又は同日後遅滞なくその家屋に居住することが確実であると見込まれること

（注） 贈与を受けた年の翌年12月31日までにその家屋に居住していないときは、本特例の適用を受けることができないため、修正申告書の提出が必要になります。

## 4 居住用家屋の新築・取得又は増改築等の要件

「住宅用の家屋の新築」には、その新築とともにするその敷地の用に供される土地等又は住宅の新築に先行してするその敷地の用に供されることとなる土地等の取得を含み、「住宅用の家屋の取得又は増改築等」には、その住宅の取得又は増改築等とともにするその敷地の用に供される土地等の取得が含まれます。

また、対象となる住宅用の家屋は日本国内にあるものに限られます。

### (1) 新築又は取得の場合の要件 （措法70の2①一・二）

① 新築又は取得した住宅用の家屋の登記簿上の床面積（マンションなどの区分所有建物の場合はその専有部分の床面積）が50㎡以上240㎡以下で、かつ、その家屋の床面積の2分の1以上に相当する部分が受贈者の居住の用に供されるものであること

② 取得した住宅が次のいずれかに該当すること

　イ　建築後使用されたことのない住宅用の家屋

第6章　居住用財産の贈与に係る課税実務

ロ　建築後使用されたことのある住宅用の家屋で、その取得の日以前20年以内（耐火建築物の場合は25年以内）に建築されたもの

（注）　耐火建築物とは、登記簿に記録された家屋の構造が鉄骨造・鉄筋コンクリート造又は鉄骨鉄筋コンクリート造などのものをいいます。

ハ　建築後使用されたことのある住宅用の家屋で、地震に対する安全性に係る基準に適合するものであることにつき、一定の書類により証明されたもの

ニ　上記ロ及びハのいずれにも該当しない建築後使用されたことのある住宅用の家屋で、その住宅用の家屋の取得の日までに同日以後その住宅用の家屋の耐震改修を行うことにつき、一定の申請書等に基づいて都道府県知事などに申請をし、かつ、贈与を受けた翌年3月15日までにその耐震改修によりその住宅用の家屋が耐震基準に適合することとなったことにつき一定の証明書等により証明がされたもの

## (2)　増改築等の場合の要件（措法70の2①三）

①　増改築等後の住宅用の家屋の登記簿上の床面積（マンションなどの区分所有建物の場合はその専有部分の床面積）が50㎡以上240㎡以下で、かつ、その家屋の床面積の2分の1以上に相当する部分が受贈者の居住の用に供されるものであること

②　増改築等に係る工事が、自己が所有し、かつ居住している家屋に対して行われたもので、一定の工事に該当することについて、「確認済証の写し」・「検査済証の写し」又は「増改築等工事証明書」などの書類により証明されたものであること

③　増改築等に係る工事に要した費用の額が100万円以上であること

## 5　相続時精算課税の選択

　平成33年12月31日までに、父母又は祖父母からの贈与により、自己の居住の用に供する住宅用の家屋の新築、取得又は増改築等（以下「新築等」といいます。）の対価に充てるための金銭を取得した場合で、一定の要件を満たすときには、贈与者がその贈与の年の１月１日において60歳未満であっても相続時精算課税を選択することができます（措法70の３）。

（注）「直系尊属から住宅取得等資金の贈与を受けた場合の非課税の特例」の適用を受ける場合には、同特例適用後の住宅取得等資金について贈与税の課税価格に算入される住宅取得等資金がある場合に限り、本特例の適用があります。

### 住宅取得等資金に係る相続時精算課税制度の特例

平成15年１月１日から平成33年12月31日までの間の措置として、贈与者(直系尊属)から贈与を受けた資金が次の要件を満たす住宅の新築、取得又は増改築に充てられた場合には、相続時精算課税制度に係る贈与者年齢要件を撤廃する。

○　適用対象となる住宅の主な要件

| 区　分 | 床面積 | 築後経過年数・工事費用等 | |
|---|---|---|---|
| 住宅の新築、取得、買替え・建替え | 50㎡以上 | 既存住宅の場合<br>耐火建築物：築後25年以内<br>非耐火建築物：築後20年以内 | 一定の耐震基準に適合するものは、築後経過年数にかかわらず適用対象 |
| 住宅の増築、改築、大規模修繕等 | （増改築後）50㎡以上 | 工事費用　100万円以上 | |

（出所：財務省資料）

第6章　居住用財産の贈与に係る課税実務

〈住宅取得等資金の贈与を受けて相続時精算課税を選択した場合の具体例〉

設例

　平成29年2月に父（59歳）から4,000万円、母（58歳）から1,000万円の住宅取得等資金の贈与を受け、同月中に省エネ等住宅の家屋の取得に係る契約をし、いずれの贈与についても相続時精算課税を選択した場合

回答

　相続時精算課税の特別控除額は、選択した贈与者ごとにそれぞれ適用されます。

　平成29年2月に住宅用家屋の取得等に係る契約を締結している場合の住宅取得等資金の贈与（合計所得金額が2,000万円以下である者が受ける贈与に限ります。）については1,200万円まで非課税とする特例（注）があることから、父からの贈与についてこの特例を初めて適用するものとします。

　（注）　住宅用の家屋の種類や住宅用の家屋の取得等に係る契約の締結日等により非課税限度額は異なります。

(1)　父からの贈与（住宅取得等資金の特例及び相続時精算課税の特例を受ける場合）

　　①　課税される金額の計算

　　　4,000万円 －〔1,200万円〕（非課税金額）－〔2,500万円〕（特別控除額）＝ 300万円

　　②　贈与税額の計算

　　　300万円 × 20%（相続時精算課税に係る贈与税率）＝ 60万円（贈与税額）

*362*

3　直系尊属から住宅取得等資金の贈与を受けた場合の非課税

〈4,000万円の内訳〉

| 1,200万円 | 2,500万円 | 300万円 |
|---|---|---|
| （非課税部分） | （特別控除額：贈与税申告時に課税されない部分） | （課税部分） |
| 住宅取得資金<br>非課税限度額 | 相続時精算課税特別控除額 | 贈与税の税額の<br>計算対象 |

(2)　母からの贈与（相続時精算課税の特例のみを受ける場合）

①　課税される金額の計算

1,000万円 － 1,000万円（相続時精算課税の特別控除額）＝ 0 円

※　翌年以後に繰り越される特別控除額

1,500万円（2,500万円 － 1,000万円）

(注)　住宅取得等資金の非課税制度は受贈者1人について1,200万円が限度となっているため、父からの贈与について非課税制度を適用して1,200万円を非課税とした場合には、母からの贈与については非課税制度の適用を受けることはできません。

なお、たとえば、住宅取得等資金の非課税限度額の1,200万円を分けて適用することは可能です（父からの贈与の一部（例えば600万円）と母からの贈与の一部（600万円）として、残りをそれぞれの贈与について、相続時精算課税の特例を受けることも可能です）。

# 6　本特例の適用を受けるための手続

本特例の適用を受けるためには、贈与を受けた年の翌年2月1日から3月15日までの間に、本特例の適用を受ける旨を記載した贈与税の申告書に戸籍の謄本・登記事項証明書・新築や取得の契約書の写しなど一定の書類を添付して、納税地の所轄税務署長に提出しなければなりません（措法70の2⑧、70の3⑧）。

*363*

第6章　居住用財産の贈与に係る課税実務

## 7　本特例の留意点

### ⑴　住宅資金贈与者が死亡した場合における相続税の課税価格に加算する金額

　住宅取得等資金の贈与をした者（以下「住宅資金贈与者」といいます。）が死亡した場合に、本特例の適用により贈与税の課税価格に算入されなかった住宅取得等資金の金額は、相続税の課税価格に算入されません（措法70の2③、措令40の4の2⑪）。

### ⑵　住宅資金贈与者が贈与年に死亡した場合

　住宅資金贈与者が贈与年に死亡した場合において、次に掲げる場合に該当するときは、住宅取得等資金を取得した特定受贈者は、贈与税の申告書等を期限内に提出することにより、本特例の適用を受けることができます（措令40の4の2⑫）。

①　特定受贈者が、住宅資金贈与者から相続等により財産を取得した場合

②　特定受贈者が、次に掲げる者のいずれかに該当する場合

　イ　住宅資金贈与者に係る相続時精算課税適用者

　ロ　住宅取得等資金を贈与により取得した日の属する年中において、住宅資金贈与者から贈与を受けた財産について、相続時精算課税選択届出書を提出する者

　なお、上記①及び②に該当しない場合で、住宅取得等資金を取得した特定受贈者が本制度の適用を受けようとするときは、贈与税の申告書等を期限内に提出する必要があります。

364

3　直系尊属から住宅取得等資金の贈与を受けた場合の非課税

### (3)　特定受贈者が贈与税の申告書等の提出期限前に申告書等を提出しないで死亡した場合

　特定受贈者が贈与税の申告書等の提出期限前に申告書等を提出しないで死亡した場合には、特定受贈者の相続人が申告書等を提出することにより、本特例の適用を受けることができます。

　上記の場合に提出する贈与税の申告書等は、特定受贈者の相続人が相続の開始があったことを知った日の翌日から10月以内に提出しなければなりません（措令40の4の2⑬）。

### (4)　期限内に居住しなかった場合の修正申告等及び納付

　贈与を受けた年の翌年3月15日までにその家屋に居住すること又は同日後遅滞なくその家屋に居住することが確実であると見込まれることにより、本特例の適用を受けた特定受贈者が、贈与を受けた年の翌年12月31日までにその家屋に居住していないときは、本特例の適用を受けることができないため、修正申告書の提出が必要になります（措法70の2④前段）。

　上記の場合において、財産を取得した者が相続時精算課税適用者以外の者である場合には、暦年課税により贈与税を計算し、相続時精算課税適用者である場合には、相続時精算課税に係る特別控除額を控除しないで贈与税を計算します（措通70の2-13（注））。

### (5)　住宅用家屋の新築等の対価又は増改築等の費用の範囲

　次に掲げる費用に充てられた金銭は、住宅用家屋の新築等の対価又は増改築等の費用に充てられたものに該当するでしょうか。

365

第6章　居住用財産の贈与に係る課税実務

---

イ　譲渡契約書等にちょう付した印紙

ロ　不動産仲介手数料

ハ　不動産取得税等及び登録免許税

ニ　建築の請負業者以外の建築士に支払った家屋の設計料

ホ　住宅用家屋と一体として取得した電気設備等の附属設備の取得対価

---

　住宅用家屋の新築等（措法70の2②五イ・ロ、70の3③五イ・ロ）の対価とは、新築の場合は住宅用家屋の新築工事の請負代金の額であり、取得の場合には住宅用家屋の譲渡対価の額であると解されています。

　また、住宅用家屋の増改築等（措法70の2②五ハ、70の3③五ハ）の費用とは、住宅用家屋の増改築等に係る工事の請負代金の額であると解されています。

① 　上記イからハについて

　　上記イからハは、住宅用家屋の取得に要した費用でありますが、新築等の対価又は増改築等の費用に充てられたものとはいえません。

② 　ニについて

　　建設業法上、家屋の建築業者以外の建築士に支払う設計料は、住宅用家屋の新築工事又は増改築等に係る工事の請負代金の額に含まれないと解されますが、家屋の新築等又は増改築等をするために直接必要なものであり、建物本体価格を構成するものであることから、上記ニの設計料は、新築等の対価又は増改築等の費用に充てられたものとみて差し支えありません。

③ 　ホについて

　　上記ホは、本来、住宅用家屋の新築等の対価の額とはいえないもので

366

3 直系尊属から住宅取得等資金の贈与を受けた場合の非課税

すが、その取得対価は住宅用家屋の新築の工事の請負代金の額又は譲渡対価の額に含まれており区分が困難であること、また、増改築等の場合には、家屋と一体となって効用を果たす設備の取替え又は取付けに係る工事が含まれることとされていることから（措法70の2②四かっこ書き、70の3③四かっこ書き）、新築等の対価に充てられたものとみて差し支えありません。

第6章 居住用財産の贈与に係る課税実務

# **4** 離婚に伴う財産の分与

## 1 財産分与

民法では、協議上の離婚をした者の一方は、相手方に対し財産の分与を請求することが認められています（民法768①）。

上記の財産分与請求権には、次の性質があるといわれています。

- ・ 婚姻中に夫婦が協力して蓄積した財産の清算
- ・ 有責配偶者の相手方配偶者に対する慰謝料
- ・ 離婚後において生活に困窮する配偶者に対する扶養

## 2 贈与により取得したものとみなされる場合

対価を支払わないで利益を受けた場合には、その利益を受けた者が、利益を受けた時における利益の価額に相当する金額を、その利益を受けさせた者から贈与により取得したものとみなされます（相法9①）。

## 3 離婚等による財産の取得があった場合

婚姻の取消し又は離婚による財産の分与によって取得した財産は、贈与により取得した財産に該当しません。

ただし、その分与に係る財産の額が婚姻中の夫婦の協力によって得た財産の額その他一切の事情を考慮してもなお過当であると認められる場合におけるその過当である部分又は離婚を手段として贈与税若しくは相続税のほ脱を図ると認められる場合における離婚により取得した財産の価額は、

368

贈与によって取得した財産になります（相基通9‐8）。

　したがって、離婚によって生じた財産分与請求権に基づく給付は、贈与により取得したものではありませんが、離婚を手段として贈与税又は相続税のほ脱を図ろうとする場合における過当部分については、前記2により贈与があったものとされます。

## 4　本制度の留意点

　本制度の留意点を、次の事例により確認します。

［事例1］

　平成29年5月1日に乙（妻）は甲（夫）との協議離婚が成立し、乙は離婚に伴い甲名義の居住用財産である戸建住宅（離婚後は乙の居住用財産：下記参照）を財産分与により取得しましたが（過当な部分はなく、夫婦共有財産の清算としての取得とします。）、乙に分与された財産に対し贈与税等が課税されるでしょうか。

　また、乙は分与された財産を平成29年10月1日に譲渡しましたが、乙の譲渡所得の金額の計算上、分与された財産は甲の取得時期・取得費を引き継ぐのでしょうか。

〈居住用財産の取得時期等〉

| 甲の居住用財産の取得時期 | 平成14年5月2日 |
|---|---|
| 甲の居住用財産の取得費 | 5,000万円 |
| 財産分与時（平成29年5月1日）の時価 | 7,000万円 |
| 乙の譲渡対価（平成29年10月1日） | 7,100万円 |

第6章　居住用財産の贈与に係る課税実務

## ⑴　課税判断のポイント

　通常、財産の分与を受けた者に贈与税は課税されず、分与後に分与され
た財産を譲渡する場合には、分与者の取得時期・取得費を引き継ぎませ
ん。

| 税　　目 | 課税判断のポイント |
|---|---|
| 贈　与　税 | 財産の分与によって取得した財産（過当な部分を除きます。）に、贈与税は課税されません。 |
| 譲渡所得税 | 財産の分与によって取得した財産を分与後に譲渡する場合には、その財産の取得時期は分与時、取得費は分与時の時価により譲渡所得の金額を計算します。 |

## ⑵　乙に対する贈与税の課税

　乙が離婚に伴い甲から取得した財産（事例の場合には、甲名義の居住用財
産：財産分与時の時価7,000万円）には過当な部分がないため、贈与によっ
て取得したものに該当せず、乙に贈与税は課税されません。


## ⑶　乙に対する譲渡所得税の課税

### ①　分与財産の取得費等

　財産分与により取得した財産（本事例の場合には居住用財産）は、その
取得した者（事例の場合には乙）がその分与を受けた時（本事例の場合に
は平成29年5月1日）において、その時の価額（事例の場合には7,000万
円）により取得したことになります（所基通38-6）。

　財産を分与した者（事例の場合には甲）には、分与財産を分与時の価
額（時価）により譲渡したものとした譲渡所得税の課税が行われること
から、乙は財産分与請求権と引換えに分与財産を取得したものとされ、
分与財産の取得時期は分与時、分与財産の取得費は分与時の価額（時

370

価）になります。

② 乙の譲渡所得の金額の計算

乙の譲渡所得の金額は、次のように計算します。

イ　譲渡収入金額（短期譲渡）

7,100万円

（注）　居住用財産である戸建住宅の取得時期は平成29年5月1日、譲渡時期は平成29年10月1日であることから短期譲渡（5年以内）に該当します。

ロ　取得費

7,000万円（分与された居住用財産）－10万円（建物部分の償却額）＝6,990万円

（注）　居住用財産である戸建住宅のうち建物部分の取得時期から譲渡時期までの償却額は10万円とし、譲渡経費はないものとします。

ハ　譲渡所得の金額

7,100万円(イ) － 6,990万円(ロ) ＝ 110万円

110万円 ＜ 3,000万円（特別控除額）　　∴　譲渡所得は0

（注）　離婚後に乙の居住用財産となった戸建住宅は、3,000万円特別控除（措法35）の適用があるため、譲渡所得税の課税はありません。

第6章　居住用財産の贈与に係る課税実務

〈参考判例〉

　本件財産分与の総額は極めて高額ではあるが、納税者の総資産の2分の1であること、婚姻期間・婚姻中の生活状況・離婚に至る経緯及び離婚後の子供の養育関係等を総合勘案すれば、過当なものとはいえないとされた事例（最高裁平10・4・14、税務訴訟資料第231号612頁）

　※　離婚に伴い財産分与を行った者に対する課税

［事例2］

　平成29年5月1日に甲・乙間で協議離婚が成立し、甲は離婚に伴い金銭1,000万円と甲名義の居住用財産である戸建住宅（離婚後は乙の居住用財産：下記参照））を分与しましたが、甲が乙に分与した財産（金銭及び居住用財産）に対し、譲渡所得税等が課税されるのでしょうか。

　また、甲に譲渡所得税が課税される場合には、居住用財産の特別控除の適用はあるのでしょうか。

〈居住用財産の取得時期等〉

| 甲の居住用財産の取得時期 | 平成14年5月2日 |
|---|---|
| 甲の居住用財産の取得費 | 5,000万円 |
| 財産分与時（平成29年5月1日）の時価 | 7,000万円 |

(1)　課税判断のポイント

　分与した財産が金銭の場合に所得税等の課税はありませんが、居住用財産の分与には譲渡所得税が課税されるとともに、特別控除の適用があります。

4　離婚に伴う財産の分与

| 税　目 | 課税判断のポイント |
|---|---|
| 所　得　税 | 金銭により財産の分与を行った者に、所得税等の課税はありません。 |
| 譲渡所得税 | 居住用財産により財産の分与を行った者には、譲渡所得税が課税されますが、居住用財産に係る特別控除（3,000万円）の適用があります。 |

## (2)　甲に対する所得税の課税

　金銭により財産分与を行った者（事例の場合には甲）に、所得税及び他の税目の課税はありません。

## (3)　甲に対する譲渡所得税の課税

### ①　財産分与による資産の移転に対する譲渡所得税の課税

　最高裁判決（〈参考判例〉参照）の趣旨を踏まえ、財産分与の規定（民法768①）による財産の分与として不動産の移転があった場合（事例の場合には居住用財産）には、その分与をした者（事例の場合には甲）は、その分与をした時においてその時の価額（事例の場合には7,000万円）によりその資産を譲渡したことになります（所基通33の1-4）。

　なお、財産分与による資産の移転は、財産分与義務の消滅という経済的利益を対価とする譲渡であり贈与ではないため、みなし譲渡課税（所法59①）の規定は適用されません（所基通33の1-4（注1））。

### ②　財産分与時の分与財産の価額

　財産分与に係る譲渡収入金額は、分与時の分与財産の価額（時価）をいいますが、東京地裁判決（平3・2・28、税務訴訟資料第182号484頁）では、以下のように判示しています。

*373*

第6章　居住用財産の贈与に係る課税実務

- ・　離婚に伴う財産分与として資産を取得した場合には、取得者は財産分与請求権という経済的利益を消滅させる代償として当該資産を取得したことになるから、その資産に要した金額は原則として、右財産分与請求権の価額と同額になるものと考えるのが相当である。
- ・　本件のように、和解によって分与される資産が決定されたものの、その価額や財産分与請求権の金額が和解調書上明示されていないときは、……当該和解において当事者がどの程度の金額を分与することに合意し、あるいは当該資産をどのような価額を持つものと認識してこれを分与することに合意したのかを、当該和解の手続きにおいて考慮されたと考えられる具体的な事情に基づいて推認することによって、右財産分与請求権の価額、更には分与される資産の価額を認定すべきものと考えられる。
- ・　ある時点における土地等の資産の客観的な価額というものは、鑑定等によって常に一義的に特定されるという性質をもつものではなく、ある程度の幅をもった範囲内の価額として観念されるべきものであることはいうまでもないところである。

③　居住用財産の譲渡所得の特別控除

　　個人が、居住の用に供している家屋及びその敷地の譲渡をした場合には、譲渡所得の金額から3,000万円の特別控除を認めていますが、その個人の配偶者その他の親族に対する譲渡については特別控除が認められていません（措法35①）。

　　離婚に伴う財産分与は、離婚により夫婦関係が終了した後にされるものであり配偶者であった者に対するものであるため、上記の特別控除が認められます。

374

4　離婚に伴う財産の分与

　なお、離婚前（戸籍の除籍手続前）に財産分与があっても、その後速やかに除籍手続が行われたものであれば、その譲渡は財産分与時ではなく除籍後に効力が発生したものと考えられるため特別控除が認められることになります。

④　甲の譲渡所得の金額の計算

　甲の譲渡所得の金額は、次のように計算します。

---

イ　譲渡収入金額（長期譲渡）

7,000万円

（注）　居住用財産である戸建住宅の取得時期は平成14年5月2日、譲渡時期は平成29年5月1日であることから長期譲渡（5年以上）に該当します。

ロ　取得費

5,000万円（分与された居住用財産）－　200万円（建物部分の償却額）

＝　4,800万円

（注）　居住用財産である戸建住宅のうち建物部分の取得時期から譲渡時期までの償却額は200万円とし、譲渡経費はないものとします。

ハ　譲渡所得の金額

7,000万円(イ)　－　4,800万円(ロ)　＝　2,200万円

2,200万円　＜　3,000万円（特別控除額）　　∴　譲渡所得は0

（注）　離婚直前に甲の居住用財産であった居住用財産である戸建住宅は、3,000万円特別控除（措法35）の適用があるため、譲渡所得税の課税はありません。

---

*375*

第6章　居住用財産の贈与に係る課税実務

**〈参考判例〉**

○　財産分与に関し当事者の協議等が行われてその内容が具体的に確定され、これに従い金銭の支払い、不動産の協議等の分与が完了すれば、右財産分与の義務は消滅するが、この分与義務の消滅はそれ自体一つの経済的利益ということができることから、財産分与として不動産等の資産を譲渡した場合、分与者はこれによって分与義務の消滅という経済的利益を享受したことになり、譲渡資産について譲渡所得が生じ課税の対象になるとされた事例（最高裁昭50・5・27、国税庁訴資 Z081-3567）

**MEMO**

# 著者略歴

## 【編著者】

### 平川　忠雄（ひらかわ　ただお）

東京生まれ。中央大学経済学部卒業。日本税理士会連合会理事、同税制審議委員、東京税理士会常務理事、日本税務会計学会・学会長などを歴任。現在、中央大学経理研究所講師、日本税務研究センター研究員、日本税務会計学会・顧問、公的審議委員として経済産業省、中小企業庁、国土交通省、税制審議会、日本商工会議所、東京商工会議所の委員を務める。税理士法人平川会計パートナーズ・代表社員として、企業や個人に対するタックス・プランニングの指導などコンサルタント業務に従事。

　　著書等：「業種別で見る8％消費税」（税務研究会）、「相続税　修正申告と更正の請求の実務」（税務研究会）、「家事関連費を中心とした必要経費の実務」（税務研究会）、「平成29年度税制改正と実務の徹底対策」（日本法令）、「新税務調査手続の疑問と解答」（ぎょうせい）、「業種別　税務・会計実務処理マニュアル」（新日本法規）「企業組織再編税制の実務」（税務経理協会）ほか多数。

　　■税理士法人　平川パートナーズ（千代田本部）

　　　　　　〒101-0021　東京都千代田区外神田6丁目9番6号

　　　　　　TEL　03（3836）0876　FAX　03（3836）0886

　　　　　　http//www.hirakawa-tax.co.jp

## 【著者】

### 中島　孝一（なかじま　こういち）

東京生まれ。現在、東京税理士会・会員相談室相談員、日本税務会計学会・副学会長、税理士法人平川会計パートナーズ・所属税理士。

　　著書等：「業種別で見る8％消費税」（税務研究会）、「相続税　修正申告と更正の請求の実務」（税務研究会）、「家事関連費を中心とした必要経費の実務」（税務研究会）、「平成29年度税制改正と実務の徹底対策」（日本法令・共著）、「新税務調査手続の疑問と解答」（ぎょうせい・共著）、「中小企業の会計要領と実務」（税務経理協会・共著）、「資産をめぐる複数税目の実務」（新日本法規・共著）、「事業承継法制＆税制ベクトル」（税務経理協会・共著）、

「新しい信託の活用と税務・会計」（ぎょうせい・共著）、「租税基本判例80」
（日本税務研究センター・共著）他

■税理士法人　平川パートナーズ（千代田本部）


## 西野　道之助（にしの　みちのすけ）

東京生まれ。中央大学経済学部卒業。現在、日本税務会計学会・委員、税理士法人
平川会計パートナーズ・社員税理士。

著書等：「業種別で見る８％消費税」（税務研究会）、「相続税　修正申告と更正の請
求の実務」（税務研究会）、「家事関連費を中心とした必要経費の実務」（税
務研究会）、「平成29年度税制改正と実務の徹底対策」（日本法令・共著）、
「資産をめぐる複数税目の実務」（新日本法規・共著）、「同族会社の新事業
承継税制と関連税務」（日本法令・共著）、「業種別税務・会計実務処理マニ
ュアル」（新日本法規）他

■税理士法人　平川パートナーズ（上野本社）


## 若山　寿裕（わかやま　としひろ）

東京生まれ、明治大学商学部卒業。現在、税理士法人平川会計パートナーズ・所属
税理士

著書等：「家事関連費を中心とした必要経費の実務」（税務研究会）、「平成29年度税
制改正と実務の徹底対策」（日本法令・共著）、「資産をめぐる複数税目の実
務」（新日本法規・共著）、「税理士必携業種別税務ハンドブック」（ぎょう
せい・共著）、「民事信託実務ハンドブック」（日本法令・共著）他

■税理士法人　平川パートナーズ（上野本社）


*379*

本書の内容に関するご質問は、ファクシミリ等、文書で編集部宛にお願いいたします。(fax 03-6777-3483)

なお、個別のご相談は受け付けておりません。

## 居住用財産に係る税務の徹底解説

| 平成29年11月25日　初版第一刷印刷 | （著者承認検印省略） |
| --- | --- |

平成29年12月 5 日　初版第一刷発行

編　者　平　川　忠　雄

©著　者　中　島　孝　一

西　野　道之助

若　山　寿　裕

発行所　税 務 研 究 会 出 版 局

週刊「税務通信」「経営財務」発行所

代表者　山　根　　　毅

〒100-0005

東 京 都 千 代 田 区 丸 の 内 1 - 8 - 2

鉄鋼ビルディング

振替　00160—3—76223

電話〔書 籍 編 集〕03(6777)3463

〔書 店 専 用〕03(6777)3466

〔書 籍 注 文〕
〈お客さまサービスセンター〉 03(6777)3450

●　各事業所　電話番号一覧　●

| 北海道 011(221)8348 | 中　部 052(261)0381 | 九　州 092(721)0644 |
| --- | --- | --- |
| 東　北 022(222)3858 | 関　西 06(6943)2251 | 神奈川 045(263)2822 |
| 関　信 048(647)5544 | 中　国 082(243)3720 | |

〈税研ホームページ〉 https://www.zeiken.co.jp

乱丁・落丁の場合は，お取替え致します。　　　　印刷・製本　藤原印刷㈱

ISBN978-4-7931-2272-9